燕山大学（中国）住房金融与住房公积金研究中心立项研究课题

2016—2018 年度
全国住房公积金发展评价报告

王战洪　种占信　主编

燕山大学出版社

2020·秦皇岛

图书在版编目（CIP）数据

2016—2018 年度全国住房公积金发展评价报告 / 王战洪，种占信主编. —秦皇岛：燕山大学出版社，2020.3
ISBN 978-7-81142-941-1

Ⅰ. ①2… Ⅱ. ①王… ②种… Ⅲ. ①住房基金－公积金制度－研究报告－中国－2016—2018 Ⅳ. ①F299.233.1

中国版本图书馆 CIP 数据核字（2019）第 263115 号

2016—2018 年度全国住房公积金发展评价报告

王战洪 种占信 主编

出 版 人：陈 玉
责任编辑：朱红波
封面设计：朱玉慧
出版发行：燕山大学出版社 YANSHAN UNIVERSITY PRESS
地 址：河北省秦皇岛市河北大街西段 438 号
邮政编码：066004
电 话：0335-8387555
印 刷：秦皇岛墨缘彩印有限公司
经 销：全国新华书店

开 本：889mm×1194mm 1/16 印 张：14.25 字 数：348 千字
版 次：2020 年 3 月第 1 版 印 次：2020 年 3 月第 1 次印刷
书 号：ISBN 978-7-81142-941-1
定 价：130.00 元

编 委 会

目　　录

第一部分　2016年度全国住房公积金发展评价报告

第二部分　2017 年度全国住房公积金发展评价报告

第三部分　2018 年度全国住房公积金发展评价报告

第一部分

2016 年度全国住房公积金发展评价报告

一、住房公积金发展评价指标体系

本研究报告基础数据均来源于住房和城乡建设部住房公积金监督管理司主编的《2016全国住房公积金年度报告汇编》（学林出版社，2017年11月）。课题以省域（包括自治区和新疆生产建设兵团，下同）和设区城市（包括直辖市、副省级城市和省会城市、地级市和地区州盟等行政区域）为研究对象，通过比较研究法对住房公积金各项基础数据进行分类研究，按发展指标排序对比，并进行管理经营水平分析，从而全面准确反映我国住房公积金事业发展现状，为管理决策提供参考。

我国住房公积金管理体制，为全国和省自治区设监督管理机构，设区市（地区州盟）设管理决策机构（住房公积金管理委员会）和管理运营机构（住房公积金管理中心），地市以下实行垂直管理，即以设区市（地区州盟）为基本管理单位。因此本课题在对省域住房公积金综合管理指标作普遍性分析的基础上，重点对城市和地级行政区域住房公积金管理现状进行比较研究。到2016年年底，全国共有住房公积金管理中心342个。由于海南省住房公积金实行了统一管理体制，统计数字按全省口径统一上报，故城市中不含海南省各城市。新疆生产建设兵团统一设立1个住房公积金管理中心，纳入了省域统计。因此，本课题统计研究对象为全国性1个，省级28个（不含台、港、澳），直辖市4个，副省级城市和省会城市31个，地市州盟305个，共计369个。

根据我国住房公积金事业发展实际和《全国住房公积金年度报告》披露的基本内容，住房公积金发展指标评价体系设置4个一级指标，17个二级指标，具体见表1-1-1。按照省和自治区（含新疆生产建设兵团）、直辖市、副省级城市和省会城市、地市州盟4种管理类型进行分类比较研究，最后给出管理指标排序和评价。所有数字均保留到小数点后两位。

表1-1-1　住房公积金发展评价指标体系

一级指标	二级指标	单位
缴存指标	实缴单位数	万个
	实缴职工数	万人
	本年缴存额	亿元
	缴存总额	亿元
	缴存余额	亿元
提取指标	本年提取额	亿元
	全部提取额	亿元
贷款指标	当年发放贷款额	亿元
	累计发放贷款额	亿元
	贷款余额	亿元
	个贷率	%
	个贷市场占有率	%
效益指标	业务收入	亿元
	业务支出	亿元
	管理费用	万元
	增值收益	亿元
	增值收益率	%

二、住房公积金缴存指标比较

住房公积金缴存指标分为5个二级指标：实缴单位数、实缴职工数、本年缴存额、缴存总额和缴存余额。缴存总额反映了该地方自建立住房公积金制度以来，单位和职工累计缴存的资金数额；而缴存余额则反映了该地方账面留置的住房公积金总额，是一个地方资金规模大小的客观反映。列表以缴存余额排序。

（一）全国住房公积金缴存情况

全国住房公积金缴存比较见表1-2-1。

全年住房公积金实缴单位238.25万个，实缴职工13064.50万人，分别比上年增长2.98%和5.42%。全年净增实缴单位6.9万个，净增实缴职工671.19万人。全年住房公积金缴存额16562.88亿元，比上年增长13.84%。年末缴存总额106091.76亿元，扣除提取后的缴存余额为45627.85亿元，分别比上年年末增长18.55%和12.18%。

表1-2-1　2016年全国住房公积金缴存比较表

年度	实缴单位数（万个）	实缴职工数（万人）	本年缴存额（亿元）	缴存总额（亿元）	缴存余额（亿元）
2015	231.35	12393.31	14549.46	89490.36	40674.72
2016	238.25	13064.50	16562.88	106091.76	45627.85
年增长率（%）	2.98	5.42	13.84	18.55	12.18

（二）省、自治区和新疆生产建设兵团住房公积金缴存比较

省、自治区和新疆生产建设兵团住房公积金缴存情况见表1-2-2。

在28个省级单位中，本年缴存额超千亿元的有3个，分别为广东、江苏、浙江；在700亿～1000亿元之间的有2个，分别为山东、四川；在500亿～700亿元之间的有4个；在400亿～500亿元之间的有3个；在300亿～400亿元之间的有7个；在200亿～300亿元之间的有4个；在100亿～200亿元之间的有1个；在100亿元以下的有4个。从缴存总额上看，广东省超过了10000亿元，江苏省超过了8000亿元，浙江省、山东省超过了5000亿元，在3000亿～5000亿元之间的有7个省，在2000亿～3000亿元的有7个省区，在1000亿～2000亿元的有5个省区，在千亿元以下的有5个省区和单位。从缴存余额上看，广东省超4000亿元，江苏省超3000亿元，4个省规模超2000亿元，9个省区规模超千亿元，8个省区规模超过500亿元，其余5个省区和单位规模在500亿元以下。

表 1-2-2　2016 年省、自治区和新疆生产建设兵团住房公积金缴存情况表

序号	地区	实缴单位数（万个）	实缴职工数（万人）	本年缴存额（亿元）	缴存总额（亿元）	缴存余额（亿元）
1	广东	27.63	1651.36	1772.87	10935.83	4088.79
2	江苏	22.87	1162.79	1362.66	8450.73	3439.29
3	山东	11.74	872.24	914.94	5815.74	2770.02
4	浙江	16.82	650.50	1038.20	6800.20	2618.09
5	四川	9.54	557.96	768.66	4539.74	2109.39
6	辽宁	7.93	473.85	673.38	4988.75	2068.44
7	湖北	6.69	449.09	570.04	3367.11	1770.84
8	河南	7.00	646.89	505.98	3257.03	1636.97
9	河北	5.97	487.42	493.28	3308.14	1544.21
10	安徽	5.36	382.24	542.07	3640.99	1408.67
11	湖南	6.04	375.22	458.30	2664.00	1405.59
12	福建	9.21	341.60	463.42	3007.05	1217.83
13	黑龙江	3.74	277.77	349.51	2459.38	1152.99
14	云南	4.29	241.12	372.89	2481.92	1128.07
15	内蒙古自治区	3.71	221.99	308.93	1958.01	1059.29
16	陕西	4.91	401.79	354.27	2370.78	963.84
17	吉林	3.42	226.69	272.64	1865.49	916.78
18	江西	4.44	244.48	302.91	1624.69	893.39
19	广西壮族自治区	5.01	265.77	337.49	2125.53	878.40
20	新疆维吾尔自治区	2.93	164.23	314.56	2015.38	848.45
21	甘肃	3.02	178.69	228.11	1436.35	783.66
22	贵州	3.53	216.56	273.29	1379.16	724.52
23	山西	4.59	370.67	269.26	2008.83	696.50
24	海南	2.13	100.89	103.09	594.09	312.22
25	青海	0.83	46.97	81.50	561.50	262.91
26	宁夏回族自治区	0.89	55.49	85.26	593.72	243.86
27	西藏自治区	0.37	25.90	71.90	333.60	188.90
28	新疆生产建设兵团	0.33	29.65	31.86	177.27	98.51

（三）直辖市住房公积金缴存比较

直辖市住房公积金缴存情况见表 1-2-3。

从体量上看，北京、上海远高于天津、重庆。人均本年缴存额分别为：北京 2.16 万元、天津 1.67 万元、上海 1.33 万元、重庆 1.30 万元，上海与重庆基本持平，说明上海缴存水平较低。另一方面，上海市实缴单位数要远高于其他三市，说明其中小企业建制率比较高。

表 1-2-3　2016 年直辖市住房公积金缴存情况表

序号	城市	实缴单位数（万个）	实缴职工数（万人）	本年缴存额（亿元）	缴存总额（亿元）	缴存余额（亿元）
1	北京	13.83	695.74	1502.17	9404.68	3269.69
2	上海	31.39	764.74	1018.58	7115.14	3181.79
3	天津	5.05	246.40	410.80	3045.10	1158.70
4	重庆	3.03	237.71	309.71	1765.66	787.19

（四）副省级、省会城市住房公积金缴存比较

副省级、省会城市住房公积金缴存情况见表 1-2-4。

在 31 个副省级城市和省会城市中（不含海口市），广州市和其他城市显然不在一个数量等级上，缴存余额为 1353.59 亿元，缴存总额为 4487.57 亿元，超过直辖市中的天津、重庆。在 31 个城市中，缴存余额超千亿元的有 2 个：广州、深圳，缴存余额在 800 亿～ 1000 亿元之间的有 3 个，在 500 亿～ 800 亿元之间的有 6 个，在 300 亿～ 500 亿元之间的有 7 个，在 100 亿～ 300 亿元之间的有 11 个，在 100 亿元以下的有 2 个。从缴存总额上看，超过千亿元的有 14 个，在 500 亿～ 1000 亿元之间的有 11 个；从当年缴存额看，超 500 亿元的只有广州市一家，在 400 亿～ 500 亿元之间的只有深圳市一家，展示了珠三角的经济实力和住房公积金制度的普及度，在 200 亿～ 400 亿元之间的有 5 个，在 100 亿～ 200 亿元之间的有 14 个。

表 1-2-4　2016 年副省级、省会城市住房公积金缴存情况表

序号	城市	实缴单位数（万个）	实缴职工数（万人）	本年缴存额（亿元）	缴存总额（亿元）	缴存余额（亿元）
1	广州	6.08	390.61	618.36	4487.57	1353.59
2	深圳	11.55	567.70	428.68	1908.59	1096.18
3	成都	3.70	264.93	339.81	2109.18	895.28
4	武汉	2.14	193.66	284.73	1757.76	870.29
5	南京	3.94	206.99	307.46	1998.82	832.66
6	杭州	5.35	177.10	271.40	1667.20	607.70
7	大连	3.02	125.23	203.76	1483.12	572.72
8	沈阳	1.99	118.13	183.88	1291.40	570.88
9	济南	1.68	133.86	178.22	1175.05	547.82
10	西安	1.44	215.36	190.52	1299.27	521.23
11	郑州	1.42	186.10	174.95	1136.51	518.02
12	青岛	3.55	141.68	178.73	1212.18	476.30
13	哈尔滨	1.21	113.60	165.55	1117.89	450.72

（续表）

序号	城市	实缴单位数（万个）	实缴职工数（万人）	本年缴存额（亿元）	缴存总额（亿元）	缴存余额（亿元）
14	宁波	2.65	125.24	179.19	1191.82	417.27
15	昆明	1.02	78.92	139.79	967.05	386.30
16	长春	0.96	80.18	114.77	771.48	374.00
17	福州	1.75	84.78	132.41	868.71	341.28
18	合肥	1.09	103.50	147.26	969.23	333.98
19	兰州	0.77	63.24	83.82	634.21	293.53
20	长沙	1.15	78.19	88.53	519.07	287.07
21	乌鲁木齐	0.57	49.57	100.72	663.26	283.24
22	南昌	0.84	66.69	100.71	608.86	279.58
23	石家庄	1.14	71.15	77.29	473.12	271.47
24	厦门	2.54	80.21	113.07	702.51	263.23
25	呼和浩特	0.61	47.46	79.68	585.31	259.03
26	太原	0.87	87.60	88.34	676.36	258.36
27	贵阳	1.25	79.33	83.63	464.19	220.71
28	南宁	0.81	56.99	64.69	420.38	177.77
29	银川	0.47	33.25	53.62	393.15	148.77
30	西宁	0.25	18.04	26.55	189.41	80.98
31	拉萨	0.04	3.48	9.08	44.77	27.38

（五）地市州盟住房公积金缴存比较

地市州盟住房公积金缴存情况见表 1-2-5。

在 305 个地市州盟中，苏州各项指标远超其他城市。缴存余额过百亿元的城市有 55 个，缴存总额过300亿元的城市有32个。在缴存余额上，超过500亿元的城市有1个：苏州，在400亿～500亿元之间的有 1 个：无锡，在 200 亿～ 400 亿元之间的有 9 个。在缴存总额上，苏州超 1500 亿元；在 900 亿～ 1000 亿元之间的有 1 个：无锡，在 500 亿～ 700 亿元之间的有 7 个，在 400 亿～ 500 亿元之间的有 8 个。值得关注的是石油、矿山等资源型城市，尽管其职工人数不多，并不处于发达地区，但由于收入水平较高，住房公积金缴存基数比较高，因而跻身缴存余额大户行列，例如大庆、盘锦、淮南、平顶山、包头、克拉玛依等。

从地域分布上看，在缴存总额超过 400 亿元的 17 个城市中，江苏省占 5 个，浙江省占 4 个，广东省占 3 个，山东省占 2 个，河北省、黑龙江省、福建省各占 1 个。这在一定程度上反映了各省的经济发展水平和城市住房公积金事业发展状况。

缴存余额在 100 亿元以下的地市州盟有 250 个，缴存总额在 200 亿元以下的城市有 233 个。

其中缴存余额在 50 亿元以下的有 130 个；缴存余额在 30 亿元以下的有 60 个；缴存余额在 10 亿元以下的有 5 个，全部为少数民族地区。

表 1-2-5　2016 年地市州盟住房公积金缴存情况表

序号	地方	实缴单位数（个）	实缴职工数（万人）	本年缴存额（亿元）	缴存总额（亿元）	缴存余额（亿元）
1	苏州市	48890	220.02	260.95	1574.98	541.77
2	无锡市	36185	133.28	149.66	975.19	419.03
3	温州市	16758	55.08	95.17	632.03	315.24
4	唐山市	5559	65.98	72.63	554.14	273.51
5	徐州市	10712	53.21	73.71	493.77	244.01
6	常州市	20948	77.85	91.93	579.58	243.66
7	大庆市	3342	43.79	68.76	626.85	240.28
8	东莞市	25712	133.23	98.12	620.85	238.66
9	南通市	15811	74.98	92.52	592.17	237.08
10	佛山市	9659	116.48	112.20	674.73	212.09
11	烟台市	9166	81.87	72.83	429.94	211.68
12	济宁市	6974	56.32	61.24	377.52	196.95
13	淄博市	5644	52.82	53.05	321.32	191.62
14	金华市	10205	36.33	61.85	401.32	176.42
15	嘉兴市	15618	54.14	75.27	479.43	176.08
16	台州市	7265	38.64	62.70	398.11	173.55
17	泉州市	16496	55.26	63.35	421.98	170.95
18	绍兴市	9500	44.97	62.61	433.90	167.83
19	东营市	2371	34.59	52.62	460.12	167.25
20	洛阳市	6282	51.81	52.80	352.56	166.63
21	扬州市	14784	74.07	57.64	392.24	165.93
22	沧州市	6882	49.70	53.77	370.78	155.90
23	潍坊市	6042	57.36	53.51	325.83	154.98
24	保定市	8359	63.73	51.36	330.55	149.30
25	淮南市	2921	27.16	41.13	375.52	142.07
26	包头市	2820	28.85	34.70	246.16	140.21
27	赣州市	7355	32.41	39.19	200.05	135.38
28	吉林市	5210	31.96	40.91	301.39	134.71
29	平顶山市	3497	37.13	22.43	232.75	131.89
30	临沂市	4823	57.64	50.39	254.15	129.99
31	湛江市	6499	33.26	46.53	306.17	128.90
32	惠州市	6063	56.49	58.52	331.32	127.88
33	鞍山市	3314	27.48	36.48	344.64	124.52
34	赤峰市	4935	29.85	33.13	208.88	123.06

（续表）

序号	地方	实缴单位数（个）	实缴职工数（万人）	本年缴存额（亿元）	缴存总额（亿元）	缴存余额（亿元）
35	湖州市	11757	30.48	43.22	295.90	121.55
36	邯郸市	4402	44.08	33.81	264.23	120.66
37	绵阳市	4296	27.23	40.79	236.95	119.35
38	连云港市	6353	33.38	43.88	255.38	118.54
39	泰州市	7591	41.18	39.78	245.19	118.04
40	盐城市	9599	48.65	53.12	297.73	117.49
41	宜昌市	5119	29.64	44.98	254.80	115.78
42	镇江市	9635	45.53	43.17	291.11	112.34
43	鄂尔多斯市	3368	18.28	26.84	159.53	108.23
44	南阳市	5006	45.07	27.87	170.38	108.00
45	十堰市	3487	23.02	30.65	198.01	107.72
46	遵义市	3840	30.57	46.50	212.88	107.34
47	株洲市	3124	24.65	35.47	218.62	105.52
48	宜宾市	4029	23.36	36.58	206.36	103.87
49	柳州市	4367	30.83	40.70	301.05	103.76
50	凉山州	4223	17.36	31.17	187.54	103.49
51	江门市	5730	32.62	46.28	319.08	103.30
52	桂林市	5619	26.76	34.07	243.25	102.86
53	威海市	6592	50.60	30.87	190.07	101.98
54	曲靖市	3462	24.78	29.76	222.84	100.46
55	廊坊市	4632	47.18	39.94	235.21	100.46
56	汕头市	3253	24.91	35.27	229.85	99.95
57	淮北市	1018	19.10	28.99	258.56	99.20
58	安庆市	3667	21.57	36.82	216.24	99.09
59	岳阳市	4494	23.49	29.19	176.24	98.98
60	秦皇岛市	3195	27.75	31.16	237.69	97.38
61	聊城市	3608	35.00	24.35	142.67	97.02
62	芜湖市	5175	43.27	39.52	266.53	96.91
63	通辽市	3134	17.81	23.54	139.17	96.63
64	枣庄市	2460	24.31	28.37	185.70	96.45
65	红河州	4101	19.68	29.59	206.99	94.88
66	常德市	5018	26.00	32.79	185.25	94.10
67	淮安市	5143	47.08	43.03	251.99	93.91
68	德阳市	2610	20.49	28.55	220.05	93.54
69	茂名市	4138	23.78	30.77	200.16	93.16
70	襄阳市	6898	41.00	31.74	179.47	92.95
71	丽水市	5452	15.95	31.87	208.50	91.01
72	阜阳市	3616	24.18	31.85	169.36	90.94
73	衡阳市	3288	28.38	30.04	171.61	88.69

（续表）

序号	地方	实缴单位数（个）	实缴职工数（万人）	本年缴存额（亿元）	缴存总额（亿元）	缴存余额（亿元）
74	齐齐哈尔市	3166	21.20	24.10	142.40	86.50
75	泰安市	3480	34.64	29.50	198.80	85.94
76	昭通市	2418	14.36	21.31	136.49	85.41
77	上饶市	5964	22.62	26.28	128.99	84.27
78	张家口市	4402	26.77	33.17	209.17	84.24
79	马鞍山市	2347	19.46	31.95	250.46	84.06
80	珠海市	8311	83.01	60.14	434.48	83.78
81	邵阳市	4272	20.34	25.33	126.46	83.66
82	中山市	4444	36.28	38.45	232.21	83.59
83	漳州市	6321	24.39	31.37	201.00	83.42
84	抚顺市	1962	18.89	22.92	200.17	82.97
85	郴州市	4606	24.51	25.52	147.23	82.85
86	三明市	6252	20.74	28.02	203.36	82.63
87	黄石市	3571	19.89	19.89	130.18	82.32
88	黄冈市	3849	25.51	25.20	130.39	82.26
89	延边州	3622	19.99	22.21	135.80	82.20
90	邢台市	3037	31.10	27.03	171.43	80.59
91	呼伦贝尔市	4985	20.61	30.35	156.95	80.09
92	承德市	3343	25.52	28.01	165.23	79.60
93	黔东南州	4549	16.06	25.23	122.73	79.59
94	菏泽市	3264	27.21	21.83	114.73	78.38
95	锦州市	2954	16.94	18.88	134.58	78.33
96	九江市	4887	28.30	27.20	152.22	77.88
97	喀什地区	2541	17.98	30.51	152.41	77.71
98	松原市	2859	15.81	20.51	154.20	76.52
99	克拉玛依市	1077	14.71	34.07	290.19	76.11
100	乐山市	4553	20.77	27.01	174.40	75.72
101	荆州市	5499	23.40	24.64	137.29	75.68
102	永州市	4268	22.25	23.06	123.60	74.78
103	韶关市	3758	20.29	30.00	217.08	74.03
104	衢州市	4208	16.73	32.79	218.09	73.23
105	德州市	3792	33.12	24.73	109.92	72.68
106	盘锦市	1708	22.02	32.82	264.97	72.59
107	濮阳市	2513	26.46	26.23	190.91	70.96
108	吉安市	5975	21.79	24.34	118.60	70.80
109	六安市	3664	19.36	29.38	147.55	70.62
110	龙岩市	5107	19.69	25.75	178.30	70.55
111	榆林市	5958	27.77	33.23	161.64	70.04
112	怀化市	5489	17.63	21.55	118.67	69.61

（续表）

序号	地方	实缴单位数（个）	实缴职工数（万人）	本年缴存额（亿元）	缴存总额（亿元）	缴存余额（亿元）
113	宁德市	4119	16.51	23.29	138.26	68.96
114	南平市	5386	17.40	22.90	150.38	68.92
115	攀枝花市	1036	10.78	16.75	155.67	68.28
116	清远市	3943	19.01	30.28	186.99	68.20
117	宜春市	3794	22.10	26.39	123.25	67.75
118	伊犁州	2775	14.84	21.45	133.34	67.58
119	焦作市	4307	29.56	20.19	125.42	67.43
120	荆门市	3030	15.82	19.01	119.62	66.27
121	葫芦岛市	1462	15.38	17.07	113.08	66.11
122	昌吉州	2983	12.54	20.00	124.77	65.71
123	南充市	4633	21.00	29.28	145.02	65.44
124	毕节市	3432	22.26	23.83	110.11	65.11
125	滨州市	3222	20.48	19.30	100.68	65.01
126	咸阳市	4870	43.26	26.21	150.18	64.99
127	滁州市	3309	18.56	28.46	167.49	64.78
128	新乡市	3938	32.63	19.86	117.91	64.60
129	蚌埠市	2444	17.14	22.79	158.30	64.05
130	达州市	3564	17.89	23.93	121.96	64.00
131	日照市	2758	18.74	23.71	123.48	62.71
132	肇庆市	3368	22.13	27.26	156.74	62.70
133	朝阳市	2484	17.22	16.40	101.16	62.35
134	宝鸡市	3877	27.18	20.43	172.83	62.29
135	莆田市	4992	21.23	20.53	128.71	61.94
136	营口市	2335	15.37	16.25	109.21	61.93
137	黔南州	2973	14.66	22.86	109.84	61.87
138	玉林市	3385	17.88	24.08	124.29	61.20
139	孝感市	3840	22.67	18.90	102.00	61.00
140	宿迁市	3542	21.37	21.81	105.72	60.80
141	临汾市	4494	28.76	19.64	127.78	60.61
142	舟山市	3110	11.86	24.25	158.65	60.57
143	益阳市	2676	18.86	22.12	118.69	60.24
144	梅州市	3249	21.67	23.44	131.75	59.61
145	巴彦淖尔市	2207	13.39	17.23	103.48	59.42
146	恩施州	2613	12.76	20.67	93.08	59.28
147	铜仁市	2844	14.39	21.78	86.75	59.19
148	玉溪市	3091	12.31	22.21	161.69	59.01
149	湘潭市	1851	16.60	20.76	152.00	58.97
150	泸州市	2897	19.65	25.77	142.98	58.86
151	安阳市	3032	21.62	18.23	146.11	58.63

（续表）

序号	地方	实缴单位数（个）	实缴职工数（万人）	本年缴存额（亿元）	缴存总额（亿元）	缴存余额（亿元）
152	驻马店市	3692	24.25	20.82	100.40	58.58
153	延安市	4998	18.13	22.05	175.64	58.22
154	娄底市	2463	16.93	17.67	109.78	58.02
155	宿州市	2386	14.88	20.52	117.83	57.83
156	大理州	3118	14.21	20.90	129.32	56.76
157	信阳市	4254	26.38	18.54	90.13	55.65
158	商丘市	2746	25.32	17.59	83.85	54.96
159	平凉市	1988	10.00	14.27	79.32	54.74
160	广元市	3037	13.29	15.88	83.28	54.65
161	抚州市	3226	13.50	15.80	74.37	54.53
162	亳州市	1982	12.12	22.64	114.33	54.45
163	本溪市	1879	18.34	17.51	150.68	54.04
164	许昌市	2787	20.82	18.70	96.18	52.26
165	牡丹江市	2473	15.90	14.43	90.87	51.90
166	内江市	2013	12.00	18.52	90.90	51.89
167	辽阳市	1751	13.06	16.64	125.42	51.52
168	甘孜州	2039	7.19	15.43	86.80	51.16
169	自贡市	2164	12.40	16.29	100.79	51.12
170	佳木斯市	2454	11.75	14.02	84.89	50.97
171	丹东市	2559	13.66	15.24	102.79	50.93
172	百色市	3382	15.86	22.29	126.71	50.85
173	文山州	2647	12.51	17.38	98.66	50.50
174	巴音郭楞州	3346	12.23	21.04	133.24	50.48
175	渭南市	3174	21.73	18.35	139.05	50.36
176	保山市	1622	9.06	14.60	76.64	49.99
177	衡水市	3031	18.21	16.79	91.88	49.93
178	汉中市	3858	18.79	17.02	108.38	49.91
179	哈密市	1305	8.09	15.02	108.34	49.37
180	普洱市	2452	9.70	14.26	87.04	48.87
181	三门峡市	2706	17.86	14.41	101.47	48.62
182	大同市	4436	40.49	27.85	204.37	48.49
183	揭阳市	1703	15.19	18.41	106.14	48.10
184	运城市	3850	30.39	16.55	111.52	48.06
185	宣城市	3154	13.03	20.81	138.91	47.68
186	咸宁市	2632	12.63	14.82	67.26	47.40
187	绥化市	3251	14.85	13.24	70.51	47.36
188	白银市	1243	11.46	11.81	83.43	47.06
189	六盘水市	1300	14.41	16.43	109.21	46.76
190	乌兰察布市	2351	11.63	13.85	68.64	46.25

（续表）

序号	地方	实缴单位数（个）	实缴职工数（万人）	本年缴存额（亿元）	缴存总额（亿元）	缴存余额（亿元）
191	晋城市	2424	18.77	19.03	89.23	46.19
192	黑河市	1946	8.75	9.84	63.83	46.13
193	黔西南州	1751	12.15	17.29	82.57	44.88
194	湘西州	2889	11.44	15.48	74.53	44.22
195	眉山市	2755	11.65	18.10	89.66	43.61
196	巴中市	2955	11.21	13.66	57.35	43.54
197	锡林郭勒盟	2606	10.29	15.57	86.00	43.43
198	定西市	1696	10.34	12.66	56.47	42.97
199	阿克苏地区	2557	11.37	18.05	104.94	42.46
200	和田地区	1540	8.23	15.75	79.69	42.05
201	陇南市	2404	10.44	11.56	49.32	42.03
202	通化市	3008	15.44	10.82	70.22	41.71
203	酒泉市	1895	6.95	11.69	84.14	41.26
204	天水市	2397	13.90	15.64	71.27	41.15
205	临沧市	1742	8.41	11.28	65.55	40.65
206	河池市	3036	13.58	18.15	99.54	40.51
207	铜陵市	1914	11.87	15.59	122.84	40.34
208	庆阳市	2349	10.59	12.69	59.86	39.96
209	双鸭山市	1613	10.53	8.90	54.40	39.80
210	铁岭市	3070	14.00	12.89	72.95	39.77
211	云浮市	2628	10.87	15.27	89.48	39.38
212	鸡西市	1694	10.24	8.34	55.76	39.31
213	周口市	2971	32.42	13.51	64.56	39.31
214	开封市	2440	18.57	11.25	65.63	39.01
215	梧州市	2879	16.37	14.24	88.90	38.96
216	兴安盟	1878	10.62	14.03	73.42	38.72
217	长治市	3806	20.23	16.50	102.11	38.70
218	阳江市	2299	12.67	15.57	81.94	37.36
219	漯河市	2181	22.98	10.30	55.12	37.17
220	遂宁市	2555	11.73	14.14	60.37	37.15
221	安顺市	1784	10.67	14.63	78.31	36.81
222	黄山市	3306	9.67	13.94	95.64	36.25
223	武威市	2017	8.32	10.79	57.68	36.14
224	安康市	2870	10.54	10.45	65.29	36.07
225	四平市	2554	13.26	10.86	60.17	36.05
226	晋中市	4033	22.79	14.74	91.90	36.04
227	楚雄州	2487	11.87	16.49	113.30	35.79
228	阿坝州	1814	6.93	13.20	69.80	35.61
229	贵港市	3844	12.27	14.25	76.78	35.24

（续表）

序号	地方	实缴单位数（个）	实缴职工数（万人）	本年缴存额（亿元）	缴存总额（亿元）	缴存余额（亿元）
230	萍乡市	1137	12.05	10.48	56.11	35.02
231	河源市	2252	13.57	16.92	95.61	34.90
232	日喀则市	223	4.14	12.23	49.04	34.70
233	景德镇市	1434	9.64	10.93	58.93	34.63
234	张掖市	1851	6.07	9.94	51.45	34.53
235	金昌市	629	6.32	8.59	74.60	34.48
236	西双版纳州	1416	5.92	8.08	54.77	34.40
237	潜江市	743	7.20	8.36	65.93	34.38
238	雅安市	2423	7.66	13.12	74.99	34.21
239	鹤岗市	906	4.61	4.80	46.15	33.93
240	资阳市	1987	10.20	16.86	61.70	33.82
241	钦州市	2573	11.30	13.59	71.53	33.74
242	莱芜市	951	10.39	11.64	93.58	33.25
243	阜新市	2035	13.18	9.45	68.84	31.67
244	白山市	1838	10.15	8.35	60.29	31.36
245	朔州市	2546	18.48	13.61	89.73	31.27
246	北海市	1978	8.94	10.07	68.10	29.59
247	吴忠市	1140	6.34	9.14	62.07	29.34
248	商洛市	2994	9.49	8.41	47.85	28.24
249	德宏州	1305	6.61	8.35	46.92	28.03
250	新余市	962	8.78	9.25	56.70	27.70
251	阿拉善盟	1200	4.14	8.36	53.99	27.48
252	吕梁市	4219	30.62	16.92	86.25	27.44
253	甘南州	1584	5.89	8.37	44.31	27.03
254	鄂州市	1162	7.58	8.00	50.64	26.98
255	海西州	989	5.10	7.87	52.00	26.82
256	鹤壁市	1659	11.26	8.08	63.86	26.80
257	池州市	1749	7.37	10.42	72.20	26.42
258	来宾市	2589	9.95	11.67	73.38	26.21
259	海东市	1241	4.65	7.69	54.47	26.04
260	鹰潭市	1287	6.58	8.40	46.62	25.85
261	七台河市	887	3.75	4.89	38.49	25.81
262	塔城地区	1772	6.72	9.88	63.65	25.60
263	白城市	2220	8.80	7.26	42.34	25.17
264	固原市	1124	5.14	8.91	51.08	25.14
265	贺州市	1928	8.55	9.86	51.83	24.86
266	广安市	2608	10.21	13.80	63.99	24.80
267	潮州市	1758	8.84	11.31	74.96	24.70
268	临夏州	1866	9.71	8.00	37.24	24.50

（续表）

序号	地方	实缴单位数（个）	实缴职工数（万人）	本年缴存额（亿元）	缴存总额（亿元）	缴存余额（亿元）
269	乌海市	802	5.88	6.33	45.18	24.42
270	嘉峪关市	611	5.42	8.03	53.05	24.25
271	阿勒泰地区	1827	5.54	8.37	55.26	23.85
272	石嘴山市	1075	5.85	7.23	51.83	23.47
273	崇左市	2522	9.46	10.42	62.14	23.46
274	迪庆州	711	2.89	5.06	28.23	22.75
275	忻州市	5076	21.79	15.46	88.77	22.46
276	随州市	1728	7.55	7.93	34.04	22.29
277	昌都市	794	3.60	8.97	36.46	22.12
278	丽江市	1517	6.86	8.48	55.34	21.65
279	伊春市	2075	11.71	6.69	35.60	21.43
280	济源市	1194	9.94	5.62	29.89	20.96
281	那曲地区	143	2.90	8.90	33.89	20.91
282	克孜勒苏州	937	4.18	7.22	36.68	20.87
283	张家界市	1775	6.47	7.45	49.00	20.12
284	辽源市	1543	8.52	6.54	32.83	19.50
285	汕尾市	1282	8.72	11.11	50.13	18.74
286	铜川市	1663	7.90	5.59	37.60	17.75
287	山南市	761	2.67	8.34	34.20	17.61
288	中卫市	856	4.91	6.36	35.60	17.13
289	防城港市	1698	6.02	7.97	45.57	16.74
290	阳泉市	1456	12.88	8.21	68.79	14.73
291	吐鲁番市	968	4.43	6.08	37.30	14.70
292	大兴安岭地区	1277	5.48	5.02	25.17	14.26
293	玉树州	560	1.46	3.76	21.97	13.65
294	博尔塔拉州	864	3.22	5.35	31.28	13.11
295	怒江州	646	3.04	4.85	31.11	12.59
296	海南州	660	1.82	3.68	26.38	12.44
297	满洲里市	729	3.15	5.13	31.30	12.32
298	林芝市	588	2.21	5.03	26.22	12.17
299	仙桃市	769	4.62	3.66	20.89	11.81
300	天门市	572	2.83	3.34	17.93	11.05
301	黄南州	602	1.31	2.29	16.05	9.31
302	阿里地区	133	1.27	3.57	16.29	8.32
303	海北州	575	1.45	2.63	18.35	8.25
304	果洛州	281	0.97	2.73	10.87	5.29
305	神农架林区	322	0.77	0.94	4.25	3.20

三、住房公积金提取使用指标比较

提取使用指标分 2 个二级指标：本年提取额和全部提取额。本年提取额是职工当年因购房、偿还房贷、退休等原因提取出去的住房公积金总额；占本年缴存额比例又称提取使用率，是指本年归集的资金有多少被职工提取使用，反映了当地住房公积金提取使用政策的松紧度；全部提取额是指该地方自建立住房公积金制度以来，职工累计提取出去的资金数额。列表以本年提取额占本年缴存额比例（提取使用率）排序。

（一）全国住房公积金提取使用情况

全国住房公积金提取使用情况见表 1-3-1。

全年住房公积金提取额 11626.88 亿元，占全年缴存额的 70.20%，比上年增长 5.82%。年末住房公积金提取总额 60463.59 亿元，占缴存总额的 56.99%。

表 1-3-1　2016 年全国住房公积金提取使用情况表

本年提取额（亿元）	占本年缴存额比例（%）	比上年增长（%）	全部提取额（亿元）	占缴存总额比例（%）
11626.88	70.20	5.82	60463.59	56.99

（二）省、自治区和新疆生产建设兵团住房公积金提取使用比较

省、自治区和新疆生产建设兵团住房公积金提取使用情况见表 1-3-2。

28 个省级行政区域内，住房公积金提取使用率在全国平均数以上的有 13 个，最高的安徽省为 81.36%，高出 11.16 个百分点；低于全国平均数的有 15 个，其中低于 50% 的只有西藏自治区，反映出整体使用政策处于较宽松状态。当年提取额增长超过 30% 的有 2 个：西藏 62.50%、山东 39.03%；同比减少的有 6 个省，其中山西省同比减少 74.21%。

表 1-3-2　2016 年省、自治区和新疆生产建设兵团住房公积金提取使用情况表

序号	地区	本年提取额（亿元）	占本年缴存额比例（%）	比上年增加（%）	全部提取额（亿元）	占缴存总额比例（%）
1	安徽	441.03	81.36	19.45	2232.31	61.31
2	宁夏回族自治区	67.48	79.15	23.89	349.87	58.93
3	陕西	280.02	79.04	−29. 32	1406.94	59.35
4	内蒙古自治区	233.61	75.62	16.74	898.72	45.90
5	辽宁	503.94	74.84	−13. 00	2920.31	58.54
6	广东	1321.93	74.56	14.52	6846.04	62.61
7	浙江	765.80	73.80	19.30	4182.00	61.50
8	山东	673.52	73.61	39.03	3045.72	52.37
9	福建	340.97	73.58	20. 57	1789.22	59.50

（续表）

序号	地区	本年提取额（亿元）	占本年缴存额比例（%）	比上年增加（%）	全部提取额（亿元）	占缴存总额比例（%）
10	新疆维吾尔自治区	230.23	73.19	6.37	1166.93	57.90
11	青海	59.39	72.87	8. 26	298.59	53.17
12	广西壮族自治区	245.66	72.79	22.37	1247.13	58.67
13	江苏	988.00	72.51	24.54	5011.44	59.30
14	云南	255.65	68.56	15.29	1353.85	54.55
15	吉林	185.30	67.97	17. 35	948.71	50.86
16	甘肃	150.41	65.93	19.52	652.68	45.44
17	山西	173.26	64.35	−74.21	1312.33	65.33
18	黑龙江	220.46	63.08	−10.72	1306.40	53.12
19	四川	481.02	62.58	0.01	2430.35	53.54
20	海南	64.35	62.42	27.25	281.86	47.44
21	河南	314.55	62.20	−21.90	1620.06	49.74
22	河北	302.53	61.33	−27.22	1763.93	53.32
23	湖北	345.28	60.57	12.28	1596.27	47.41
24	江西	179.31	59.20	8.84	731.32	45.01
25	湖南	265.65	57.95	16.38	1258.40	47.24
26	贵州	154.40	56.50	3.75	654.64	47.47
27	新疆生产建设兵团	17.40	54.61	28.45	78.76	44.43
28	西藏自治区	34.30	47.70	62.50	144.60	43.35

（三）直辖市住房公积金提取使用比较

直辖市住房公积金提取使用情况见表 1-3-3。

4 个直辖市提取使用情况基本平稳，没有大起大落。提取使用率均高于 60%，其中天津最高，达到了 85%，这一数值也高于各省的当年提取率。

表 1-3-3　2016 年直辖市住房公积金提取使用情况表

序号	城市	本年提取额（亿元）	占本年缴存额比例（%）	比上年增长（%）	全部提取额（亿元）	占缴存总额比例（%）
1	天津	349.30	85.00	15.80	1886.40	61.95
2	北京	1132.23	75.40	23.00	6134.99	65.23
3	上海	659.37	64.73	29.17	3933.35	55.28
4	重庆	190.38	61.47	9.72	978.47	55.42

（四）副省级、省会城市住房公积金提取使用比较

副省级城市和省会城市住房公积金提取使用情况见表 1-3-4。

从表中可以看出，在 31 个副省级城市和省会城市中，当年提取使用率最高的城市为呼和浩特，达到 96.57%；80% ～ 90% 之间的城市有 4 个；70% ～ 80% 之间的城市有 12 个；60% ～ 70% 之间的城市有 9 个；50% ～ 60% 之间的城市有 5 个。没有当年提取使用率低于 50% 的城市。

一般来看，城市提取使用率在 50% 以下为偏低，表现为职工使用上的限制较多，资金沉淀率比较高；而 70% 以上的提取使用率则偏高，对职工使用较为宽松，但易造成信贷资金不足，产生流动性问题。例如，2015 年当年提取使用率最高的 4 个城市太原、西安、哈尔滨、西宁，在 2016 年提取额均有较大幅度下降，从侧面反映了流动性趋紧、收缩提取的情况。从数据看，2016 年提取情况得到了优化，没有当年提取使用率超 100% 或低于 50% 的城市，但超过 70% 的城市较多，还应给予更多关注。

表 1-3-4　2016 年副省级、省会城市住房公积金提取使用情况表

序号	城市	本年提取额（亿元）	占本年缴存额比例（%）	比上年增长（%）	全部提取额（亿元）	占缴存总额比例（%）
1	呼和浩特	76.95	96.57	17.68	326.28	55.74
2	合肥	127.75	86.75	22.62	635.25	65.54
3	广州	523.58	84.67	16.85	3133.97	69.84
4	银川	43.92	81.90	25.50	244.38	62.16
5	宁波	144.40	80.58	22.47	774.55	64.99
6	厦门	86.85	76.81	27.63	439.28	62.53
7	青岛	135.64	75.89	30.32	735.88	60.71
8	南京	232.68	75.68	31.41	1166.40	58.35
9	大连	153.21	75.20	13.96	910.40	61.38
10	杭州	199.20	73.40	22.70	1059.50	63.55
11	西宁	19.19	72.28	−18.51	108.43	57.25
12	福州	95.53	72.15	14.47	527.43	60.71
13	南宁	46.55	71.96	17.25	242.61	57.71
14	兰州	59.99	71.57	0.02	340.67	53.72
15	济南	127.51	71.55	36.81	627.23	53.38
16	昆明	99.45	71.14	14.27	580.75	60.05
17	沈阳	130.53	70.99	8.33	720.52	55.79
18	乌鲁木齐	69.60	69.10	15.71	380.02	57.30
19	南昌	67.54	67.06	1.64	329.27	54.08
20	西安	126.22	66.25	−44.94	778.04	59.88
21	郑州	115.87	66.23	−1.17	618.50	54.42
22	哈尔滨	106.40	64.27	−26.91	667.17	59.68
23	长春	73.09	63.68	11.01	397.48	51.52
24	成都	213.74	62.90	4.08	1213.90	57.55
25	贵阳	52.20	62.42	15.05	243.48	52.45

（续表）

序号	城市	本年提取额（亿元）	占本年缴存额比例（%）	比上年增长（%）	全部提取额（亿元）	占缴存总额比例（%）
26	武汉	175.88	61.77	18.85	887.47	50.49
27	拉萨	5.04	55.51	85.97	17.39	38.84
28	太原	48.22	54.58	−71.97	418.00	61.80
29	深圳	231.25	53.94	13.13	812.41	42.57
30	长沙	44.80	50.61	15.94	232.01	44.70
31	石家庄	39.06	50.54	24.00	201.65	42.62

（五）地市州盟住房公积金提取使用比较

地市州盟住房公积金提取使用情况见表1-3-5。

在全国305个地市州盟中，提取使用率超过100%的单位有12个，最高的是山东省莱芜市，为196.39%；在90%～100%之间的有12个市；在80%～90%之间的有27个市。在当年提取使用率高于80%的51个市中有6个市同时总提取使用率高于70%，为盘锦市、克拉玛依市、珠海市、忻州市、大同市、阳泉市，以上城市流动性压力较大。同时，当年提取使用率低于40%的城市有18个，最低陇南市为18.40%。

在总提取使用率上（全部提取额占缴存总额的比例），超过80%的为珠海市；在70%～80%的市州有5个；在60%～70%的市州有55个；低于30%的地市州盟有14个。对于总提取率使用超过60%的地方，我们认为处于过高状态，容易带来流动性不足问题，挤压信贷资金空间；而对于总提取使用率低于30%的地方，我们认为处于提取政策连续走低状态。

总体来看，提取情况在正常区间的地市州盟比去年明显增加，说明提取情况总体向好。但也有部分地市提取指标大起大落，说明政策变动较大，缺乏资金使用的均衡性，有可能与本地房地产市场变动较大有关。

表1-3-5　2016年地市州盟住房公积金提取使用情况表

序号	地方	本期提取额（亿元）	占本年缴存额比例（%）	比上年增长（%）	全部提取额（亿元）	占缴存总额比例（%）
1	莱芜市	22.86	196.39	205.23	60.33	64.47
2	泰安市	55.84	189.00	195.00	112.87	56.78
3	盘锦市	52.36	159.54	−13.01	192.37	72.60
4	怒江州	7.57	156.00	248.00	18.52	59.53
5	渭南市	28.01	152.64	31.32	88.69	63.78
6	榆林市	41.05	123.53	153.40	91.60	56.67
7	嘉峪关市	9.53	118.70	134.15	28.79	54.27
8	金昌市	9.69	112.88	90.52	40.12	53.78
9	攀枝花市	18.03	107.64	−4.80	87.39	56.14
10	东营市	55.93	106.29	55.49	292.86	63.65

（续表）

序号	地方	本期提取额（亿元）	占本年缴存额比例（%）	比上年增长（%）	全部提取额（亿元）	占缴存总额比例（%）
11	克拉玛依市	34.49	101.22	3.27	214.07	73.77
12	巴彦淖尔市	17.00	100.08	30.70	44.06	42.58
13	肇庆市	27.23	99.89	90.15	94.04	60.00
14	平顶山市	22.20	98.93	4.56	100.86	43.33
15	安康市	9.86	94.35	178.53	29.22	44.75
16	珠海市	55.94	93.02	9.77	350.70	80.72
17	淮南市	38.09	92.61	14.63	233.45	62.17
18	忻州市	14.26	92.19	−66.48	66.31	74.70
19	江门市	42.49	91.81	11.13	215.78	67.63
20	大同市	25.32	90.92	−69.01	155.86	76.26
21	咸阳市	23.77	90.69	−11.57	85.19	56.73
22	鹤岗市	4.32	90.00	54.29	12.22	26.48
23	白山市	7.59	90.00	40.00	28.94	48.00
24	阿拉善盟	7.51	90.00	20.50	26.51	49.10
25	松原市	17.96	87.60	28.80	77.68	50.38
26	宣城市	18.21	87.51	18.17	91.23	65.68
27	潮州市	9.86	87.21	−44.10	50.27	67.06
28	鞍山市	31.82	87.20	−34.70	220.11	63.87
29	阳泉市	7.15	87.18	−77.05	54.06	78.59
30	百色市	19.08	85.60	57.00	75.86	59.87
31	巴音郭楞州	17.98	85.46	42.47	82.77	62.12
32	崇左市	8.90	85.41	18.67	38.68	62.25
33	娄底市	15.05	85.17	100.17	51.76	47.15
34	来宾市	9.84	84.32	48.51	47.17	64.28
35	淮北市	24.44	84.30	−4.98	159.36	61.63
36	东莞市	82.65	84.23	29.10	382.19	61.56
37	固原市	7.48	83.91	38.28	25.93	50.76
38	楚雄州	13.67	82.89	16.83	77.51	68.41
39	池州市	8.63	82.82	19.20	45.78	63.41
40	宿州市	16.81	81.92	43.31	60.00	50.92
41	三门峡市	11.80	81.89	−49.92	52.84	52.07
42	马鞍山市	26.04	81.51	10.02	166.40	66.44
43	海北州	2.14	81.37	21.59	10.10	55.04
44	鄂州市	6.51	81.33	51.57	23.66	46.72
45	汕尾市	8.95	80.56	41.17	31.38	62.60
46	阜阳市	25.64	80.50	50.56	78.41	46.30
47	大庆市	55.35	80.49	4.41	386.56	61.67
48	滁州市	22.89	80.43	30.28	102.71	61.32
49	濮阳市	21.08	80.40	−31.80	119.95	62.83

（续表）

序号	地方	本期提取额（亿元）	占本年缴存额比例（%）	比上年增长（%）	全部提取额（亿元）	占缴存总额比例（%）
50	阿坝州	10.58	80.15	61.70	34.19	48.98
51	黄山市	11.16	80.06	7.66	59.39	62.10
52	韶关市	23.91	79.70	7.21	143.04	65.89
53	白银市	9.29	79.00	-19.00	36.37	43.59
54	阿克苏地区	14.24	78.89	16.53	63.54	60.55
55	汕头市	27.80	78.82	-22.56	129.90	56.52
56	抚顺市	18.03	78.66	25.74	117.20	58.55
57	克孜勒苏州	5.67	78.53	63.40	15.81	43.10
58	漳州市	24.47	78.00	25.94	117.58	58.50
59	柳州市	31.66	77.80	9.32	197.29	65.53
60	盐城市	41.31	77.77	26.45	180.23	60.53
61	玉树州	2.92	77.66	160.71	8.31	37.82
62	新余市	7.18	77.63	7.00	29.00	51.15
63	鹰潭市	6.50	77.38	37.42	20.77	44.55
64	阜新市	7.31	77.35	-10.19	37.17	53.99
65	湘潭市	16.05	77.31	20.66	93.04	61.21
66	铜陵市	12.05	77.27	-5.05	82.50	67.16
67	曲靖市	22.81	77.00	20.00	122.38	54.92
68	衡阳市	23.11	76.93	46.50	82.92	48.32
69	铜川市	4.29	76.74	-44.93	19.85	52.79
70	石嘴山市	5.53	76.49	18.92	28.36	54.72
71	德阳市	21.83	76.46	9.12	126.51	57.49
72	衢州市	25.07	76.43	37.40	144.87	66.43
73	芜湖市	30.17	76.34	16.94	169.61	63.64
74	防城港市	6.08	76.26	12.80	28.83	63.27
75	中山市	29.18	75.89	21.38	148.63	64.01
76	苏州市	197.75	75.78	20.16	1033.21	65.60
77	张掖市	7.53	75.75	86.38	16.92	32.89
78	泉州市	47.87	75.56	26.35	251.04	59.49
79	酒泉市	8.82	75.44	52.07	42.88	50.96
80	河池市	13.65	75.21	29.75	59.03	59.30
81	龙岩市	19.33	75.06	10.41	107.75	60.43
82	枣庄市	21.28	75.01	9.02	89.25	48.06
83	海西州	5.90	74.97	-1.67	25.18	48.42
84	红河州	22.12	74.75	-3.62	112.11	54.16
85	吉林市	30.52	74.60	11.30	166.68	55.30
86	蚌埠市	16.92	74.24	14.62	94.25	59.54
87	丽江市	6.29	74.19	18.90	33.69	60.88
88	包头市	25.72	74.12	12.36	105.94	43.04

（续表）

序号	地方	本期提取额（亿元）	占本年缴存额比例（%）	比上年增长（%）	全部提取额（亿元）	占缴存总额比例（%）
89	南通市	68.56	74.10	27.86	355.09	59.96
90	河源市	12.53	74.05	17.10	60.71	63.50
91	遵义市	34.41	74.00	78.11	105.54	49.58
92	吐鲁番市	4.50	74.00	17.00	22.60	60.59
93	舟山市	17.92	73.90	18.53	98.09	61.83
94	四平市	8.01	73.76	155.10	24.12	40.09
95	镇江市	31.78	73.62	22.84	178.77	61.41
96	鹤壁市	5.92	73.29	−49.15	37.06	58.03
97	亳州市	16.58	73.23	38.05	59.88	52.37
98	廊坊市	29.22	73.16	23.29	134.76	57.29
99	扬州市	41.72	72.40	22.30	226.31	57.70
100	海南州	2.65	72.01	46.41	13.93	52.81
101	惠州市	41.89	72.00	10.00	203.44	61.40
102	湛江市	33.44	71.88	13.59	177.27	57.90
103	绍兴市	44.79	71.50	11.00	266.07	61.32
104	嘉兴市	53.75	71.41	22.86	303.35	63.27
105	佛山市	79.78	71.12	12.88	462.64	68.57
106	茂名市	21.86	71.04	26.65	107.00	53.46
107	清远市	21.74	70.79	9.98	118.79	63.53
108	莆田市	14.53	70.77	11.43	66.77	51.88
109	洛阳市	37.35	70.70	15.99	185.93	52.74
110	湖州市	30.52	70.62	11.03	174.35	58.92
111	南充市	20.66	70.56	9.43	79.58	54.88
112	昭通市	15.03	70.53	33.24	51.08	37.42
113	自贡市	11.48	70.46	20.46	49.67	49.28
114	泰州市	27.91	70.16	29.03	127.15	51.86
115	牡丹江市	10.08	69.85	65.98	38.97	42.89
116	乌海市	4.42	69.83	17.87	20.75	45.93
117	三明市	19.57	69.82	14.34	120.72	59.36
118	吴忠市	6.38	69.80	9.25	32.73	52.73
119	淮安市	29.97	69.65	—	158.08	62.73
120	延边州	15.46	69.60	30.23	53.57	39.45
121	沧州市	37.41	69.57	−14.43	214.88	57.95
122	六安市	20.31	69.13	35.31	76.93	52.14
123	宝鸡市	14.12	69.11	−51.31	110.54	63.96
124	连云港市	30.32	69.10	26.33	136.83	53.58
125	贵港市	9.84	69.10	34.80	41.54	54.10
126	秦皇岛市	21.47	68.90	−4.07	140.31	59.03
127	丽水市	21.95	68.90	8.70	117.48	56.35

（续表）

序号	地方	本期提取额（亿元）	占本年缴存额比例（%）	比上年增长（%）	全部提取额（亿元）	占缴存总额比例（%）
128	贺州市	6.79	68.89	36.25	26.97	52.04
129	安庆市	25.36	68.88	11.51	117.15	54.18
130	济宁市	42.08	68.71	31.98	180.56	47.83
131	唐山市	49.75	68.50	−29.60	280.63	50.64
132	丹东市	10.43	68.44	14.65	51.86	50.45
133	阳江市	10.63	68.27	25.30	44.58	54.41
134	宁德市	15.87	68.14	28.61	69.31	50.13
135	北海市	6.86	68.10	26.16	38.51	56.55
136	云浮市	10.38	67.98	18.76	50.10	55.99
137	阿勒泰地区	5.68	67.86	−4.54	31.40	56.82
138	宜昌市	30.47	67.74	25.39	139.02	54.56
139	台州市	42.44	67.69	7.76	224.56	56.41
140	汉中市	11.52	67.69	−47.49	58.47	53.95
141	乌兰察布市	9.34	67.44	69.51	22.39	32.62
142	景德镇市	7.36	67.35	69.55	24.30	41.24
143	桂林市	22.90	67.23	12.34	140.39	57.71
144	海东市	5.17	67.23	10.94	28.43	52.19
145	常州市	61.54	66.94	20.69	335.92	57.96
146	锡林郭勒盟	10.41	66.86	32.11	42.57	49.50
147	伊犁州	14.33	66.81	15.55	65.76	49.32
148	黄南州	1.53	66.81	2.00	6.74	41.99
149	安顺市	9.77	66.75	19.89	41.51	53.01
150	玉溪市	14.81	66.70	36.40	102.68	63.50
151	许昌市	12.47	66.70	25.70	43.92	45.66
152	玉林市	16.05	66.67	42.61	63.09	50.76
153	无锡市	99.65	66.58	12.32	556.16	57.03
154	绵阳市	27.06	66.58	−7.80	117.59	49.63
155	临夏州	5.30	66.30	61.00	12.73	34.18
156	南平市	15.13	66.07	22.21	81.46	54.17
157	梅州市	15.46	66.00	—	72.14	54.76
158	徐州市	48.63	65.98	24.53	249.76	50.58
159	鄂尔多斯市	17.73	65.94	25.00	51.30	32.16
160	梧州市	9.35	65.66	14.44	49.93	56.16
161	雅安市	8.61	65.63	−8.99	40.78	54.38
162	普洱市	9.33	65.43	−12.64	38.16	43.84
163	中卫市	4.16	65.41	11.83	18.47	51.88
164	荆州市	16.11	65.38	43.46	61.60	44.87
165	乐山市	17.65	65.35	13.00	98.68	56.58
166	日照市	15.49	65.30	67.23	60.78	49.22

（续表）

序号	地方	本期提取额（亿元）	占本年缴存额比例（%）	比上年增长（%）	全部提取额（亿元）	占缴存总额比例（%）
167	邯郸市	22.06	65.27	-67.61	143.57	54.34
168	安阳市	11.88	65.20	-60.00	87.47	59.87
169	张家界市	4.87	65.00	-35.51	28.88	58.94
170	赤峰市	21.51	64.92	3.31	85.82	41.09
171	温州市	61.65	64.78	11.89	316.80	50.12
172	荆门市	12.29	64.65	-4.07	53.34	44.59
173	延安市	14.20	64.40	-56.77	117.42	66.85
174	岳阳市	18.73	64.17	2.63	77.27	43.84
175	昌吉州	12.82	64.10	7.17	59.07	47.34
176	威海市	19.71	63.84	52.67	88.08	46.34
177	哈密市	13.26	63.78	26.40	58.96	54.42
178	朝阳市	10.45	63.69	44.59	38.81	38.36
179	喀什地区	19.40	63.60	-16.58	74.70	49.01
180	葫芦岛市	10.83	63.44	-16.88	46.96	41.53
181	达州市	15.17	63.39	-17.14	57.96	47.52
182	株洲市	22.46	63.31	5.87	113.10	51.73
183	眉山市	11.44	63.20	14.06	46.06	51.37
184	焦作市	12.72	63.00	-36.11	58.00	46.24
185	潜江市	5.41	62.86	42.90	31.55	47.85
186	金华市	38.57	62.36	13.42	224.90	56.04
187	满洲里市	3.18	61.98	10.55	18.98	60.64
188	凉山州	19.30	61.92	6.34	84.06	44.82
189	锦州市	11.69	61.92	16.32	56.25	41.80
190	揭阳市	11.38	61.84	8.23	58.04	54.69
191	烟台市	44.97	61.75	13.00	218.26	50.77
192	运城市	10.19	61.57	-64.81	63.46	56.90
193	佳木斯市	8.56	61.01	11.17	33.92	39.96
194	孝感市	11.60	61.00	2.00	42.90	42.06
195	武威市	6.66	61.00	14.00	21.54	37.34
196	六盘水市	9.98	60.77	-57.77	62.46	57.19
197	商洛市	5.10	60.71	8.44	19.61	40.98
198	大理州	12.68	60.67	2.51	72.56	56.11
199	宜春市	15.95	60.44	-3.22	55.50	45.03
200	和田地区	9.51	60.38	-24.94	42.05	52.77
201	泸州市	15.54	60.30	-28.45	84.12	58.83
202	文山州	10.44	60.07	5.14	48.16	48.81
203	天水市	9.37	59.91	18.41	30.12	42.26
204	呼伦贝尔市	18.16	59.84	12.66	76.86	48.97
205	鸡西市	4.97	59.59	66.31	16.44	29.48

（续表）

序号	地方	本期提取额（亿元）	占本年缴存额比例（%）	比上年增长（%）	全部提取额（亿元）	占缴存总额比例（%）
206	钦州市	8.09	59.52	19.33	37.79	52.83
207	襄阳市	18.88	59.48	-34.00	86.52	48.21
208	承德市	16.65	59.44	5.58	85.64	51.83
209	九江市	16.16	59.41	-4.50	74.34	48.84
210	兴安盟	8.26	58.87	-20.87	34.70	47.26
211	常德市	19.30	58.86	4.83	91.15	49.20
212	邢台市	15.84	58.60	-37.45	90.84	52.99
213	恩施州	12.09	58.49	24.80	34.93	37.53
214	临沂市	29.44	58.42	-5.87	124.17	48.86
215	潍坊市	31.18	58.26	18.48	170.84	52.43
216	资阳市	9.81	58.19	47.50	27.88	45.19
217	塔城地区	5.72	57.89	-30.58	38.05	59.78
218	林芝市	3.19	57.68	35.16	14.05	53.59
219	毕节市	13.63	57.20	38.94	45.00	40.87
220	朔州市	7.78	57.16	-76.03	58.45	65.14
221	宜宾市	20.88	57.08	12.12	102.50	49.67
222	怀化市	12.30	57.04	32.14	49.06	41.34
223	通辽市	13.41	56.95	21.41	42.54	30.57
224	聊城市	13.84	56.84	73.43	45.67	32.01
225	黄石市	11.27	56.64	36.48	47.87	36.77
226	十堰市	17.36	56.64	-16.46	90.29	45.60
227	博尔塔拉州	3.03	56.60	14.71	18.16	58.06
228	新乡市	11.21	56.40	-21.10	53.27	45.18
229	本溪市	9.77	55.80	-64.23	96.64	64.14
230	上饶市	14.61	55.59	12.04	44.72	34.67
231	甘南州	4.65	55.59	31.71	17.28	39.00
232	益阳市	12.07	54.55	25.28	58.45	49.25
233	营口市	8.68	53.42	14.48	47.28	43.29
234	伊春市	3.57	53.36	5.05	14.17	39.80
235	白城市	3.87	53.31	36.27	17.17	40.55
236	萍乡市	5.55	52.96	16.84	21.09	37.59
237	甘孜州	8.12	52.62	1.25	35.63	41.05
238	七台河市	2.55	52.00	-11.00	12.67	32.92
239	宿迁市	11.23	51.50	34.58	44.92	42.49
240	湘西州	7.97	51.49	4.87	30.31	40.67
241	德州市	12.62	51.01	48.82	37.24	33.88
242	西双版纳州	4.12	50.99	24.47	20.33	37.12
243	张家口市	16.88	50.89	-61.13	124.93	59.73
244	随州市	4.03	50.82	59.92	11.75	34.52

（续表）

序号	地方	本期提取额（亿元）	占本年缴存额比例（%）	比上年增长（%）	全部提取额（亿元）	占缴存总额比例（%）
245	淄博市	26.92	50.74	34.33	129.70	40.36
246	保山市	7.37	50.49	37.76	26.65	34.77
247	吉安市	12.26	50.37	-17.95	47.80	40.30
248	黄冈市	12.67	50.28	13.02	48.13	36.91
249	果洛州	1.37	50.18	7.87	5.58	51.33
250	赣州市	19.55	49.89	47.57	64.67	32.33
251	黔南州	11.32	49.52	31.48	47.97	43.67
252	保定市	25.06	48.79	-50.09	181.25	54.83
253	仙桃市	1.78	48.63	4.70	9.08	43.47
254	长治市	7.96	48.24	-77.33	63.41	62.10
255	滨州市	9.28	48.08	-3.63	35.68	35.44
256	山南市	3.97	48.00	92.00	16.58	48.48
257	阿里地区	1.74	48.00	-14.00	7.97	48.93
258	永州市	10.86	47.09	15.14	48.82	39.50
259	漯河市	4.76	46.21	-4.65	17.95	32.57
260	定西市	5.83	46.05	112.77	13.50	23.91
261	辽阳市	7.54	45.31	-68.56	73.90	58.92
262	遂宁市	6.39	45.19	46.93	23.22	38.46
263	内江市	8.34	45.02	23.49	39.01	42.92
264	邵阳市	11.31	45.00	38.00	42.80	33.84
265	通化市	4.85	44.82	-41.74	28.51	40.60
266	咸宁市	6.64	44.81	8.99	19.86	29.53
267	昌都市	3.99	44.48	80.54	14.34	39.33
268	衡水市	7.41	44.13	112.42	41.95	45.66
269	临沧市	4.95	43.88	9.30	24.89	37.97
270	平凉市	6.26	43.87	30.96	24.59	31.00
271	双鸭山市	3.90	43.80	50.00	14.60	26.84
272	郴州市	11.03	43.22	-15.93	64.38	43.73
273	黔西南州	7.43	42.97	-46.01	37.69	45.65
274	广元市	6.81	42.92	27.05	28.62	34.37
275	德宏州	3.43	42.86	-3.01	18.89	40.26
276	吕梁市	7.24	42.79	-82.23	58.80	68.17
277	齐齐哈尔市	10.30	42.70	19.80	55.90	39.26
278	铁岭市	5.47	42.44	-50.45	33.18	45.48
279	庆阳市	5.35	42.16	0.94	19.90	33.24
280	辽源市	2.74	41.89	22.58	13.32	40.57
281	抚州市	6.61	41.84	48.87	19.84	26.68
282	驻马店市	8.65	41.55	-52.96	41.89	41.72
283	菏泽市	8.92	40.87	25.63	36.34	31.67
284	周口市	5.50	40.77	-38.20	25.30	39.19

（续表）

序号	地方	本期提取额（亿元）	占本年缴存额比例（%）	比上年增长（%）	全部提取额（亿元）	占缴存总额比例（%）
285	南阳市	11.26	40.40	-10.70	62.38	36.61
286	开封市	4.54	40.36	-43.74	26.62	40.56
287	铜仁市	8.74	40.13	36.13	27.57	31.78
288	晋中市	5.77	39.15	—	55.86	60.78
289	商丘市	6.81	38.72	-24.83	28.89	34.45
290	天门市	1.28	38.32	—	6.88	38.37
291	黑河市	3.66	37.20	16.19	17.70	27.73
292	大兴安岭地区	1.79	35.66	10.49	10.91	43.35
293	信阳市	6.61	35.65	-58.64	34.48	38.26
294	广安市	4.84	35.05	-75.95	39.19	61.24
295	巴中市	4.74	34.70	51.21	13.81	24.08
296	日喀则市	4.23	34.59	73.00	14.34	29.24
297	绥化市	4.49	33.91	-17.31	23.14	32.82
298	临汾市	6.56	33.40	-81.80	67.17	52.57
299	迪庆州	1.57	31.10	—	5.48	19.41
300	神农架林区	0.28	29.80	66.87	1.15	27.06
301	那曲地区	2.61	29.00	-12.00	12.97	38.27
302	济源市	1.49	26.64	-62.94	8.93	29.88
303	黔东南州	6.71	26.59	-51.03	43.13	35.14
304	晋城市	4.83	25.38	-83.14	43.04	48.23
305	陇南市	2.12	18.40	-3.17	7.29	14.78

四、住房公积金贷款指标比较

住房公积金贷款指标评价设置了5个二级指标：当年发放个人住房贷款数、累计发放贷款数、贷款余额、个贷率和个人住房贷款市场占有率。其中贷款余额是指该地方住房公积金管理机构发放个人住房贷款账面总规模；个贷率是指贷款余额与缴存余额的比率，反映了一个地方住房公积金住房信贷能力的高低；个人住房贷款市场占有率是指住房公积金当年新增贷款余额占该地方全社会新增个人住房贷款余额的比例，反映了住房公积金在当地个人住房贷款中所占的市场份额。列表以个贷率指标排序。

（一）全国住房公积金贷款情况

全国住房公积金贷款情况见表1-4-1。

全年发放个人住房贷款327.49万笔、12701.71亿元，分别比上年增长4.8%、14.61%；全年收回个人住房贷款5034.55亿元，比上年增长32.14%；全年个人住房贷款新增余额7670.68亿元，市场占有率（全年住房公积金个人住房贷款新增余额占商业性个人住房贷款和住房公积金个人住房贷款新增余额总和的比例）为 17.48%。

截至 2016 年年末，累计发放个人住房贷款 2826.63 万笔、66061.33 亿元，分别比上年年末增长 13.1%、23.83%。年末个人住房贷款余额 40535.23 亿元，个人住房贷款率（以下简称“个贷率”）88.84%，比上年末增加 8.04 个百分点。

表 1-4-1　2016 年全国住房公积金贷款情况表

当年发放贷款额（亿元）	同比增加（%）	累计发放贷款额（亿元）	贷款余额（亿元）	个贷率（%）	比上年增加百分点	个贷市场占有率（%）
12701.71	14. 61	66061.33	40535.23	88.84	8.04	17.48

（二）省、自治区和新疆生产建设兵团住房公积金贷款比较

省、自治区和新疆生产建设兵团住房公积金贷款情况见表 1-4-2。

从当年贷款发放量上看，超过 800 亿元的为江苏、广东两省；浙江、山东超过 600 亿元；四川超过 500 亿元；河南、湖北、安徽、辽宁超过 400 亿元；江西、云南、湖南、河北、福建超过 300 亿元。

从当年贷款发放增长率看，28 个省级单位仅有辽宁省同比下降 13%，其余 27 个省区均有不同程度的增长，20 个省区同比增幅在 10% 以上。幅度最大的为西藏（56.00%），其次为山东（47.20%）、青海（40.37%）。值得一提的是山西、江西、甘肃、陕西的个贷率增长较快，其中山西个贷率在全国范围内提高最多，达 17.75%，其次为江西、甘肃，分别为 14.85% 和 14.48%。

从累计发放贷款额上看，有 21 个省区超过了千亿元规模，其中江苏省超过 6000 亿元；浙江省、广东省超过 4000 亿元；山东、辽宁、四川、湖北、安徽、福建、河南 7 省超过 2000 亿元。

从贷款余额上看，江苏和广东 2 省超过了 3000 亿元规模；浙江、山东 2 省超过 2000 亿元规模；福建、安徽、湖南、辽宁、湖北、四川、河北、河南 8 个省超过 1000 亿元规模；11 个省区超过了 500 亿元规模。500 亿元以下规模的有 5 个省区：海南、宁夏、青海、西藏、新疆生产建设兵团。

从个贷率指标上看，在全国平均数 88.84% 以上的省份有 6 个，分别为福建、江苏、浙江、贵州、安徽和江西，6 个省份都超过 100%，其中最高的福建省为 105.78%。个贷率在 80% 以上、在全国平均数以下的省份有 11 个；个贷率在 60% ～ 80% 之间的省份有 8 个；个贷率在 60% 以下的有 3 个，最低的新疆生产建设兵团为 30.93%。

从个贷市场占有率看，与去年相比均有不同程度的提高，18 个省在全国平均数以上。西藏占到市场份额的一半以上，从去年的 56% 提高到 63%，青海、内蒙古两省区占比 40% 以上。从地域分布上看，西部、北部内陆省份公积金贷款的市场占有率相对较高，反映出我国东部沿海与西部、北部内陆省份间金融市场发展的差异性。

表 1-4-2　2016 年省、自治区和新疆生产建设兵团住房公积金贷款情况表

序号	地区	当年发放贷款额（亿元）	同比增加（%）	累计发放贷款额（亿元）	贷款余额（亿元）	同比增长（%）	个贷率（%）	比上年增加百分点	个贷市场占有率（%）
1	福建	370.15	17.47	2060.32	1288.24	21.24	105.78	8.77	13.83
2	安徽	438.09	16.24	2198.45	1449.81	23.37	102.92	13.05	17.86
3	江苏	987.95	1.63	6206.41	3529.11	17.21	102.61	3.64	15.06
4	江西	319.31	6.82	1319.16	903.77	36.02	101.16	14.85	33.92
5	浙江	685.40	3.10	4433.00	2624.60	17.60	100.20	5.00	16.70
6	贵州	216.17	6.19	1034.47	724.75	24.78	100.03	4.13	26.02
7	四川	550.59	5.51	2615.31	1830.14	25.67	86.76	6.82	14.88
8	辽宁	409.72	−13.00	2962.80	1763.26	13.00	85.30	3.10	22.90
9	河南	465.96	14.40	2049.69	1390.91	26.30	84.97	8.78	19.90
10	湖南	354.01	14.41	1834.89	1184.29	24.20	84.26	5.65	24.37
11	湖北	441.76	8.38	2308.69	1481.20	21.37	83.64	4.64	19.45
12	云南	323.61	29.44	1681.99	933.17	26.81	82.72	9.92	28.14
13	广西壮族自治区	211.52	27.33	1055.59	726.54	25.97	82.71	9.38	16.20
14	山东	746.24	47.20	3571.54	2242.86	26.25	80.97	10.72	17.27
15	河北	368.99	21.27	1842.99	1246.93	24.45	80.74	6.72	13.89
16	海南	74.63	27.71	323.75	251.29	27.42	80.48	8.37	24.36
17	吉林	218.30	23.65	1123.56	736.70	24.31	80.36	8.90	27.23
18	山西	236.30	39.71	796.70	545.83	49.91	78.37	17.75	29.12
19	新疆维吾尔自治区	194.76	6.22	1146.70	658.86	18.43	77.66	4.84	37.73
20	广东	885.37	16.99	4628.07	3128.36	21.48	76.51	5.82	11.20
21	宁夏回族自治区	64.62	17.58	383.75	180.65	23.42	74.08	9.33	35.98
22	陕西	245.86	31.77	1039.35	713.33	32.50	74.01	13.46	17.23
23	甘肃	230.60	25.78	905.21	565.69	38.88	72.18	14.48	37.22
24	内蒙古自治区	270.29	17.85	1405.74	759.73	24.56	71.72	10.10	44.11
25	黑龙江	240.65	28.31	1369.97	745.97	22.08	64.70	5.02	27.97
26	西藏自治区	51.30	56.00	169.60	100.60	56.00	53.30	10.60	63.00
27	青海	55.84	40.37	308.14	130.10	30.36	49.48	8.03	41.57
28	新疆生产建设兵团	10.90	22.85	58.45	30.47	24.58	30.93	1.83	—

（三）直辖市住房公积金贷款比较

直辖市住房公积金贷款情况见表 1-4-3。

四个直辖市中，上海和北京两市在累计发放额和贷款余额上均全国领先，上海累计发放额名列全国首位，北京市仅次于江苏省，位列全国第三；从贷款余额看，江苏省、上海市、北京市位列全国前三，高于广东省；重庆市当年发放贷款同比增长 74.05%，增幅居全国首位。

2015 年，住建部等三部委要求各地个贷率要逐步达到 85%。2016 年全国平均 88.84%，四个直辖市均遥遥领先，天津市达到了 122.9%，居全国省级区域之首，重庆市稍低，也达 95.62%；在个人住房贷款市场占有率上，北京、天津都占当地四分之一以上的份额，上海市个人住房贷款市场占有率 22.98%；重庆市当年发放额同比增长 74.05%，在省级区域中遥遥领先，个贷率达到了 95.62%，而市场份额只有 13.2%，反映了重庆市住房公积金资金规模和信贷资金规模在四个直辖市中相对较小的特征。

表 1-4-3　2016 年直辖市住房公积金贷款情况表

序号	城市	当年发放贷款额（亿元）	同比增加（%）	累计发放贷款额（亿元）	贷款余额（亿元）	同比增长（%）	个贷率（%）	比上年增加百分点	个贷市场占有率（%）
1	天津	546.40	10. 30	2723.90	1424.10	27.90	122.90	21.40	26.70
2	上海	1184.59	−0.69	6472.82	3257.77	17.61	102.39	4.25	22.98
3	北京	1073.41	26. 50	4991.54	3233.44	29.80	98.90	13. 00	28.00
4	重庆	273.00	74. 05	1149.18	859.36	30.70	95.62	7. 07	13.20

（四）副省级、省会城市住房公积金贷款比较

副省级、省会城市住房公积金贷款情况见表 1-4-4。

从当年个人贷款发放量上看，超过 200 亿元的城市有 3 个：广州市、深圳市、成都市；在 100 亿～200 亿元之间的城市有 11 个；在 60 亿～100 亿元之间的城市有 11 个；在 20 亿～60 亿元之间的城市有 5 个；20 亿元以下的城市有 1 个：拉萨市。

从个人贷款累计发放额上看，超过千亿元的有 4 个：广州市、南京市、武汉市、成都市；在 700 亿～1000 亿元之间的城市有 6 个；在 500 亿～700 亿元之间的城市有 6 个；在 200 亿～500 亿元之间的城市有 13 个；200 亿元以下的城市有 2 个：拉萨市、西宁市。

从贷款余额上看，超 1000 亿元的城市有 1 个：广州市；在 800 亿～1000 亿元之间的城市有 3 个：南京市、武汉市、成都市；在 600 亿～800 亿元之间的城市有 1 个：深圳；在 500 亿～600 亿元之间的城市有 3 个：大连市、杭州市、沈阳市；在 400 亿～500 亿元之间的城市有 5 个：青岛市、合肥市、郑州市、济南市、西安市；在 300 亿～400 亿元之间的城市有 6 个：福州市、宁波市、南昌市、长春市、昆明市、哈尔滨市；在 100 亿～300 亿元之间的城市有 10 个：厦门市、贵阳市、太原市、乌鲁木齐市、长沙市、银川市、兰州市、石家庄市、南宁市、呼和浩特市；在 100 亿元以下的城市有 2 个：拉萨市、西宁市。

从个贷率上看，31 个入统副省级城市和省会城市都在 50% 以上。其中：个贷率在 100% 以上的有 7 个；个贷率在 90%～100% 之间的有 9 个；个贷率在 80%～90% 之间的有 7 个；个贷率在 70%～80% 之间的有 3 个；个贷率在 60%～70% 之间的有 2 个；个贷率在 50%～60% 之间的有 3 个。

从个人贷款市场占有率上看，在有数据提供的29个城市中，呼和浩特市、兰州市、乌鲁木齐市、太原市、大连市、沈阳市6个城市超过了25%；拉萨市、西宁市、济南市3个城市超过了20%；哈尔滨市、贵阳市、昆明市、南昌市、广州市、武汉市、成都市、宁波市、杭州市9个城市超过了15%。

表1-4-4　2016年副省级、省会城市住房公积金贷款情况表

序号	城市	当年发放贷款额（亿元）	同比增加（%）	累计发放贷款额（亿元）	贷款余额（亿元）	同比增长（%）	个贷率（%）	比上年增加百分点	个贷市场占有率（%）
1	合肥	128.52	10.41	626.37	412.37	24.71	123.47	18.32	11.47
2	南昌	93.62	-10.70	473.68	314.58	25.86	112.52	11.09	18.15
3	厦门	85.81	19.08	475.77	283.07	21.28	107.54	9.06	10.08
4	沈阳	181.69	18.37	970.84	588.76	24.26	103.13	11.57	25.23
5	南京	182.15	-9.97	1491.99	853.51	7.99	102.50	-2.08	11.80
6	贵阳	59.17	-10.47	320.36	225.76	21.25	102.29	3.93	19.55
7	福州	74.22	-5.44	504.08	343.87	13.76	100.76	1.46	12.12
8	武汉	180.07	-19.69	1392.10	868.27	8.24	99.77	-5.58	17.82
9	大连	112.14	-17.70	952.69	564.78	9.20	98.61	-0.46	25.48
10	杭州	154.40	20.30	961.60	581.90	17.50	95.80	3.30	15.80
11	成都	228.50	5.32	1190.17	853.98	24.87	95.39	5.15	15.50
12	宁波	83.73	-19.12	683.66	393.79	9.41	94.37	0.27	15.02
13	青岛	83.54	1.65	705.32	435.67	8.78	91.47	-0.98	14.13
14	太原	111.72	65.49	299.91	233.78	67.98	90.49	26.72	28.50
15	郑州	144.43	1.60	709.90	467.86	17.62	90.32	3.70	13.50
16	长春	98.49	24.28	493.98	337.79	25.40	90.32	9.26	—
17	乌鲁木齐	69.76	-0.04	376.10	246.39	20.53	87.58	6.50	35.10
18	长沙	69.77	30.83	348.60	246.62	25.22	85.91	4.97	9.07
19	银川	43.85	14.60	255.69	125.07	22.10	84.10	10.50	—
20	广州	297.83	73.49	1855.56	1127.30	16.77	83.28	6.59	18.09
21	昆明	97.52	27.36	486.40	320.29	26.34	82.91	9.64	19.15
22	兰州	93.17	18.35	348.45	243.15	39.34	82.83	18.13	34.07
23	石家庄	47.46	4.06	315.06	221.37	13.23	81.54	-2.28	13.70
24	西安	136.96	53.33	559.46	407.88	35.13	78.25	12.19	14.28
25	南宁	42.94	44.63	200.14	137.48	29.15	77.34	10.66	7.60
26	济南	166.80	127.87	667.91	419.41	34.57	76.56	13.86	24.08
27	拉萨	8.51	15.00	30.65	18.53	40.59	67.70	8.21	21.24
28	哈尔滨	114.70	44.01	520.95	303.08	32.91	67.24	9.00	19.93
29	深圳	218.39	-11.27	734.20	641.39	34.89	58.51	5.60	6.07
30	呼和浩特	69.49	44.08	256.41	148.92	55.81	57.49	20.11	25.48
31	西宁	22.06	95.91	97.83	44.15	50.53	54.52	14.68	21.98

（五）地市州盟住房公积金贷款比较

地市州盟住房公积金贷款情况见表 1-4-5。

从个贷率来看，个贷率超过 85% 的有 140 个，占 45.90%。其中：超过 120% 的 7 个，以盐城市最高，为 132.52%，珠海市 128.4%，芜湖市 126.33% ，莆田市 124.43%，阜阳市 123.29%，龙岩市 121.77%，赣州市 120.6 % ；个贷率在 110% ～ 120% 的有 11 个；个贷率在 100% ～ 110% 的有 15 个；个贷率在 95% ～ 100% 的有 24 个；个贷率在 90% ～ 95% 的有 35 个；个贷率在 85% ～ 90% 的有 48 个。

个贷率超过 50% 低于 85% 的地市州盟有 142 个，占 46.56%，其中：个贷率在 80% ～ 85% 之间的有 23 个；个贷率在 70% ～ 80% 之间的有 59 个；个贷率在 60% ～ 70% 之间的有 38 个；个贷率在 50% ～ 60% 之间的有 22 个。

个贷率低于 50% 的地市州盟共 23 个，其中低于 30% 的地方有 8 个：七台河市、大兴安岭地区、双鸭山市、白山市、嘉峪关市、金昌市、果洛州、潜江市，最低的七台河市个贷率仅为 10.03%，但市场占有率达 20%，反映了这些地方房地产市场的低迷。

从个贷率同比增长来看，由于地区发展不平衡，有 40 个地市州盟个贷率同比下降，占入统地方的 13.11%，按当年信贷资金发放额统计，同比负增长的地方有 70 个，占入统地方的 22.95%，其中负增长在 20% 以上的地方有 23 个，占 7.54%。

表 1-4-5　2016 年地市州盟住房公积金贷款情况表

序号	地方	当年发放贷款额（亿元）	同比增加（%）	累计发放贷款额（亿元）	贷款余额（亿元）	同比增长（%）	个贷率（%）	比上年增加百分点	个贷市场占有率（%）
1	盐城市	59.45	56. 86	245.78	155.69	36.02	132.52	24. 21	22.28
2	珠海市	43.81	51. 80	166.36	107.57	44.74	128.40	35. 40	10.80
3	芜湖市	46.89	53. 59	182.31	122.44	38.43	126.33	25.31	21.65
4	莆田市	23.73	26.70	104.16	77.07	30.72	124.43	19.02	17.15
5	阜阳市	41.10	44.16	142.85	112.12	39.42	123.29	28.38	23.02
6	龙岩市	32.54	24. 87	150.40	85.91	34.82	121.77	22.41	25.97
7	赣州市	57.90	−0. 71	217.62	163.26	38.22	120.60	18.54	20.36
8	湖州市	39.13	−5. 12	243.04	142.01	16.60	116.83	4.95	28.43
9	丽水市	34.89	35. 60	169.43	105.26	30.30	115.70	16. 10	29.70
10	三明市	27.62	41.28	162.28	95.52	22.45	115.60	10.44	28.69
11	泸州市	21.71	−25. 88	80.54	67.31	34.38	114.35	11. 34	33.11
12	衢州市	34.99	38.68	163.46	83.36	42.01	113.84	24.22	21.89
13	安顺市	13.51	36.34	59.14	41.75	31.29	113.42	13.87	39.82
14	嘉兴市	68.28	15.52	332.06	197.96	29.27	112.43	13.35	17.24
15	苏州市	208.48	−8. 28	1037.87	608.72	27.93	112.36	12. 93	8.96
16	遵义市	38.55	6. 96	167.12	119.71	31.32	111.52	15.81	26.80
17	泉州市	58.19	26. 82	299.21	189.37	24.32	110.78	12. 80	17.72

（续表）

序号	地方	当年发放贷款额（亿元）	同比增加（%）	累计发放贷款额（亿元）	贷款余额（亿元）	同比增长（%）	个贷率（%）	比上年增加百分点	个贷市场占有率（%）
18	滁州市	24.83	47.27	104.04	71.49	28.80	110.36	16.63	16.88
19	蚌埠市	20.73	18.25	100.17	70.30	24.80	109.75	12.92	17.61
20	南通市	74.54	32.89	472.65	259.28	20.21	109.36	8.16	23.37
21	吉安市	30.02	17.73	102.29	77.00	45.67	108.76	18.74	24.33
22	眉山市	15.56	42.88	62.86	46.90	27.85	107.54	8.27	32.24
23	扬州市	48.80	5.50	305.03	178.08	20.10	107.30	7.00	15.10
24	镇江市	34.62	34.77	221.21	120.47	18.92	107.24	6.89	23.00
25	连云港市	47.39	32.41	237.79	126.78	24.83	106.95	10.21	19.98
26	佛山市	64.32	2.15	327.87	223.38	—	105.33	4.90	—
27	金华市	60.74	31.60	314.80	185.35	28.41	105.06	10.81	19.91
28	淮安市	31.47	25.49	171.37	97.89	—	104.24	3.69	13.87
29	伊犁州	20.78	13.93	110.16	69.96	22.50	103.52	9.06	42.26
30	舟山市	19.30	51.76	109.28	62.62	22.14	103.40	8.85	22.63
31	台州市	48.90	-3.97	302.37	177.81	21.26	102.45	6.80	17.68
32	益阳市	19.99	28.30	99.43	60.85	21.13	101.02	0.92	41.66
33	漳州市	28.48	17.44	135.96	83.93	28.37	100.62	15.16	12.87
34	黔南州	19.72	48.33	85.26	61.60	29.88	99.57	5.34	34.41
35	六安市	24.52	56.88	94.93	70.28	24.17	99.52	17.59	16.64
36	宿迁市	23.67	111.32	83.43	60.26	43.44	99.12	15.46	13.26
37	池州市	8.01	-8.25	43.24	26.15	21.40	98.98	11.98	19.63
38	常州市	66.47	16.06	454.29	240.39	14.97	98.66	0.62	18.84
39	鹤壁市	8.18	-25.30	46.67	26.32	17.66	98.24	7.44	32.89
40	楚雄州	12.94	170.15	59.29	35.13	33.07	98.18	18.08	44.53
41	绍兴市	34.57	-35.60	272.89	164.23	12.20	97.90	0.40	16.10
42	马鞍山市	20.53	-5.05	143.15	82.28	13.23	97.88	4.91	33.06
43	温州市	66.89	-2.01	494.52	307.59	15.39	97.57	2.95	19.22
44	焦作市	19.74	-1.99	99.30	65.60	26.15	97.29	10.57	37.97
45	自贡市	14.96	20.04	77.08	49.71	21.82	97.24	9.12	25.28
46	甘孜州	17.06	-16.25	90.47	49.68	25.45	97.10	6.78	98.50
47	乐山市	17.08	18.40	111.32	73.44	14.37	96.99	0.23	25.77
48	黔西南州	16.45	32.44	65.11	43.50	24.03	96.94	-3.24	40.69
49	许昌市	24.29	95.90	76.59	50.64	31.30	96.90	13.10	22.90
50	洛阳市	41.82	9.70	246.43	161.26	16.10	96.80	4.90	25.50
51	南充市	19.69	9.15	87.87	63.16	27.88	96.52	9.60	18.33
52	宣城市	15.39	8.61	81.12	45.81	21.22	96.07	12.25	14.64
53	无锡市	117.67	-5.57	760.69	402.08	18.03	95.96	3.64	20.05
54	九江市	30.74	20.46	128.17	74.71	39.16	95.93	15.61	14.16
55	上饶市	30.97	33.32	108.37	80.69	45.52	95.75	19.37	21.88

（续表）

序号	地方	当年发放贷款额（亿元）	同比增加（%）	累计发放贷款额（亿元）	贷款余额（亿元）	同比增长（%）	个贷率（%）	比上年增加百分点	个贷市场占有率（%）
56	亳州市	12.51	0.48	68.95	52.07	16.96	95.63	3. 63	20.41
57	泰州市	23.88	−22. 47	203.40	112.46	7.62	95.27	−2. 73	16.61
58	开封市	11.70	0. 86	49.02	37.03	32.30	94.92	8.29	15.91
59	怀化市	17.01	7.57	100.00	65.64	18.30	94.29	2.36	27.17
60	吉林市	30.62	4.20	183.77	126.89	16.60	94.20	6. 70	41.20
61	昌吉州	15.38	24.33	110.64	61.88	13.02	94.18	0.62	—
62	新乡市	22.75	48.50	73.96	60.65	43.90	93.90	18.60	17.00
63	毕节市	18.36	23. 67	95.78	61.07	16.63	93.79	−1. 56	51.46
64	江门市	28.50	−7. 87	147.25	96.87	22.00	93.78	13. 98	13.58
65	宜昌市	46.47	71. 22	156.09	108.44	51. 09	93.66	22. 79	58.25
66	铜仁市	14.49	7.23	75.93	55.14	20.00	93.16	−5. 91	50.33
67	肇庆市	19.23	62. 69	81.87	58.27	33.04	92.94	23. 05	15.29
68	玉溪市	22.04	103.16	102.11	54.78	42.32	92.84	18.27	41.18
69	湘西州	11.54	3.40	65.69	41.00	20.62	92.71	0.13	42.53
70	黔东南州	21.67	−3. 13	102.57	73.47	26.60	92.31	−2.71	38.63
71	安庆市	26.16	−7. 16	145.59	91.39	21.03	92.24	6.06	27.17
72	宜宾市	26.38	12. 29	150.64	95.79	18.35	92.23	0. 44	28.34
73	济宁市	46.80	−2. 92	272.60	181.64	16.84	92.23	4. 79	32.99
74	安阳市	16.12	27.60	92.69	54.03	19.20	92.10	7.00	16.70
75	烟台市	59.52	7. 15	272.00	194.53	29.69	91.90	9. 90	28.00
76	清远市	16.99	42.41	91.33	62.62	20.72	91.81	4.87	—
77	钦州市	9.41	51.63	39.11	30.83	31.90	91.40	8.60	26.31
78	六盘水市	14.24	−5.54	63.19	42.73	29.61	91.39	9.60	50.38
79	信阳市	17.65	14. 62	64.90	50.78	37.74	91.24	6. 91	21.29
80	梅州市	14.75	−5.00	83.06	54.25	20.00	91.00	3.00	10.00
81	宿州市	24.29	41. 47	71.41	52.60	58.39	90.95	29.59	19.09
82	丹东市	16.19	29. 70	79.34	46.28	31.33	90.86	14.45	26.84
83	赤峰市	39.03	1.48	204.63	111.69	19.20	90.76	6. 68	36.98
84	保山市	16.78	14.15	70.10	45.32	35.32	90.65	12. 33	75.09
85	漯河市	8.45	−12.68	53.20	33.62	15.54	90.45	−1.55	14.97
86	秦皇岛市	23.94	13.89	135.76	88.05	22.09	90.42	8. 18	21.27
87	德宏州	9.31	−24.70	43.23	25.28	33.97	90.20	8.52	38.06
88	南平市	14.42	23.21	100.48	62.13	14.29	90.15	1.25	18.78
89	阜新市	5.54	−25. 94	51.67	28.55	6.29	90.14	−0.82	40.98
90	文山州	16.89	2. 74	104.73	45.48	11.17	90.05	−3. 86	25.62
91	驻马店市	24.43	21.91	77.18	52.72	51.93	90.01	15. 35	19.59
92	博尔塔拉州	4.30	3. 38	25.61	11.80	18.72	90.01	−2. 13	41.12
93	衡水市	17.25	84.89	68.30	44.91	38.83	89.95	10.17	18.37

（续表）

序号	地方	当年发放贷款额（亿元）	同比增加（%）	累计发放贷款额（亿元）	贷款余额（亿元）	同比增长（%）	个贷率（%）	比上年增加百分点	个贷市场占有率（%）
94	湛江市	30.49	23.25	167.27	115.83	18.84	89.87	5.71	26.37
95	内江市	13.70	—	56.82	46.63	28.38	89.86	2.77	30.00
96	襄阳市	37.90	62. 80	107.28	83.19	60.57	89.50	24.80	30.00
97	庆阳市	14.96	5. 95	57.10	35.69	45.02	89.32	13.86	43.33
98	怒江州	5.82	52.00	29.58	11.15	17.00	89.00	26.00	57.00
99	丽江市	6.56	-3. 81	48.82	19.26	17.44	88.96	4.67	27.69
100	兴安盟	12.00	15.11	72.92	34.44	23.61	88.94	4.38	63.40
101	四平市	10.12	28.26	54.98	32.03	23.33	88.85	10.63	33.41
102	朝阳市	12.61	-43.46	86.14	55.39	11.22	88.84	0.54	56.44
103	贵港市	9.53	46.84	42.45	31.29	29.80	88.79	10.65	14.14
104	玉树州	3.33	-54.38	25.96	12.08	-2.03	88.50	-7. 68	99.00
105	普洱市	16.15	53.37	88.29	43.24	26.99	88.47	10. 99	66.02
106	常德市	25.90	-11. 39	125.12	83.25	28.51	88.47	8. 11	30.56
107	宁德市	23.00	37.48	120.68	61.00	23.06	88.46	7. 90	16.23
108	徐州市	46.17	6. 38	377.76	215.83	8.80	88.45	-2.16	26.65
109	锡林郭勒盟	12.14	41.00	69.60	38.24	17.70	88.05	3. 13	40.83
110	宜春市	20.26	-7.66	86.82	59.52	35.27	88.00	11.07	20.00
111	阳江市	6.50	11.31	45.64	32.77	11.42	87.71	-3.01	10.89
112	日照市	21.77	19. 24	80.58	54.93	39.18	87.60	15. 15	17.22
113	潍坊市	51.28	70.73	195.40	135.61	38.90	87.50	13.90	13.29
114	铁岭市	8.94	17. 79	56.86	34.75	16.07	87.39	-5.18	22.00
115	遂宁市	12.92	22. 59	47.70	32.46	39.85	87.39	8.45	35.00
116	株洲市	24.24	18.62	154.59	92.17	18.60	87.35	3.35	24.01
117	威海市	32.10	82. 85	148.86	89.06	33.99	87.33	14.14	18.45
118	崇左市	6.52	29. 62	28.22	20.47	30.13	87.25	15.55	22.05
119	淄博市	55.45	55.76	238.46	166.60	32.66	86.95	11.07	24.81
120	桂林市	19.50	-10.38	145.96	89.30	12.75	86.82	0.46	21.74
121	临汾市	20.22	39. 06	81.01	52.51	38.18	86.65	6.70	56.58
122	运城市	17.75	1.75	79.08	41.58	27.44	86.53	14. 16	31.13
123	抚顺市	14.51	-5. 87	121.29	71.61	8.55	86.31	1. 78	84.45
124	湘潭市	15.66	5.53	84.47	50.79	23.46	86.14	9. 20	28.32
125	玉林市	16.58	58. 44	67.14	52.71	33.02	86.12	11. 60	20.96
126	云浮市	7.09	15.66	46.35	33.90	15.15	86.08	0.45	20.38
127	长治市	15.86	66.77	43.65	33.31	63.77	86.07	18.62	41.57
128	铜陵市	7.26	-15. 45	56.65	34.71	10. 45	86.04	0. 64	28.75
129	忻州市	8.50	44.26	39.09	19.30	35.04	85.94	18.68	52.21
130	大理州	15.44	37.37	81.05	48.76	25.64	85.91	5. 96	31.10
131	通辽市	20.84	-9.05	161.82	82.86	8.91	85.75	-2.21	51.40

（续表）

序号	地方	当年发放贷款额（亿元）	同比增加（%）	累计发放贷款额（亿元）	贷款余额（亿元）	同比增长（%）	个贷率（%）	比上年增加百分点	个贷市场占有率（%）
132	贺州市	6.69	14.86	31.80	21.31	27.39	85.71	8.96	40.61
133	安康市	9.21	-9. 79	57.86	30.87	12. 95	85.58	8. 58	35.15
134	茂名市	21.43	0. 23	117.22	79.54	20.52	85.37	7. 03	23.64
135	张家口市	28.75	38. 66	125.30	71.83	33.14	85.27	5.87	43.00
136	廊坊市	20.51	-27.93	120.42	85.66	16.09	85.27	3.05	3.04
137	鹰潭市	10.14	76. 35	32.20	22.00	60.04	85.09	27. 72	52.02
138	黄山市	10.03	10. 91	52.27	30.82	25.54	85.03	11. 69	22.52
139	资阳市	15.63	28. 48	41.40	28.75	31.40	85.01	7.59	30.00
140	邵阳市	24.89	18.00	109.20	71.36	31.00	85.00	6.00	37.00
141	营口市	12.42	-2.67	83.44	52.61	15.02	84.95	0.81	23.11
142	临沂市	61.65	101. 47	233.73	110.23	34.26	84.80	9. 50	11.02
143	河池市	10.52	4.37	47.69	34.31	27.59	84.70	10.04	29.77
144	惠州市	27.27	29. 00	158.96	107.66	17.00	84.00	1. 00	7.00
145	濮阳市	18.50	2.00	90.17	59.24	23.60	83.50	10.70	31.20
146	曲靖市	28.69	21. 00	163.29	83.52	26.00	83.14	12. 21	34.00
147	邯郸市	32.25	58. 93	143.83	100.26	30.44	83.09	12. 52	31.61
148	商丘市	24.45	83.15	57.87	45.63	86.47	83.02	27.63	20.37
149	吐鲁番市	3.90	-12. 00	25.30	12.20	16.00	83.00	1.00	72.00
150	北海市	5.96	54. 96	36.83	24.51	19.04	82.84	4. 77	9.30
151	唐山市	56.62	6.37	342.23	226.50	17.60	82.81	5.96	53.98
152	河源市	8.40	25. 94	50.09	28.79	21.07	82.51	4. 54	11.48
153	大庆市	51.30	34.33	405.17	197.36	11.66	82.14	4. 24	60.44
154	永州市	18.60	27.22	97.80	61.27	24.18	81.93	3.10	38.83
155	枣庄市	16.10	-27. 41	121.12	78.79	8.26	81.69	0. 25	29.09
156	济源市	3.23	-46. 72	26.22	17.12	8.94	81.68	-11. 64	31.12
157	沧州市	46.06	52. 71	183.51	127.23	35.25	81.61	14. 20	22.34
158	韶关市	16.53	-6.62	85.32	60.00	22.95	81.04	9.22	21.29
159	葫芦岛市	19.34	0. 31	86.04	53.38	34.53	80.74	14. 47	34.13
160	郴州市	15.80	-25.26	104.93	66.84	16.30	80.68	-3.40	25.97
161	红河州	35.71	67. 34	181.36	76.42	39.02	80.54	17.65	38.26
162	保定市	36.84	-4. 39	170.24	120.16	28.49	80.48	4. 45	14.95
163	白城市	7.86	34.13	35.71	20.17	32.34	80.15	10.13	34.49
164	广安市	8.01	35. 73	25.60	19.81	46.95	79.89	-5.25	11.84
165	克拉玛依市	18.92	20.36	110.36	60.56	21.00	79.57	14. 17	94.19
166	娄底市	13.74	17. 66	84.64	45.95	17.83	79.19	8. 81	32.00
167	甘南州	9.09	20.79	43.07	21.39	20.90	79.14	3.14	83.48
168	梧州市	5.54	-17.68	54.44	30.79	8.53	79.01	-4.26	18.50
169	西双版纳州	5.88	-24.62	52.41	27.20	5.43	78.99	-5.67	32.56

（续表）

序号	地方	当年发放贷款额（亿元）	同比增加（%）	累计发放贷款额（亿元）	贷款余额（亿元）	同比增长（%）	个贷率（%）	比上年增加百分点	个贷市场占有率（%）
170	巴中市	12.57	6. 12	44.94	34.35	39.06	78.88	7. 54	33.41
171	德阳市	22.20	2.34	104.60	73.67	26.14	78.76	11.49	36.33
172	晋中市	11.87	30.73	40.68	28.31	49.63	78.55	8.65	25.47
173	随州市	8.09	67.49	22.45	17.50	55.69	78.51	17.36	33.93
174	阿勒泰地区	6.09	16.22	40.63	18.72	15.27	78.48	1. 73	31.39
175	满洲里市	2.56	-3.76	22.63	9.67	5.17	78.47	-10.17	57.28
176	岳阳市	28.29	18. 97	111.13	77.65	36.54	78.45	14. 20	34.70
177	德州市	23.60	19.92	81.90	56.89	37.88	78.27	10.14	13.51
178	淮北市	7.70	-45.65	113.50	77.41	-1.86	78.03	-5.31	45.69
179	来宾市	6.36	27.69	29.13	20.40	28.25	77.84	12. 59	23.05
180	滨州市	21.60	74.19	83.91	50.55	43.77	77.77	13. 84	16.81
181	大同市	12.62	17.07	48.31	37.67	32.69	77.66	15.87	35.05
182	柳州市	24.12	20.78	126.61	80.37	26.59	77.46	10.43	14.47
183	泰安市	26.61	77.00	116.77	66.40	36.30	77.30	33.90	15.00
184	乌海市	2.64	-23.03	32.89	18.85	1.84	77.19	-5.04	33.43
185	天水市	16.74	79. 42	—	31.71	81.15	77.07	26. 88	38.94
186	张家界市	5.25	-8. 06	24.31	15.47	32.34	77.00	11.00	18.04
187	齐齐哈尔市	22.50	38.00	100.00	66.60	32.10	77.00	7.80	26.90
188	周口市	11.12	20. 86	38.34	30.25	36.26	76.95	5. 93	37.60
189	孝感市	18.60	15.00	65.00	47.00	43.00	76.84	15.34	18.90
190	荆门市	24.10	53. 00	77.13	50.69	60.60	76.49	22.67	—
191	咸阳市	17.40	79. 38	67.72	49.64	32.69	76.38	16. 56	22.16
192	日喀则市	13.45	76.97	41.80	26.44	77.00	76.19	11. 00	93.00
193	呼伦贝尔市	23.68	20. 94	120.66	61.00	22.79	76.17	9.21	56.40
194	百色市	13.17	62. 00	50.72	38.70	36.27	76.10	17. 00	34.07
195	邢台市	19.75	15.70	88.78	61.27	28.99	76.06	7.62	15.68
196	抚州市	16.14	39.26	60.58	41.47	40.96	76.05	11. 11	13.15
197	汉中市	14.40	-30. 10	53.27	37.89	36.89	75.92	13.62	52.79
198	景德镇市	9.95	48. 89	42.13	26.05	38.45	75.20	14. 00	24.97
199	包头市	33.12	-13.03	157.85	104.90	26.37	74.81	18.30	28.00
200	张掖市	11.18	22.45	55.62	25.66	26.47	74.29	11.13	30.74
201	塔城地区	5.88	12.64	37.97	18.87	17.27	74.00	-1. 00	32.10
202	鞍山市	20.12	15. 40	114.89	74.19	20.70	74.00	12. 20	18.80
203	定西市	11.38	45. 52	56.77	31.68	25.76	73.74	4.01	38.72
204	承德市	20.00	87. 58	90.50	58.59	30.64	73.61	7. 87	15.68
205	防城港市	3.46	77.33	17.83	12.24	24.24	73.12	6.77	9.86
206	汕头市	32.48	65.29	90.85	72.95	56.41	72.99	22.56	47.00
207	通化市	11.68	55.73	59.45	30.34	35.93	72.74	10.20	76.00

（续表）

序号	地方	当年发放贷款额（亿元）	同比增加（%）	累计发放贷款额（亿元）	贷款余额（亿元）	同比增长（%）	个贷率（%）	比上年增加百分点	个贷市场占有率（%）
208	临夏州	8.01	41.00	26.36	17.67	21.60	72.00	27.88	34.55
209	新余市	8.80	31.74	32.55	19.92	54.57	71.93	21.64	12.86
210	陇南市	12.27	20.65	42.60	30.15	43.98	71.73	7.49	46.20
211	临沧市	9.90	12. 45	48.80	29.15	27.26	71.71	5.00	53.00
212	武威市	11.33	15.54	40.87	25.91	42.70	71.70	14.50	40.80
213	巴音郭楞州	11.27	30.14	64.49	36.11	23.50	71.53	9. 87	49.10
214	海北州	2.40	44.58	13.96	5.90	22.66	71.52	9.54	76.62
215	巴彦淖尔市	17.12	73.34	86.87	42.50	23.82	71.52	13.54	54.78
216	商洛市	10.54	39.33	39.94	20.14	51.57	71.31	18.03	66.99
217	本溪市	9.17	17.67	58.89	38.18	13.80	70.65	−0.43	18.75
218	潮州市	4.84	−16. 44	21.61	17.36	24.53	70.31	10. 31	32.36
219	中山市	12.63	−11. 43	98.81	58.76	7.05	70.30	−3. 57	—
220	黄石市	17.72	15. 53	90.67	57.74	24.80	70.15	7.36	37.23
221	平凉市	13.53	18. 91	70.35	38.36	24.16	70.09	5. 57	52.83
222	萍乡市	10.73	21. 24	34.73	24.54	58.32	70.07	18. 55	31.33
223	辽源市	5.33	85.30	21.71	13.65	40.14	69.98	7.92	47.12
224	衡阳市	25.18	47.99	104.22	61.98	38.41	69.88	15.11	20.01
225	榆林市	18.71	19.10	76.83	48.89	25.17	69.80	19.63	26.70
226	中卫市	5.26	31.83	23.35	11.89	42.40	69.42	13.51	22.66
227	迪庆州	5.25	20. 77	27.60	15.76	26.13	69.27	23. 00	90.00
228	佳木斯市	11.60	−25.83	59.63	35.21	22.53	69.08	5.93	46.81
229	淮南市	19.62	13.28	171.90	97.60	12.07	68.70	2.46	40.87
230	攀枝花市	10.71	−36.29	75.60	46.48	12.24	68.10	7.80	65.97
231	阳泉市	2.59	11. 16	20.79	9.95	12.07	67.52	2.66	22.56
232	达州市	17.34	21. 30	53.92	42.96	49.31	67.12	15. 04	35.89
233	雅安市	6.79	−5. 03	29.34	22.87	28.05	66.85	6.72	36.88
234	鄂州市	6.43	9. 13	38.38	18.00	22.99	66.72	9.30	22.14
235	荆州市	17.93	39.50	76.29	49.97	33.82	66.03	10.43	36.00
236	朔州市	6.73	−21. 78	35.34	20.50	23.68	65.54	0. 41	61.40
237	菏泽市	24.12	74. 40	58.69	51.34	66.74	65.50	18. 48	14.50
238	延边州	21.65	46.61	88.60	53.69	39.30	65.30	14. 00	33.60
239	阿克苏地区	8.10	34. 96	54.65	27.54	15.27	64.86	2. 72	42.30
240	聊城市	24.73	115. 04	125.05	62.49	30.76	64.41	7.41	8.79
241	固原市	5.75	41.80	32.00	16.16	23.79	64.27	9.21	34.13
242	伊春市	4.75	48. 90	24.44	13.73	22.26	64.08	2.75	64.40
243	阿里地区	3.16	74. 00	7.20	5.31	94.00	64.00	22. 00	93.00
244	广元市	10.29	−31.20	46.30	34.79	23.59	63.65	1.90	29.46
245	锦州市	16.87	24.87	80.86	49.77	30.32	63.54	9.86	43.54

（续表）

序号	地方	当年发放贷款额（亿元）	同比增加（%）	累计发放贷款额（亿元）	贷款余额（亿元）	同比增长（%）	个贷率（%）	比上年增加百分点	个贷市场占有率（%）
246	三门峡市	14.00	62.22	37.86	30.86	65.74	63.47	23.02	64.32
247	乌兰察布市	12.55	121.00	62.31	29.32	27.87	63.39	8.45	36.75
248	白银市	11.22	28.00	52.00	29.49	34.00	63.00	13.00	44.00
249	延安市	10.69	-19.08	66.56	36.66	18.99	62.97	1.82	45.45
250	阿坝州	10.04	35.49	29.07	22.41	53.49	62.93	18.67	96.80
251	宝鸡市	12.81	16.99	54.41	38.99	32.66	62.59	10.09	25.95
252	吕梁市	9.77	218.24	27.59	17.17	92.49	62.57	7.47	19.25
253	揭阳市	9.48	25.19	37.57	29.95	30.32	62.28	6.32	29.58
254	牡丹江市	9.19	39.28	52.98	32.28	20.90	62.20	6.05	29.09
255	恩施州	20.65	59.09	67.70	36.65	56.56	61.83	15.07	31.00
256	铜川市	1.80	-9.55	18.69	10.95	5.39	61.69	-1.43	34.48
257	昭通市	18.74	18.46	94.94	52.42	24.07	61.38	7.98	43.68
258	绵阳市	24.06	17.81	118.40	72.74	27.18	60.93	1.39	21.74
259	咸宁市	12.95	19.34	45.47	28.81	41.18	60.77	8.75	38.44
260	东莞市	31.53	27.55	248.05	143.84	9.45	60.27	1.39	5.68
261	吴忠市	6.49	17.24	44.72	17.59	23.63	59.96	6.43	47.40
262	鄂尔多斯市	20.70	8.95	114.33	63.27	20.79	58.46	5.61	84.00
263	克孜勒苏州	4.92	5.81	30.66	12.19	12.56	58.41	2.36	87.76
264	南阳市	28.22	52.40	92.96	62.62	54.30	58.00	13.70	23.00
265	晋城市	10.74	-12.68	36.91	26.62	37.57	57.63	-2.84	36.86
266	盘锦市	9.72	1.25	75.00	41.71	12.03	57.46	16.66	32.88
267	平顶山市	22.75	17.23	104.83	75.58	26.52	57.31	11.93	39.58
268	黄冈市	23.59	24.68	66.19	45.84	67.91	55.73	16.58	20.43
269	松原市	11.43	12.00	65.43	41.84	18.80	54.70	7.10	23.00
270	渭南市	11.50	81.10	38.06	27.46	47.63	54.53	23.54	15.42
271	喀什地区	14.04	-14.13	83.02	41.77	17.40	53.75	0.33	92.40
272	神农架林区	0.80	54.13	2.37	1.72	54.95	53.68	9.46	56.56
273	黑河市	6.34	-0.16	53.75	24.70	9.34	53.54	-2.76	42.79
274	和田地区	4.77	-33.29	38.91	19.59	2.62	52.02	-8.78	64.10
275	那曲地区	5.30	26.00	17.18	10.82	32.30	51.76	-5.76	—
276	海东市	4.66	12.83	43.05	13.39	10.57	51.42	0.09	46.20
277	黄南州	1.78	42.40	13.19	4.78	14.35	51.34	2.34	57.23
278	绥化市	6.61	-4.89	37.72	24.26	17.48	51.22	-2.23	21.67
279	阿拉善盟	4.43	79.35	42.81	14.04	-1.20	51.00	-2.00	91.80
280	海南州	2.35	45.06	17.95	6.29	14.57	50.56	2.44	67.39
281	辽阳市	5.32	-2.92	50.47	26.02	6.25	50.52	-7.21	22.93
282	凉山州	25.40	41.90	90.66	52.23	61.50	50.47	15.17	50.14
283	酒泉市	11.74	83.28	38.81	20.22	62.67	49.02	16.00	31.98

（续表）

序号	地方	当年发放贷款额（亿元）	同比增加（%）	累计发放贷款额（亿元）	贷款余额（亿元）	同比增长（%）	个贷率（%）	比上年增加百分点	个贷市场占有率（%）
284	鸡西市	4.49	-10.50	40.11	19.12	6.10	48.60	-1.53	14.25
285	东营市	25.49	38.53	136.16	76.24	25.37	45.58	9.93	17.81
286	天门市	3.41	115.82	6.89	4.90	139.90	45.16	22.02	27.53
287	林芝市	1.70	-15.00	10.40	5.37	14.98	44.11	-1.09	50.03
288	哈密市	5.88	-5.88	39.08	21.24	15.76	43.00	4. 22	45.00
289	海西州	3.89	3. 73	26.51	11.51	17. 57	42.92	3. 52	89.63
290	石嘴山市	3.28	6.84	27.99	9.93	19. 06	42.31	4. 00	27.75
291	十堰市	16.58	40.87	66.93	44.63	38.56	41.43	7.32	19.68
292	山南市	4.57	164.00	13.73	6.97	96.00	40.00	4.00	70.00
293	鹤岗市	4.18	-23.86	37.79	13.18	0.76	38.84	-0.27	39.21
294	莱芜市	5.06	93.13	33.07	12.45	25.63	37.46	15.18	19.29
295	汕尾市	4.73	—	6.98	6.64	—	35.43	—	12.23
296	昌都市	4.00	80. 99	12.80	7.66	58.26	34.64	6. 37	67.50
297	仙桃市	1.95	48. 70	6.42	3.79	60.60	32.06	8. 29	8.80
298	金昌市	3.73	25.94	18.56	8.78	29.94	25.47	6.48	24.15
299	果洛州	0.30	7. 41	2.74	1.33	22.02	25.14	-2.60	7.11
300	潜江市	4.22	43.03	20.72	14.19	23.43	24.31	9.62	4.20
301	嘉峪关市	2.23	17.37	14.44	5.81	23.09	23.96	5.62	17.69
302	白山市	1.24	-15.00	17.82	7.39	-7.60	23.00	-2.00	20.00
303	双鸭山市	2.14	21.60	22.60	9.00	4.70	22.60	-2.11	68.45
304	大兴安岭地区	0.97	-21. 14	4.93	3.04	19.69	21.32	-1.74	39.56
305	七台河市	1.16	49.00	5.98	2.59	39.00	10.03	2.10	20.00

五、住房公积金管理效益指标比较

住房公积金管理效益指标分为5个二级指标：业务收入、业务支出、管理费用、增值收益、增值收益率。

业务收入包括存款利息收入、委托贷款利息收入、国债利息收入和其他收入。业务支出包括缴存职工账户余额计息支出、委托归集与贷款银行手续费支出、其他支出。管理费用是指各地住房公积金中心为保障住房公积金管理、运作，按规定列支的经费，包括人员经费、公用经费和专项经费。增值收益是当年业务收入减去当年业务支出的差额，增值收益主要用于政府建设廉租房补充资金、提取住房公积金贷款风险准备金和管理费用支出等。增值收益率是指当年增值收益额与当年住房公积金月均缴存余额的比率，它代表了单位资金的运营效率，也代表了一个地方综合理财能力的高低。列表以增值收益率排序。

（一）全国住房公积金管理效益指标

全国住房公积金管理效益指标见表 1-5-1。

全年住房公积金业务收入 1521.26 亿元，比上年降低 4.82%。其中，存款利息收入 308.18 亿元，委托贷款利息收入 1201.99 亿元，国债利息收入 2.33 亿元，其他收入 8.76 亿元。全年住房公积金业务支出 833.54 亿元，比上年增长 59.27%。其中，支付缴存职工利息 696.55 亿元，归集手续费 21.29 亿元，委托贷款手续费 50.00 亿元，其他支出 65.70 亿元。2016 年业务支出出现大幅增长，主要是政策性因素所致。按照中国人民银行、住房城乡建设部、财政部《关于完善职工住房公积金账户存款利率形成机制的通知》（银发〔2016〕43 号），自 2016 年 2 月 21 日起，将职工住房公积金账户存款利率，由按照归集时间执行活期、三个月定期存款基准利率，调整为统一按一年期定期存款基准利率执行，导致 2016 年住房公积金利息支出增加，由此带来增值收益的大幅下降。

全年实现增值收益 687.72 亿元，较上年降低 36.03%，增值收益率 1.59%，较上年降低 1.05 个百分点。

表 1-5-1　2016 年全国住房公积金管理效益情况表

指标	2015	2016	增长率（百分比）
业务收入（亿元）	1598.36	1521.26	-4.82
业务支出（亿元）	523.34	833.54	59.27
管理费用（亿元）	80.09	90.55	13.06
增值收益（亿元）	1075.02	687.72	-36.03
增值收益率（%）	2.64	1.59	-39.84

（二）省、自治区和新疆生产建设兵团住房公积金管理效益比较

省、自治区和新疆生产建设兵团住房公积金管理效益数据见表 1-5-2。

从增值收益率看，高于全国平均水平的省级区域有 16 个，占 57.14%，其中只有山西省增值收益率超过 2%。

从业务收入增长率看，增长率在 10% 以上的有 2 个，分别为青海、新疆生产建设兵团；增长率在 5% ～ 10% 之间的有 2 个，分别为海南、江西。增长率为负值的省、自治区有 18 个，占比 64.29%。

从业务支出看，各地增幅较大，新疆生产建设兵团增长率达到了 471%，浙江省达到了 100%；增长率在 50% ～ 100% 之间的有 10 个，在 30% ～ 50% 之间的有 5 个，在 30% 以下的有 11 个。业务支出呈负增长的仅宁夏回族自治区、西藏自治区。

从增值收益看，超过 50 亿元的仅广东省，达到了 65.42 亿元；在 40 亿～ 50 亿元之间的有 2 个，分别为山东、江苏；在 30 亿～ 40 亿元之间的有 4 个，分别为湖北、四川、浙江、辽宁；在 20 亿～ 30 亿元之间的有 4 个，分别为湖南、河南、河北、安徽；在 10 亿～ 20 亿元之间的有 11 个；在 10 亿元以下的有 6 个。

表 1-5-2　2016 年省、自治区和新疆生产建设兵团住房公积金管理效益比较表

序号	地区	业务收入（亿元）	增长率（%）	业务支出（亿元）	增长率（%）	管理费用（万元）	增值收益（亿元）	增值收益率（%）
1	山西	30.66	−11.15	16.60	30.93	21820.86	14.06	2.08
2	宁夏回族自治区	8.20	0.74	3.75	−4.58	7100.62	4.45	1.89
3	湖北	60.63	−0.75	29.59	9.27	48900.00	31.04	1.87
4	四川	69.71	1.00	33.30	56.58	55716.20	36.40	1.86
5	新疆生产建设兵团	3.71	14.28	1.87	471.00	2147.61	1.83	1.86
6	湖南	46.91	1.92	22.62	71.48	51271.71	24.29	1.85
7	海南	10.14	6.80	4.66	14.01	6157.48	5.48	1.85
8	江西	32.38	8.40	17.44	97.69	19954.38	14.93	1.79
9	河南	52.75	−6.00	27.59	47.10	30489.11	25.18	1.70
10	内蒙古自治区	33.33	−7.54	16.17	22.73	35670.55	17.16	1.70
11	广东	140.41	−4.79	74.99	64.52	58236.78	65.42	1.69
12	广西壮族自治区	27.49	−10.03	13.36	28.46	25734.02	14.12	1.69
13	河北	50.03	−4.85	26.29	74.09	39445.18	23.74	1.63
14	吉林	29.18	−5.47	14.86	40.83	25786.23	14.33	1.63
15	山东	91.43	−4.24	48.35	72.25	52696.12	43.08	1.61
16	云南	36.33	−4.92	19.19	62.81	30322.00	17.14	1.60
17	安徽	51.10	0.47	29.47	60.00	24123.57	21.63	1.57
18	黑龙江	34.20	−8.06	17.09	18.12	21525.28	17.10	1.57
19	新疆维吾尔自治区	26.19	−10.62	13.75	27.54	24949.91	12.44	1.55
20	福建	41.85	−5.57	24.35	65.86	13932.23	17.49	1.51
21	浙江	86.80	−9.80	51.40	100.00	45000.00	35.50	1.50
22	辽宁	65.55	−13.90	35.27	30.80	39134.92	30.28	1.50
23	江苏	117.89	−6.65	70.65	73.30	55113.00	47.24	1.45
24	贵州	21.93	−2.77	12.29	45.14	16933.72	9.63	1.45
25	陕西	30.66	−14.15	17.20	27.05	25220.81	13.46	1.44
26	甘肃	24.13	0.43	13.38	26.25	28242.92	10.75	1.44
27	青海	9.52	18.88	5.93	12.89	6316.15	3.59	1.43
28	西藏自治区	3.55	0.05	2.48	−1.40	370.23	1.06	0.77

（三）直辖市住房公积金管理效益比较

直辖市住房公积金管理效益数据见表 1-5-3。

在 4 个直辖市中，增值收益率只有北京略超全国平均水平，其他三市均未达到全国平均数。在业务收入上，北京、上海超过百亿元，但 4 个城市均出现负增长。在业务支出上，重庆以 136.42% 的支出增长率位列首位。在增值收益上，上海、北京均超过 40 亿元，基本处于一个等级，天津、重庆则相对较低。

表 1-5-3　2016 年直辖市住房公积金管理效益比较表　（续表）

序号	城市	业务收入（亿元）	增长率（%）	业务支出（亿元）	增长率（%）	管理费用（万元）	增值收益（亿元）	增值收益率（%）
1	北京	107.89	-0.90	58.28	94.20	19498.37	49.61	1.60
2	天津	44.34	-2.66	27.84	62.90	32896.00	16.50	1.50
3	上海	108.41	-5.66	68.38	108.16	11400.00	40.03	1.33
4	重庆	23.94	-8.54	15.05	136.42	20605.40	8.89	1.22

（四）副省级、省会城市住房公积金管理效益比较

副省级、省会城市住房公积金管理效益数据见表 1-5-4。

从业务收入数量上看，在 31 个城市中，业务收入超过 40 亿元的城市有 2 个，分别为深圳、广州；业务收入在 30 亿～40 亿元之间的城市无；业务收入在 20 亿～30 亿元之间的城市有 3 个，分别为南京、武汉、成都；在 10 亿～20 亿元之间的城市有 14 个；10 亿元以下的城市有 12 个。

从增值收益上看，深圳、广州 2 市超过 20 亿元，南京、武汉、成都 3 市超过了 10 亿元，其他城市都在 10 亿元以下。

从增值收益率上看，位列前三位的城市为深圳、呼和浩特和南宁，后三位为杭州、西宁和拉萨。全国总平均增值收益率为 1.59%，在全国平均数以上的城市有 10 个，占比 32.26%，在全国平均数以下的城市有 21 个，占比 67.74%。

表 1-5-4　2016 年副省级、省会城市住房公积金管理效益比较表

序号	城市	业务收入（亿元）	增长率（%）	业务支出（亿元）	增长率（%）	管理费用（万元）	增值收益（亿元）	增值收益率（%）
1	深圳	42.41	43.62	18.55	120.31	9100.00	23.86	2.37
2	呼和浩特	9.45	-9.43	4.12	28.66	10219.86	5.33	2.34
3	南宁	5.84	-11.11	2.25	-32.88	5947.28	3.59	2.14
4	银川	5.29	2.20	2.30	-27.20	3525.00	2.99	1.96
5	太原	9.38	-18.96	4.69	18.62	5066.76	4.69	1.90
6	武汉	28.60	-9.37	14.09	-12.26	10888.16	14.51	1.78
7	石家庄	8.16	-9.51	3.60	30.06	5574.69	4.56	1.78
8	成都	27.99	-2.96	14.13	78.77	12980.61	13.86	1.68
9	大连	18.73	-12.20	9.43	48.98	7605.82	9.30	1.68
10	长春	11.39	-5.39	5.57	14.38	7298.00	5.82	1.64
11	乌鲁木齐	9.09	-5.88	4.41	80.76	4234.21	4.68	1.58
12	广州	45.19	-27.79	24.73	66.99	22893.85	20.46	1.56
13	沈阳	18.46	-10.94	9.94	24.30	8955.20	8.52	1.54
14	长沙	8.95	-4.73	4.96	110.33	4311.95	3.99	1.50
15	郑州	16.43	-12.14	9.19	86.69	7364.92	7.24	1.49
16	青岛	14.77	-11.98	7.95	122.54	8526.92	6.83	1.48

（续表）

序号	城市	业务收入（亿元）	增长率（%）	业务支出（亿元）	增长率（%）	管理费用（万元）	增值收益（亿元）	增值收益率（%）
17	福州	11.60	-7.29	6.83	105.86	3498.18	4.77	1.48
18	厦门	8.83	-7.19	5.15	24.10	1774.70	3.68	1.48
19	哈尔滨	12.91	-10.71	6.82	11.80	7740.56	6.09	1.45
20	南昌	10.56	6.88	6.77	141.98	4016.68	3.78	1.43
21	宁波	14.03	-12.29	8.32	86.47	6102.41	5.71	1.42
22	南京	29.60	-11.79	18.62	93.28	5334.79	10.98	1.38
23	济南	17.00	-7.94	9.80	83.48	2783.63	7.20	1.37
24	贵阳	6.67	-9.16	3.82	21.45	2504.76	2.85	1.37
25	合肥	12.81	1.27	8.37	72.32	4489.76	4.44	1.36
26	兰州	8.93	-4.28	5.36	39.18	10425.23	3.58	1.27
27	西安	15.98	-14.92	9.71	70.03	8359.22	6.26	1.24
28	昆明	11.68	-11.58	7.30	92.61	6716.75	4.38	1.21
29	杭州	18.90	-11.50	12.05	112.60	7379.90	6.85	1.20
30	西宁	3.25	7.04	2.46	1.26	2132.55	0.79	1.02
31	拉萨	0.55	0.69	0.47	-2.17	82.83	0.08	0.32

（五）地市州盟住房公积金管理效益比较

地市州盟城市住房公积金管理效益数据见表 1-5-5。

本报告根据公开资料整理，不排除个别单位因计算口径不标准而带来的数据失真。对于个别城市年报数据中某项披露指标明显有误的经比对核实进行了调整。对披露的增值收益率明显失真和未披露增值收益率的地区数据进行了重新计算，按增值收益额除以缴存余额得出增值收益率，此结果可能与实际数据略有误差。

从统计中看出我国城市之间住房公积金盈利水平差异较大，反映了管理理念、管理能力和盈利水平的不同，这里面既有发展程度的差异，也有不同单位之间管理目标和管理方式的差异，也可能有一些特殊原因所致。总体上，2016 年全国各地增值收益率普遍呈降低趋势。在 305 个地市州盟中，增值收益率在全国平均数 1.59% 以上的地方有 152 个，占比 49.84%；增值收益率在 2% ～ 2.79% 之间的有 63 个，占比 20.66%；增值收益率在 1.59% ～ 2% 之间的有 82 个，占比 26.89%；增值收益率在 1% ～ 1.59% 之间的有 128 个，占比 41.97%；增值收益率在 1% 以下的有 25 个，占比 8.20%。

表 1-5-5　2016 年地市州盟住房公积金管理效益比较表

序号	地方	业务收入（万元）	增长率（%）	业务支出（万元）	增长率（%）	管理费用（万元）	增值收益（万元）	增值收益率（%）
1	海南州	3838.93	-7.01	-2121.36	-154.05	190.45	5960.29	4.95
2	许昌市	27390.27	71.60	9053.30	46.20	567.55	18336.97	3.50
3	玉树州	6459.18	52.29	2398.26	2.06	631.42	4060.92	3.16

（续表）

序号	地方	业务收入（万元）	增长率（%）	业务支出（万元）	增长率（%）	管理费用（万元）	增值收益（万元）	增值收益率（%）
4	长治市	16244.37	28.59	6262.70	16.41	1003.68	9981.67	2.89
5	汕头市	44366.09	25.33	16212.28	4.13	1218.54	28153.81	2.88
6	泸州市	22922.60	38.67	8285.87	16.03	11435.40	14636.73	2.80
7	凉山州	41204.23	12.28	14268.17	5.28	3601.88	26936.06	2.79
8	晋城市	19780.75	-5.02	9276.84	23.82	2052.82	10503.91	2.62
9	朔州市	14321.96	-11.83	7127.81	6.23	1310.00	7194.15	2.54
10	宜春市	25762.52	15.91	9657.96	88.99	1520.96	16104.56	2.52
11	晋中市	17583.11	-20.47	9103.73	7.40	1819.56	8479.38	2.51
12	汉中市	20043.01	-8.10	7942.87	-3.63	2251.00	12100.14	2.50
13	萍乡市	12733.16	19.63	4413.85	74.87	1307.65	8319.31	2.50
14	攀枝花市	29641.00	9.39	12788.00	82.66	1310.70	16853.00	2.45
15	泰安市	38186.00	-15.00	13949.00	-20.00	3313.00	24236.00	2.44
16	襄阳市	39042.00	4.63	18036.00	11.07	2888.00	21006.00	2.44
17	郴州市	27094.91	-4.98	9175.62	18.68	3336.23	17919.29	2.37
18	韶关市	29798.28	12.39	12837.44	241.72	1328.74	16960.84	2.36
19	抚州市	19595.28	20.19	7626.60	14.20	1296.89	11968.68	2.33
20	六安市	24049.12	-14.17	8468.96	-16.46	2517.90	15580.16	2.30
21	新乡市	24202.35	6.60	10101.89	51.00	1427.58	14100.46	2.30
22	信阳市	18591.58	5.87	7280.73	8.15	1639.74	11310.85	2.30
23	商丘市	19337.42	98.03	8432.10	84.41	2778.44	10905.33	2.30
24	通化市	12804.78	-10.47	5236.80	-10.29	1226.76	7567.98	2.30
25	大庆市	84153.45	-4.80	30656.79	-0.03	3535.21	53496.66	2.29
26	九江市	26211.33	2.02	9597.26	-5.59	1501.96	16614.07	2.29
27	铜川市	6697.00	-2.53	2761.00	-20.89	440.40	3936.00	2.28
28	阿勒泰地区	8327.72	4.89	3218.27	5.01	1123.94	5109.45	2.26
29	淄博市	70856.00	32.11	30655.00	76.52	3524.70	40201.00	2.25
30	阳泉市	10006.21	-7.00	6338.45	21.40	694.88	3667.76	2.25
31	呼伦贝尔市	24932.75	-1.23	7879.59	-55.34	1813.28	17053.16	2.24
32	仙桃市	4305.58	4.34	1621.94	46.26	393.81	2683.64	2.23
33	德阳市	34058.96	4.98	14189.67	13.41	1822.49	19869.29	2.22
34	宿州市	24403.59	63.22	11873.20	35.00	3170.12	12530.39	2.22
35	四平市	13891.02	11.67	5849.32	85.48	1594.27	8041.70	2.22
36	宜昌市	47532.25	17.25	23323.29	64.02	6261.91	24208.96	2.21
37	柳州市	33822.76	-9.35	11713.94	-13.34	2947.18	22108.82	2.21
38	延边州	32435.00	5.00	14298.00	100.00	2815.00	18137.00	2.20
39	资阳市	13241.35	25.32	5506.18	27.61	1001.00	7735.17	2.19
40	永州市	24082.80	-2.03	9075.02	0.53	3235.57	15000.00	2.17
41	嘉峪关市	9683.75	-0.62	3973.33	24.33	247.89	5710.41	2.17

（续表）

序号	地方	业务收入（万元）	增长率（%）	业务支出（万元）	增长率（%）	管理费用（万元）	增值收益（万元）	增值收益率（%）
42	防城港市	4974.16	-5.48	1496.27	-44.38	1021.94	3477.89	2.17
43	娄底市	22495.69	3.33	9944.62	51.57	2355.97	12551.07	2.16
44	芜湖市	43275.48	19.09	23315.59	64.02	1122.11	19959.89	2.14
45	张家界市	6819.71	34.00	2752.50	80.00	1624.89	4067.21	2.14
46	十堰市	36950.11	10.77	15593.38	-2.10	2385.97	21356.73	2.13
47	淮安市	30427.36	-6.06	11610.90	6.86	1687.40	18816.46	2.12
48	临汾市	24728.25	-16.72	13040.42	46.72	3572.22	11687.84	2.12
49	文山州	15022.04	-7.10	5014.49	-34.00	2304.13	10007.55	2.12
50	自贡市	18555.58	-6.53	8227.69	22.56	1309.54	10327.89	2.11
51	连云港市	38970.17	-8.84	15332.69	6.09	2135.54	23637.48	2.10
52	濮阳市	24355.34	-17.50	10012.63	-25.30	1421.95	14342.71	2.10
53	日照市	20842.24	-0.94	8183.09	-7.20	731.82	12659.14	2.10
54	衡阳市	31626.64	-2.57	13660.28	86.47	3151.57	17966.36	2.09
55	鄂州市	8626.00	4.32	2755.00	-18.70	480.00	5870.00	2.09
56	白城市	9047.22	26.52	4196.85	107.69	1392.08	4850.37	2.09
57	保山市	18727.60	26.97	8032.33	110.73	1312.19	10695.27	2.08
58	张掖市	12513.10	16.68	5574.45	10.15	1348.81	6938.65	2.08
59	内江市	16773.33	2.84	6920.26	29.16	3134.01	9853.07	2.07
60	红河州	35176.05	-1.52	16547.97	66.68	1815.41	18628.08	2.06
61	赤峰市	41472.50	9.14	17619.28	17.63	5210.08	23853.22	2.05
62	聊城市	31435.00	-4.66	12731.00	11.25	1831.00	18703.00	2.05
63	中卫市	6008.20	16.20	2780.33	338.58	551.29	3227.87	2.04
64	临沧市	13368.00	26.80	5962.00	53.82	1364.00	7707.00	2.03
65	商洛市	9778.65	-1.00	4173.10	6.34	1377.87	5605.55	2.03
66	曲靖市	38034.00	-5.00	22061.00	102.00	2591.43	15972.67	2.00
67	邵阳市	27036.69	3.00	11780.56	52.00	4965.90	15256.14	2.00
68	湘西州	14302.57	0.03	6300.23	-9.09	2836.18	8002.34	2.00
69	天水市	13709.13	13.50	6175.50	-7.32	2303.24	7533.62	2.00
70	塔城地区	8048.73	-6.16	3968.11	13.87	1148.17	4080.62	2.00
71	驻马店市	19242.64	36.56	8971.45	48.15	1088.61	10271.19	1.99
72	上饶市	26680.62	-6.30	11297.87	29.38	2665.42	15382.74	1.99
73	普洱市	14699.10	-7.78	5494.10	-20.54	1207.57	9205.00	1.99
74	绵阳市	40886.95	12.53	19492.92	48.73	2036.30	21394.04	1.95
75	漳州市	28626.37	-4.87	11918.49	-17.86	1237.42	16707.88	1.95
76	贺州市	8860.37	5.60	4310.28	79.88	751.63	4550.09	1.95
77	随州市	8099.52	10.60	4207.22	142.93	3078.12	3892.30	1.95
78	昭通市	29565.11	-4.54	13476.01	79.54	4948.58	16089.10	1.94
79	达州市	19997.86	-5.52	8267.83	9.21	1084.50	11730.03	1.94

（续表）

序号	地方	业务收入（万元）	增长率（%）	业务支出（万元）	增长率（%）	管理费用（万元）	增值收益（万元）	增值收益率（%）
80	新余市	9185.05	-22.94	4098.38	3.63	518.28	5086.67	1.94
81	乌海市	7859.00	-6.06	3336.00	198.92	456.47	4523.00	1.94
82	岳阳市	38280.33	12.21	20080.33	122.28	3537.14	18200.00	1.93
83	丽水市	34988.00	-2.10	18415.00	61.60	2613.00	16573.00	1.93
84	常德市	33565.36	41.15	19373.98	234.55	8147.59	14191.38	1.93
85	衢州市	26894.28	-1.24	13379.13	53.62	2790.44	13515.14	1.93
86	阿坝州	12109.62	-2.09	7253.18	-0.02	635.89	4856.43	1.92
87	葫芦岛市	21684.28	2.59	9832.98	3.35	2078.00	11851.30	1.91
88	唐山市	98229.98	-4.50	47390.14	44.23	3652.21	50839.84	1.90
89	伊春市	6621.04	-0.91	2922.01	20.70	554.34	3699.03	1.90
90	武威市	11934.73	4.93	5654.41	25.75	1022.89	6280.32	1.89
91	阜新市	10884.57	-10.22	5084.89	-25.57	685.12	5799.68	1.89
92	南充市	20557.78	-3.99	9562.08	26.90	1732.80	10995.70	1.87
93	丹东市	16806.88	-6.99	7695.99	5.38	2749.01	9110.89	1.87
94	吐鲁番市	4502.57	-10.30	1397.46	-37.30	396.30	3105.11	1.87
95	大兴安岭地区	4064.96	16.22	1851.42	102.81	246.93	2213.54	1.87
96	菏泽市	23511.05	7.41	10355.02	28.03	2581.00	13156.03	1.85
97	恩施州	21434.40	-8.00	9599.57	136.32	1847.00	11834.83	1.85
98	西双版纳州	10261.05	-8.93	4189.83	-13.27	571.80	6071.22	1.85
99	天门市	3216.87	-0.23	1396.19	38.75	296.35	1820.68	1.85
100	东营市	61206.59	-10.85	30905.25	105.96	3663.30	30301.34	1.83
101	怀化市	23409.07	-6.42	10675.82	118.76	3788.12	12733.25	1.82
102	鹰潭市	9416.52	1.80	4894.74	119.00	926.43	4521.78	1.82
103	克拉玛依市	28114.39	-16.14	14185.63	100.57	1199.02	13928.76	1.81
104	荆州市	25266.80	-6.60	12561.10	79.68	3089.43	12705.70	1.80
105	甘孜州	17966.07	10.43	9196.43	41.27	2781.85	8769.64	1.80
106	辽阳市	15878.70	-19.71	7379.83	60.14	751.76	8498.87	1.80
107	兴安盟	11834.43	-8.35	5573.12	10.82	1031.47	6261.31	1.80
108	龙岩市	26178.14	4.50	14023.13	47.34	1480.72	12155.01	1.79
109	德州市	23074.72	5.72	11126.52	105.48	1563.86	11948.21	1.79
110	乌兰察布市	13998.75	32.97	6347.30	19.47	1190.43	7651.46	1.79
111	济宁市	61518.30	-8.27	38187.93	89.50	6015.60	33515.51	1.78
112	泰州市	42002.00	-9.45	22094.00	88.31	2334.28	19908.00	1.78
113	株洲市	32676.01	-11.34	15017.15	27.15	2963.08	17658.87	1.78
114	宁德市	20563.98	-12.80	8863.61	6.28	1111.75	11700.37	1.78
115	贵港市	10334.72	-15.00	4260.50	31.80	1575.70	6074.23	1.78
116	焦作市	21913.15	-14.13	10794.15	0.18	1459.76	11118.99	1.76
117	咸宁市	16738.56	23.85	9173.66	49.76	2243.90	7564.90	1.74

（续表）

序号	地方	业务收入（万元）	增长率（%）	业务支出（万元）	增长率（%）	管理费用（万元）	增值收益（万元）	增值收益率（%）
118	北海市	9735.83	−5.99	4879.41	87.29	1237.92	4856.42	1.73
119	淮南市	48636.88	−4.04	24260.45	35.04	1469.74	24376.43	1.72
120	雅安市	11973.40	−2.17	5989.12	108.27	1129.02	5984.28	1.71
121	承德市	25628.28	−6.50	12822.74	78.50	2697.62	12805.53	1.70
122	孝感市	21403.74	1.50	11840.30	110.00	2969.91	9563.44	1.70
123	益阳市	19068.40	−2.70	9769.47	79.00	1913.88	9298.94	1.70
124	安阳市	19895.93	−17.60	10719.22	−4.10	2693.81	9176.71	1.70
125	楚雄州	10799.56	−10.54	4972.65	−7.62	1043.13	5826.91	1.70
126	济源市	6128.19	0.45	2905.30	28.34	431.16	3222.89	1.70
127	安康市	11668.99	−6.28	5373.94	−3.20	1338.39	6295.04	1.69
128	广元市	15455.92	−0.11	7058.92	37.22	1157.42	8397.00	1.68
129	德宏州	9041.22	29.46	4328.51	94.21	832.34	4712.71	1.68
130	开封市	11558.25	−13.99	5528.16	18.14	1095.42	6030.09	1.67
131	金华市	60947.93	−5.72	33209.14	124.95	2551.07	27738.79	1.66
132	阜阳市	36066.81	4.05	21373.06	125.10	960.61	14693.75	1.66
133	黄石市	25824.62	7.27	12735.22	20.57	1941.04	13089.40	1.66
134	潜江市	13300.00	−5.48	4989.00	−1.26	605.00	8258.00	1.66
135	陇南市	13645.19	15.13	5901.49	117.14	3055.44	7743.70	1.66
136	河池市	12439.10	−10.42	6034.43	30.87	1847.31	6404.67	1.66
137	丽江市	6822.87	−3.60	3310.20	60.72	1347.72	3512.67	1.66
138	珠海市	28191.47	−17.01	14215.81	23.12	852.32	13975.66	1.65
139	钦州市	11202.83	1.66	5901.31	81.62	806.84	5301.52	1.65
140	湘潭市	19643.97	−7.26	10404.67	84.99	2075.81	9239.30	1.64
141	黔西南州	12843.55	−15.06	6294.19	9.06	924.92	6549.36	1.64
142	邯郸市	42439.48	−13.19	23845.30	102.50	4007.22	18594.18	1.63
143	安庆市	35871.46	2.33	20512.48	41.91	1996.27	15358.98	1.63
144	安顺市	12174.09	−0.92	6549.52	45.90	1337.18	5624.57	1.63
145	石嘴山市	6766.86	−6.27	3050.35	20.90	1570.23	3716.51	1.63
146	茂名市	31487.46	−6.74	16979.68	102.82	1894.56	14507.77	1.62
147	张家口市	28404.64	225.73	16183.98	268.20	3334.69	12220.66	1.62
148	黔东南州	25578.54	7.96	14066.65	102.27	4635.18	11511.89	1.62
149	蚌埠市	22854.04	6.32	12783.05	138.98	975.69	10070.99	1.62
150	莆田市	23750.30	5.82	14231.16	141.05	882.46	9519.14	1.62
151	佳木斯市	16261.00	−3.67	8411.00	108.40	1146.00	7850.00	1.62
152	景德镇市	11056.19	−2.84	5800.07	82.73	1879.00	5256.13	1.59
153	嘉兴市	57922.47	−7.38	31828.82	75.37	2919.41	26093.65	1.58
154	宜宾市	34267.69	−2.66	17925.52	93.41	2180.29	16342.17	1.58
155	黄山市	14073.40	33.02	8462.05	54.36	1047.13	5611.35	1.58

（续表）

序号	地方	业务收入（万元）	增长率（%）	业务支出（万元）	增长率（%）	管理费用（万元）	增值收益（万元）	增值收益率（%）
156	博尔塔拉州	3890.06	-5.29	1999.12	108.05	900.05	1890.93	1.58
157	渭南市	21701.07	-14.41	13152.52	-38.35	1329.93	8432.96	1.57
158	六盘水市	14556.22	60.25	7655.59	20.75	1269.12	6900.63	1.57
159	吴忠市	8619.69	-5.64	4208.38	85.00	976.00	4411.31	1.57
160	玉林市	19116.87	-2.38	10049.04	-1.95	1004.08	9067.82	1.56
161	宣城市	15337.68	-6.35	7939.83	56.69	671.80	7397.85	1.56
162	酒泉市	12457.23	3.63	6371.60	19.54	2943.39	6085.63	1.56
163	潍坊市	47036.90	-4.20	24713.20	58.23	4544.61	22323.70	1.55
164	延安市	16734.93	-10.48	8225.64	-6.77	1471.51	8509.29	1.55
165	亳州市	16633.47	-5.79	8229.55	18.59	489.50	8403.92	1.55
166	巴中市	11257.52	6.94	5380.28	37.55	1133.90	5877.24	1.55
167	扬州市	62200.00	-2.60	38100.00	124.10	2939.00	24100.00	1.54
168	乐山市	23735.88	-8.56	12911.09	90.39	2163.55	10824.79	1.53
169	眉山市	13800.97	-0.80	7117.63	104.09	2087.68	6683.35	1.53
170	铁岭市	12690.23	-7.20	6611.06	88.96	2149.00	6079.17	1.53
171	满洲里市	3444.00	-8.57	1722.73	9.13	463.20	1721.27	1.53
172	温州市	101019.33	-11.64	55284.93	115.18	4288.81	45734.40	1.52
173	廊坊市	31050.52	-5.94	15744.20	36.01	2773.77	15306.32	1.52
174	荆门市	22924.02	16.23	13315.90	89.13	5733.42	9608.12	1.52
175	无锡市	136456.30	-10.29	76079.43	48.49	4843.55	60376.87	1.51
176	黄冈市	24831.28	33.57	13132.43	19.44	3057.86	11698.85	1.51
177	邢台市	26896.66	-13.72	15423.50	85.65	3955.83	11473.16	1.51
178	黑河市	13644.75	27.32	7144.66	33.27	844.39	6500.09	1.51
179	鹤壁市	9428.16	-23.08	5566.85	113.43	615.84	3861.31	1.51
180	金昌市	11448.77	-1.41	6020.35	33.27	610.17	5428.42	1.50
181	秦皇岛市	30068.65	-11.37	16316.71	99.20	1382.93	13751.94	1.48
182	伊犁州	21022.05	-10.00	10989.92	-7.31	4276.00	10032.13	1.48
183	松原市	22881.27	-10.00	11816.83	33.00	3658.85	11064.44	1.47
184	湖州市	44624.24	-5.28	27603.48	70.42	4236.93	17020.76	1.46
185	铜仁市	16591.08	-0.03	7930.16	0.17	1233.03	8660.92	1.46
186	玉溪市	18477.59	-10.12	10430.47	80.75	1547.80	8047.12	1.46
187	运城市	19294.84	13.07	12282.05	88.75	1666.30	7012.79	1.46
188	衡水市	14729.48	-16.94	8229.11	160.98	2105.00	6500.37	1.46
189	赣州市	51371.04	26.96	33132.05	166.71	2550.11	18238.99	1.45
190	宝鸡市	16183.37	-30.99	8125.39	3.75	767.23	8222.19	1.45
191	牡丹江市	15596.00	-12.19	8289.00	16.26	2024.00	7307.00	1.45
192	包头市	43540.02	-15.17	23975.64	45.61	6638.40	19564.39	1.44
193	淮北市	30514.70	-21.54	16393.74	20.24	1291.45	14120.96	1.44

（续表）

序号	地方	业务收入（万元）	增长率（%）	业务支出（万元）	增长率（%）	管理费用（万元）	增值收益（万元）	增值收益率（%）
194	定西市	12711.99	-0.15	6887.58	87.26	1443.38	5824.41	1.44
195	威海市	31225.48	-7.95	17430.47	56.21	3255.04	13795.01	1.43
196	枣庄市	31951.79	-30.57	18550.19	-4.92	3118.06	13401.60	1.43
197	宿迁市	17947.29	-0.43	9936.03	126.09	1089.03	8011.26	1.42
198	忻州市	19534.30	45.41	16134.31	175.90	654.57	3399.99	1.42
199	南通市	81181.09	-9.40	49106.84	116.90	2702.41	32074.25	1.41
200	烟台市	69227.19	-0.17	41281.17	109.41	3455.97	27946.02	1.41
201	保定市	46798.95	6.51	27755.99	117.90	3815.41	19042.96	1.41
202	中山市	27441.40	-5.49	16224.87	97.76	1993.80	11216.53	1.41
203	滁州市	22951.92	-1.10	14014.90	235.06	1425.45	8937.02	1.41
204	海东市	6601.06	-7.31	3147.12	8.40	630.99	3453.94	1.41
205	洛阳市	54334.18	-10.40	31998.45	105.30	1551.68	22335.73	1.40
206	沧州市	49936.39	-14.21	29108.25	117.12	4665.32	20828.14	1.40
207	吉林市	42502.99	-14.20	24813.96	87.40	3030.85	17689.02	1.40
208	桂林市	31177.68	-13.46	17591.65	103.68	1532.89	13586.04	1.40
209	齐齐哈尔市	24586.00	-4.70	13773.00	129.60	953.00	10813.00	1.40
210	吉安市	26142.71	3.78	16224.91	208.92	1868.87	9917.80	1.40
211	昌吉州	20708.95	-14.59	11956.50	-3.16	2950.48	8752.45	1.40
212	毕节市	19502.44	-11.08	11072.54	77.09	1171.81	8429.90	1.40
213	漯河市	11693.17	-1.88	7066.14	85.16	816.49	4627.03	1.40
214	本溪市	17074.40	-18.39	8940.29	-15.96	576.27	8134.11	1.39
215	台州市	58473.46	-6.59	36045.50	118.25	3179.49	22427.96	1.38
216	盐城市	43346.00	-6.94	27885.00	144.89	4030.00	15461.00	1.38
217	镇江市	37778.81	-9.81	22927.45	111.17	4471.00	14851.36	1.38
218	白银市	14057.48	-6.00	7827.05	-6.00	880.68	6230.44	1.37
219	揭阳市	12972.52	0.14	6767.04	-6.80	492.90	6205.48	1.37
220	苏州市	196416.00	7.43	127097.00	104.72	10040.69	69319.00	1.36
221	朝阳市	18444.63	-5.50	10378.48	84.73	2613.00	8066.15	1.36
222	黔南州	17976.00	-0.71	10497.94	95.56	1277.02	7478.06	1.36
223	盘锦市	21402.51	-43.81	15103.73	-17.06	2224.59	6298.78	1.36
224	清远市	20258.23	-7.86	11053.50	-19.45	1398.08	9204.73	1.35
225	滨州市	20010.77	-7.86	11894.12	99.16	1286.65	8116.65	1.35
226	甘南州	7135.17	-9.98	3771.67	20.50	1192.94	3363.50	1.35
227	黄南州	2988.96	2.15	1768.93	55.31	286.30	1220.03	1.35
228	临沂市	44346.74	-0.35	28219.67	74.69	1775.62	16127.07	1.34
229	南平市	20803.04	-10.79	12253.28	96.47	831.68	8549.76	1.33
230	遂宁市	12562.13	16.54	7451.01	130.00	627.56	5111.12	1.33
231	来宾市	7582.28	-10.08	4205.69	89.57	1049.48	3376.59	1.33

（续表）

序号	地方	业务收入（万元）	增长率（%）	业务支出（万元）	增长率（%）	管理费用（万元）	增值收益（万元）	增值收益率（%）
232	固原市	7683.79	-4.66	4472.77	96.26	469.60	3211.02	1.32
233	徐州市	65833.79	-17.54	35568.82	-31.02	8980.68	30264.97	1.30
234	锦州市	21579.70	-9.89	11397.93	37.12	1131.30	10181.78	1.30
235	泉州市	62810.75	-3.52	41605.32	125.45	1679.13	21205.43	1.28
236	遵义市	33089.96	-4.36	20472.46	82.05	2580.70	12617.50	1.28
237	榆林市	23181.00	4.00	13195.00	31.25	6446.00	9986.00	1.28
238	大理州	15847.66	-6.87	9123.71	70.76	1881.25	6723.95	1.28
239	绍兴市	55608.81	-6.30	35514.21	137.30	3524.00	20094.60	1.27
240	营口市	17876.47	-10.28	10452.69	48.79	1649.18	7423.78	1.27
241	舟山市	19618.00	-14.64	12300.00	108.73	2275.00	7318.00	1.27
242	河源市	9961.27	-5.16	5763.04	5.53	999.55	4198.23	1.26
243	佛山市	70700.00	-0.66	46100.00	-4.50	2362.78	24500.00	1.25
244	三明市	29624.55	-5.58	19892.38	130.93	1293.39	9732.17	1.25
245	咸阳市	19416.82	-27.60	11156.97	33.16	1243.26	8259.84	1.24
246	大同市	18781.81	-33.92	10892.15	-8.18	1013.86	7889.66	1.24
247	锡林郭勒盟	12991.00	-4.77	7870.00	103.00	2878.00	5121.00	1.24
248	平顶山市	36772.91	-23.86	20574.89	3.98	1967.49	16198.01	1.23
249	哈密市	15856.80	-9.30	9565.66	-6.15	2355.75	6291.14	1.23
250	迪庆州	6517.18	-1.69	3658.37	101.41	788.57	2858.81	1.23
251	铜陵市	11877.93	-13.33	7203.36	9.71	646.26	4674.57	1.21
252	惠州市	41246.16	-8.00	26974.33	13.00	1892.00	14271.83	1.20
253	南阳市	28729.14	-4.20	17214.39	58.70	2538.97	11514.75	1.20
254	喀什地区	20504.42	-14.79	11182.07	4.77	1127.13	9322.35	1.20
255	三门峡市	13864.43	-13.69	8289.19	26.68	584.06	5575.24	1.20
256	鸡西市	10480.54	-21.86	5942.92	8.15	1277.20	4537.62	1.20
257	和田地区	10762.38	-8.67	6260.91	111.23	1002.00	4501.47	1.20
258	阿拉善盟	7475.81	-9.10	4026.87	5.97	975.77	3448.94	1.20
259	广安市	6167.31	4.75	3894.35	196.19	370.00	2272.96	1.18
260	肇庆市	20291.26	-15.93	12999.68	86.70	2212.94	7291.58	1.17
261	梅州市	17673.00	-3.94	10737.09	25.69	1086.16	6935.92	1.17
262	通辽市	26381.72	-14.51	15772.44	99.09	1843.81	10609.28	1.16
263	梧州市	11220.29	-13.10	7063.20	85.90	1064.40	4157.09	1.16
264	鄂尔多斯市	28000.90	-14.65	16121.95	56.74	1932.62	11878.95	1.15
265	绥化市	12630.53	1.10	7704.31	-22.87	1163.33	4926.22	1.15
266	云浮市	11704.62	-9.57	7430.59	105.39	848.52	4274.03	1.15
267	周口市	11403.99	-2.50	7232.11	76.60	665.00	4171.88	1.15
268	抚顺市	24872.40	-17.86	15789.36	155.55	993.16	9083.04	1.13
269	巴彦淖尔市	16896.16	-17.58	10309.11	-12.37	1018.66	6587.05	1.12

（续表）

序号	地方	业务收入（万元）	增长率（%）	业务支出（万元）	增长率（%）	管理费用（万元）	增值收益（万元）	增值收益率（%）
270	怒江州	3840.66	-7.00	2292.83	17.00	48.79	1547.83	1.09
271	阿克苏地区	11100.20	-19.41	6460.75	-22.09	1350.58	4639.45	1.08
272	常州市	77931.84	-12.89	53591.57	75.09	2374.21	24340.27	1.07
273	庆阳市	10190.01	0.01	6424.62	118.72	1333.30	3765.38	1.07
274	阳江市	10798.22	-10.07	7208.37	94.95	503.24	3589.85	1.02
275	湛江市	38408.42	-12.91	25992.67	92.97	1631.20	12415.76	1.01
276	马鞍山市	27588.14	-13.14	19279.75	39.31	1317.75	8308.40	1.01
277	汕尾市	4481.29	—	2604.70	—	383.34	1876.37	1.01
278	海北州	2990.38	7.08	2173.76	1.72	188.64	816.62	1.00
279	白山市	10042.77	-14.00	4988.80	24.00	879.61	5053.97	1.00
280	崇左市	5710.22	-31.80	3439.29	96.72	776.77	2270.93	1.00
281	平凉市	16435.55	25.53	11424.79	13.84	860.50	5010.76	0.99
282	鞍山市	34556.00	-27.60	22388.00	36.90	2853.00	12167.00	0.98
283	东莞市	69606.31	-12.68	47421.47	92.93	3485.75	22184.84	0.96
284	百色市	14072.00	-11.00	9185.00	181.00	974.65	4888.00	0.94
285	莱芜市	12016.35	-17.00	7833.81	-9.77	725.34	4182.54	0.94
286	昌都市	4055.84	-8.99	2224.33	-35.55	39.12	1831.51	0.94
287	潮州市	7940.97	-4.50	5562.25	-11.91	408.06	2378.72	0.92
288	七台河市	5880.27	-17.00	3653.92	54.00	438.33	2226.35	0.91
289	鹤岗市	8479.03	-34.71	5504.81	-0.69	724.49	2974.22	0.88
290	辽源市	4680.00	-4.91	2393.00	33.46	2466.00	2287.00	0.85
291	克孜勒苏州	4580.55	-14.91	2974.86	29.54	759.56	1605.69	0.82
292	双鸭山市	9020.00	-11.00	6272.00	93.99	647.56	2748.00	0.73
293	临夏州	6030.41	-5.00	4229.02	-18.86	575.05	1801.39	0.73
294	神农架林区	873.50	52.00	640.98	71.00	120.14	232.52	0.73
295	池州市	8796.24	0.55	6918.21	107.94	532.08	1878.03	0.72
296	巴音郭楞州	13756.56	-19.81	10419.15	34.12	1204.00	3337.41	0.70
297	吕梁市	9430.68	-21.13	7878.15	-97.14	949.73	1161.32	0.68
298	江门市	27354.90	7.38	20879.20	84.92	1340.33	6475.70	0.63
299	海西州	8214.77	-15.17	6635.27	-17.85	790.00	1579.50	0.62
300	林芝市	1956.51	24.89	1692.53	30.13	21.20	263.97	0.26
301	山南市	3076.00	-0.40	2618.00	150.00	47.00	458.00	0.20
302	日喀则市	6692.34	8.00	6203.53	10.00	29.09	488.80	0.19
303	阿里地区	1311.01	-47.00	1190.70	50.00	55.14	120.32	0.16
304	那曲地区	3014.93	-13.07	2270.79	38.44	11.00	300.00	0.14
305	果洛州	272.79	-39.84	1940.22	154.63	65.00	-1667.43	-3.21

六、住房公积金综合管理指标比较

为综合评价我国城市住房公积金管理水平，需要建立科学合理并切合实际的指标体系。按照2016年住建部公布的全国住房公积金年度报告中披露的信息，通过选取缴存余额、当年提取使用率、个人住房贷款率、个贷市场占有率、增值收益率几项显性指标，来综合衡量其管理水平、对职工购房需要的支持度、综合收益水平和社会影响力，从而反映出住房公积金事业的发展水平，反映其在当地住房保障和支持房地产业发展中发挥的能动作用。

按照2016年住建部公布的全国住房公积金年度报告中披露的信息，全国当年住房公积金个人住房贷款率（个贷率）总平均为88.84%，增值收益率总平均为1.59%，提取使用率总平均为70.20%，个人住房贷款市场占有率总平均为17.48%。综合比较中以提取使用率、个贷率、个贷市场占有率、增值收益率四项指标为基本参照指标，我们把以上四项指标均在全国平均数以上的单位称为全优单位，公开披露数据不全的不在此列。以下列表分别以各地资金存量规模（缴存余额）、综合发展指数高低排序。

（一）全国住房公积金综合管理指标

全国住房公积金缴存余额、提取使用率、个人住房贷款率、个贷市场占有率、增值收益率指标见表1-6-1。

表 1-6-1　2016 年全国住房公积金综合管理指标表

缴存余额（亿元）	当年提取使用率（%）	个贷率（%）	个贷市场占有率（%）	增值收益率（%）
45627.85	70.20	88.84	17.48	1.59

（二）省、自治区和新疆生产建设兵团住房公积金综合管理指标比较

省、自治区和新疆生产建设兵团住房公积金综合管理指标见表1-6-2。

2016年住房公积金提取使用率高于全国平均数的有13个省、自治区，占46.43%；当年个贷率高于全国平均数的仅有6个省，且个贷率全部在100%以上；当年个贷市场占有率高于全国平均数的有18个，占比64.29%；当年增值收益率高于全国平均数的有16个，占比57.14%。

表 1-6-2　2016 年省、自治区和新疆生产建设兵团住房公积金综合管理指标表

序号	地区	缴存余额（亿元）	当年提取使用率（%）	个贷率（%）	个贷市场占有率（%）	增值收益率（%）
1	广东	4088.79	74.56	76.51	11.20	1.69
2	江苏	3439.29	72.51	102.61	15.06	1.45
3	山东	2770.02	73.61	80.97	17.27	1.61
4	浙江	2618.10	73.80	100.20	16.70	1.50
5	四川	2109.39	62.58	86.76	14.88	1.86

（续表）

序号	地区	缴存余额（亿元）	当年提取使用率（%）	个贷率（%）	个贷市场占有率（%）	增值收益率（%）
6	辽宁	2068.44	74.84	85.30	22.90	1.50
7	湖北	1770.84	60.57	83.64	19.45	1.87
8	河南	1636.97	62.20	84.97	19.90	1.70
9	河北	1544.21	61.33	80.74	13.89	1.63
10	安徽	1408.67	81.36	102.92	17.86	1.57
11	湖南	1405.59	57.95	84.26	24.37	1.85
12	福建	1217.83	73.58	105.78	13.83	1.51
13	黑龙江	1152.99	63.08	64.70	27.97	1.57
14	云南	1128.07	68.56	82.72	28.14	1.60
15	内蒙古自治区	1059.29	75.62	71.72	44.11	1.70
16	陕西	963.84	79.04	74.01	17.23	1.44
17	吉林	916.78	67.97	80.36	27.23	1.63
18	江西	893.39	59.20	101.16	33.92	1.79
19	广西壮族自治区	878.40	72.79	82.71	16.20	1.69
20	新疆维吾尔自治区	848.45	73.19	77.65	37.73	1.55
21	甘肃	783.66	65.93	72.18	37.22	1.44
22	贵州	724.52	56.50	100.03	26.02	1.45
23	山西	696.50	64.35	78.37	29.12	2.08
24	海南	312.22	62.42	80.48	24.36	1.85
25	青海	262.91	72.87	49.48	41.57	1.43
26	宁夏回族自治区	243.86	79.15	74.08	35.98	1.89
27	西藏自治区	188.90	47.70	53.30	63.00	0.77
28	新疆生产建设兵团	98.51	54.61	30.93	—	1.86

（三）直辖市住房公积金综合管理指标比较

直辖市住房公积金综合管理指标见表 1-6-3。

从四项指标综合看，北京市四项指标均在全国平均数以上，其他三个城市整体上也取得了不俗业绩，多数指标都在全国平均数以上。从当年提取使用率看，上海、重庆两地低于全国平均水平。从个贷率看，四个直辖市均高于全国平均水平。上海和重庆增值收益率稍低，重庆在个贷市场占有率上相对低一些。

表 1-6-3　2016 年直辖市住房公积金综合管理指标表

序号	城市	缴存余额（亿元）	当年提取使用率（%）	个贷率（%）	个贷市场占有率（%）	增值收益率（%）
1	北京	3269.69	75.40	98.90	28.00	1.60
2	上海	3181.79	64.73	102.39	22.98	1.33
3	天津	1158.70	85.00	122.90	26.70	1.50
4	重庆	787.19	61.47	95.62	13.20	1.22

（四）副省级、省会城市住房公积金综合管理指标比较

副省级、省会城市住房公积金综合管理指标见表1-6-4。

在副省级、省会城市中只有大连市达到四项指标全优。

表1-6-4　2016年副省级、省会城市住房公积金综合管理指标表

序号	城市	缴存余额（亿元）	当年提取使用率（%）	个贷率（%）	个贷市场占有率（%）	增值收益率（%）
1	广州	1353.59	84.67	83.28	18.09	1.56
2	深圳	1096.18	53.94	58.51	6.07	2.37
3	成都	895.28	62.90	95.39	15.50	1.68
4	武汉	870.29	61.77	99.77	17.82	1.78
5	南京	832.66	75.68	102.50	11.80	1.38
6	杭州	607.70	73.40	95.80	15.80	1.20
7	大连	572.72	75.20	98.61	25.48	1.68
8	沈阳	570.88	70.99	103.13	25.23	1.54
9	济南	547.82	71.55	76.56	24.08	1.37
10	西安	521.23	66.25	78.25	14.28	1.24
11	郑州	518.02	66.23	90.32	13.50	1.49
12	青岛	476.30	75.89	91.47	14.13	1.48
13	哈尔滨	450.72	64.27	67.24	19.93	1.45
14	宁波	417.27	80.58	94.37	15.02	1.42
15	昆明	386.30	71.14	82.91	19.15	1.21
16	长春	374.00	63.68	90.32	—	1.64
17	福州	341.28	72.15	100.76	12.12	1.48
18	合肥	333.98	86.75	123.47	11.47	1.36
19	兰州	293.53	71.57	82.83	34.07	1.27
20	长沙	287.07	50.61	85.91	9.07	1.50
21	乌鲁木齐	283.24	69.10	87.58	35.10	1.58
22	南昌	279.58	67.06	112.52	18.15	1.43
23	石家庄	271.47	50.54	81.54	13.70	1.78
24	厦门	263.23	76.81	107.54	10.08	1.48
25	呼和浩特	259.03	96.57	57.49	25.48	2.34
26	太原	258.36	54.58	90.49	28.50	1.90
27	贵阳	220.71	62.42	102.29	19.55	1.37
28	南宁	177.77	71.96	77.34	7.60	2.14
29	银川	148.77	81.90	84.10	—	1.96
30	西宁	80.98	72.28	54.52	21.98	1.02
31	拉萨	27.38	55.51	67.70	21.24	0.32

（五）地市州盟住房公积金综合管理指标比较

地市州盟住房公积金综合管理指标见表 1-6-5。

在全国 305 个地市州盟中，四项指标均在全国平均数以上的共有 12 个，分别为芜湖、阜阳、衢州、龙岩、南充、蚌埠、宿州、自贡、四平、楚雄州、阜新、丽江，我们把这些地区称为全国地市州盟住房公积金综合管理指标全优单位。

表 1-6-5　2016 年地市州盟住房公积金综合管理指标表

序号	地方	缴存余额（亿元）	当年提取使用率（%）	个贷率（%）	个贷市场占有率（%）	增值收益率（%）
1	苏州市	541.77	75.78	112.36	8.96	1.36
2	无锡市	419.03	66.58	95.96	20.05	1.51
3	温州市	315.24	64.78	97.57	19.22	1.52
4	唐山市	273.51	68.50	82.81	53.98	1.90
5	徐州市	244.01	65.98	88.45	26.65	1.30
6	常州市	243.66	66.94	98.66	18.84	1.07
7	大庆市	240.28	80.49	82.14	60.44	2.29
8	东莞市	238.66	84.23	60.27	5.68	0.96
9	南通市	237.08	74.10	109.36	23.37	1.41
10	佛山市	212.09	71.12	105.33	—	1.25
11	烟台市	211.68	61.75	91.90	28.00	1.41
12	济宁市	196.95	68.71	92.23	32.99	1.78
13	淄博市	191.62	50.74	86.95	24.81	2.25
14	金华市	176.42	62.36	105.06	19.91	1.66
15	嘉兴市	176.08	71.41	112.43	17.24	1.58
16	台州市	173.55	67.69	102.45	17.68	1.38
17	泉州市	170.95	75.56	110.78	17.72	1.28
18	绍兴市	167.83	71.50	97.90	16.10	1.27
19	东营市	167.25	106.29	45.58	17.81	1.83
20	洛阳市	166.63	70.70	96.80	25.50	1.40
21	扬州市	165.93	72.40	107.30	15.10	1.54
22	沧州市	155.90	69.57	81.61	22.34	1.40
23	潍坊市	154.98	58.26	87.50	13.29	1.55
24	保定市	149.30	48.79	80.48	14.95	1.41
25	淮南市	142.07	92.61	68.70	40.87	1.72
26	包头市	140.21	74.12	74.81	28.00	1.44
27	赣州市	135.38	49.89	120.60	20.36	1.45
28	吉林市	134.71	74.60	94.20	41.20	1.40
29	平顶山市	131.89	98.93	57.31	39.58	1.23
30	临沂市	129.99	58.42	84.80	11.02	1.34

（续表）

序号	地方	缴存余额（亿元）	当年提取使用率（%）	个贷率（%）	个贷市场占有率（%）	增值收益率（%）
31	湛江市	128.90	71.88	89.87	26.37	1.01
32	惠州市	127.88	72.00	84.00	7.00	1.20
33	鞍山市	124.52	87.20	74.00	18.80	0.98
34	赤峰市	123.06	64.92	90.76	36.98	2.05
35	湖州市	121.55	70.62	116.83	28.43	1.46
36	邯郸市	120.66	65.27	83.09	31.61	1.63
37	绵阳市	119.35	66.58	60.93	21.74	1.95
38	连云港市	118.54	69.10	106.95	19.98	2.10
39	泰州市	118.04	70.16	95.27	16.61	1.78
40	盐城市	117.49	77.77	132.52	22.28	1.38
41	宜昌市	115.78	67.74	93.66	58.25	2.21
42	镇江市	112.34	73.62	107.24	23.00	1.38
43	鄂尔多斯市	108.23	65.94	58.46	84.00	1.15
44	南阳市	108.00	40.40	58.00	23.00	1.20
45	十堰市	107.72	56.64	41.43	19.68	2.13
46	遵义市	107.34	74.00	111.52	26.80	1.28
47	株洲市	105.52	63.31	87.35	24.01	1.78
48	宜宾市	103.87	57.08	92.23	28.34	1.58
49	柳州市	103.76	77.80	77.46	14.47	2.21
50	凉山州	103.49	61.92	50.47	50.14	2.79
51	江门市	103.30	91.81	93.78	13.58	0.63
52	桂林市	102.86	67.23	86.82	21.74	1.40
53	威海市	101.98	63.84	87.33	18.45	1.43
54	曲靖市	100.46	77.00	83.14	34.00	2.00
55	廊坊市	100.46	73.16	85.27	3.04	1.52
56	汕头市	99.95	78.82	72.99	47.00	2.88
57	淮北市	99.20	84.30	78.03	45.69	1.44
58	岳阳市	98.98	64.17	78.45	34.70	1.93
59	秦皇岛市	97.38	68.90	90.42	21.27	1.48
60	聊城市	97.02	56.84	64.41	8.79	2.05
61	芜湖市	96.91	76.34	126.33	21.65	2.14
62	通辽市	96.63	56.95	85.75	51.40	1.16
63	枣庄市	96.45	75.01	81.69	29.09	1.43
64	红河州	94.88	74.75	80.54	38.26	2.06
65	常德市	94.10	58.86	88.47	30.56	1.93
66	淮安市	93.91	69.65	104.24	13.87	2.12
67	德阳市	93.54	76.46	78.76	36.33	2.22
68	茂名市	93.16	71.04	85.37	23.64	1.62

（续表）

序号	地方	缴存余额（亿元）	当年提取使用率（%）	个贷率（%）	个贷市场占有率（%）	增值收益率（%）
69	襄阳市	92.95	59.48	89.50	30.00	2.44
70	丽水市	91.01	68.90	115.70	29.70	1.93
71	阜阳市	90.94	80.50	123.29	23.02	1.66
72	衡阳市	88.69	76.93	69.88	20.01	2.09
73	齐齐哈尔市	86.50	42.70	77.00	26.90	1.40
74	泰安市	85.94	189.00	77.30	15.00	2.44
75	昭通市	85.41	70.53	61.38	43.68	1.94
76	上饶市	84.27	55.59	95.75	21.88	1.99
77	张家口市	84.24	50.89	85.27	43.00	1.62
78	马鞍山市	84.06	81.51	97.88	33.06	1.01
79	珠海市	83.78	93.02	128.40	10.80	1.65
80	邵阳市	83.66	45.00	85.00	37.00	2.00
81	中山市	83.59	75.89	70.30	—	1.41
82	漳州市	83.42	78.00	100.62	12.87	1.95
83	抚顺市	82.97	78.66	86.31	84.45	1.13
84	郴州市	82.85	43.22	80.68	25.97	2.37
85	三明市	82.63	69.82	115.60	28.69	1.25
86	黄石市	82.32	56.64	70.15	37.23	1.66
87	黄冈市	82.26	50.28	55.73	20.43	1.51
88	延边州	82.20	69.60	65.30	33.60	2.20
89	邢台市	80.59	58.60	76.06	15.68	1.51
90	呼伦贝尔市	80.09	59.84	76.17	56.40	2.24
91	承德市	79.60	59.44	73.61	15.68	1.70
92	黔东南州	79.59	26.59	92.31	38.63	1.62
93	菏泽市	78.38	40.87	65.50	14.50	1.85
94	锦州市	78.33	61.92	63.54	43.54	1.30
95	九江市	77.88	59.41	95.93	14.16	2.29
96	喀什地区	77.71	63.60	53.75	92.40	1.20
97	松原市	76.52	87.60	54.70	23.00	1.47
98	克拉玛依市	76.11	101.22	79.57	94.19	1.81
99	乐山市	75.72	65.35	96.99	25.77	1.53
100	荆州市	75.68	65.38	66.03	36.00	1.80
101	永州市	74.78	47.09	81.93	38.83	2.17
102	韶关市	74.03	79.70	81.04	21.29	2.36
103	衢州市	73.23	76.43	113.84	21.89	1.93
104	德州市	72.68	51.01	78.27	13.51	1.79
105	盘锦市	72.59	159.54	57.46	32.88	1.36
106	濮阳市	70.96	80.40	83.50	31.20	2.10

（续表）

序号	地方	缴存余额（亿元）	当年提取使用率（%）	个贷率（%）	个贷市场占有率（%）	增值收益率（%）
107	吉安市	70.80	50.37	108.76	24.33	1.40
108	六安市	70.62	69.13	99.52	16.64	2.30
109	龙岩市	70.55	75.06	121.77	25.97	1.79
110	榆林市	70.04	123.53	69.80	26.70	1.28
111	怀化市	69.61	57.04	94.29	27.17	1.82
112	宁德市	68.96	68.14	88.46	16.23	1.78
113	南平市	68.92	66.07	90.15	18.78	1.33
114	攀枝花市	68.28	107.64	68.10	65.97	2.45
115	清远市	68.20	70.79	91.81	—	1.35
116	宜春市	67.75	60.44	88.00	20.00	2.52
117	伊犁州	67.58	66.81	103.52	42.26	1.48
118	焦作市	67.43	63.00	97.29	37.97	1.76
119	荆门市	66.27	64.65	76.49	—	1.52
120	葫芦岛市	66.11	63.44	80.74	34.13	1.91
121	昌吉州	65.71	64.10	94.18	—	1.40
122	南充市	65.44	70.56	96.52	18.33	1.87
123	毕节市	65.11	57.20	93.79	51.46	1.40
124	滨州市	65.01	48.08	77.77	16.81	1.35
125	咸阳市	64.99	90.69	76.38	22.16	1.24
126	滁州市	64.78	80.43	110.36	16.88	1.41
127	新乡市	64.60	56.40	93.90	17.00	2.30
128	蚌埠市	64.05	74.24	109.75	17.61	1.62
129	达州市	64.00	63.39	67.12	35.89	1.94
130	日照市	62.71	65.30	87.60	17.22	2.10
131	肇庆市	62.70	99.89	92.94	15.29	1.17
132	朝阳市	62.35	63.69	88.84	56.44	1.36
133	宝鸡市	62.29	69.11	62.59	25.95	1.45
134	莆田市	61.94	70.77	124.43	17.15	1.62
135	营口市	61.93	53.42	84.95	23.11	1.27
136	黔南州	61.87	49.52	99.57	34.41	1.36
137	玉林市	61.20	66.67	86.12	20.96	1.56
138	孝感市	61.00	61.00	76.84	18.90	1.70
139	宿迁市	60.80	51.50	99.12	13.26	1.42
140	临汾市	60.61	33.40	86.65	56.58	2.12
141	舟山市	60.57	73.90	103.40	22.63	1.27
142	益阳市	60.24	54.55	101.02	41.66	1.70
143	梅州市	59.61	66.00	91.00	10.00	1.17
144	巴彦淖尔市	59.42	100.08	71.52	54.78	1.12

（续表）

序号	地方	缴存余额（亿元）	当年提取使用率（%）	个贷率（%）	个贷市场占有率（%）	增值收益率（%）
145	恩施州	59.28	58.49	61.83	31.00	1.85
146	铜仁市	59.19	40.13	93.16	50.33	1.46
147	玉溪市	59.01	66.70	92.84	41.18	1.46
148	湘潭市	58.97	77.31	86.14	28.32	1.64
149	泸州市	58.86	60.30	114.35	33.11	2.80
150	安阳市	58.63	65.20	92.10	16.70	1.70
151	驻马店市	58.58	41.55	90.01	19.59	1.99
152	延安市	58.22	64.40	62.97	45.45	1.55
153	娄底市	58.02	85.17	79.19	32.00	2.16
154	宿州市	57.83	81.92	90.95	19.09	2.22
155	大理州	56.76	60.67	85.91	31.10	1.28
156	信阳市	55.65	35.65	91.24	21.29	2.30
157	商丘市	54.96	38.72	83.02	20.37	2.30
158	平凉市	54.74	43.87	70.09	52.83	0.99
159	广元市	54.65	42.92	63.65	29.46	1.68
160	抚州市	54.53	41.84	76.05	13.15	2.33
161	亳州市	54.45	73.23	95.63	20.41	1.55
162	本溪市	54.04	55.80	70.65	18.75	1.39
163	许昌市	52.26	66.70	96.90	22.90	3.50
164	牡丹江市	51.90	69.85	62.20	29.09	1.45
165	内江市	51.89	45.02	89.86	30.00	2.07
166	辽阳市	51.52	45.31	50.52	22.93	1.80
167	甘孜州	51.16	52.62	97.10	98.50	1.80
168	自贡市	51.12	70.46	97.24	25.28	2.11
169	佳木斯市	50.97	61.01	69.08	46.81	1.62
170	丹东市	50.93	68.44	90.86	26.84	1.87
171	百色市	50.85	85.60	76.10	34.07	0.94
172	文山州	50.50	60.07	90.05	25.62	2.12
173	巴音郭楞州	50.48	85.46	71.53	49.10	0.70
174	渭南市	50.36	152.64	54.53	15.42	1.57
175	保山市	49.99	50.49	90.65	75.09	2.08
176	衡水市	49.93	44.13	89.95	18.37	1.46
177	汉中市	49.91	67.69	75.92	52.79	2.50
178	哈密市	49.37	63.78	43.00	45.00	1.23
179	普洱市	48.87	65.43	88.47	66.02	1.99
180	三门峡市	48.62	81.89	63.47	64.32	1.20
181	大同市	48.49	90.92	77.66	35.05	1.24
182	揭阳市	48.10	61.84	62.28	29.58	1.37

（续表）

序号	地方	缴存余额（亿元）	当年提取使用率（%）	个贷率（%）	个贷市场占有率（%）	增值收益率（%）
183	运城市	48.06	61.57	86.53	31.13	1.46
184	宣城市	47.68	87.51	96.07	14.64	1.56
185	咸宁市	47.40	44.81	60.77	38.44	1.74
186	绥化市	47.36	33.91	51.22	21.67	1.15
187	白银市	47.06	79.00	63.00	44.00	1.37
188	六盘水市	46.76	60.77	91.39	50.38	1.57
189	乌兰察布市	46.25	69.51	63.39	36.75	1.79
190	晋城市	46.19	25.38	57.63	36.86	2.62
191	黑河市	46.13	37.20	53.54	42.79	1.51
192	黔西南州	44.88	42.97	96.94	40.69	1.64
193	湘西州	44.22	51.49	92.71	42.53	2.00
194	眉山市	43.61	63.20	107.54	32.24	1.53
195	巴中市	43.54	34.70	78.88	33.41	1.55
196	锡林郭勒盟	43.43	66.86	88.05	40.83	1.24
197	定西市	42.97	46.05	73.74	38.72	1.44
198	阿克苏地区	42.46	78.89	64.86	42.30	1.08
199	和田地区	42.05	60.38	52.02	64.10	1.20
200	陇南市	42.03	18.40	71.73	46.20	1.66
201	通化市	41.71	44.82	72.74	76.00	2.30
202	酒泉市	41.26	75.44	49.02	31.98	1.56
203	天水市	41.15	59.91	77.07	38.94	2.00
204	临沧市	40.65	43.88	71.71	53.00	2.03
205	河池市	40.51	75.21	84.70	29.77	1.66
206	铜陵市	40.34	77.27	86.04	28.75	1.21
207	庆阳市	39.96	42.16	89.32	43.33	1.07
208	双鸭山市	39.80	43.80	22.60	68.45	0.73
209	铁岭市	39.77	42.44	87.39	22.00	1.53
210	云浮市	39.38	67.98	86.08	20.38	1.15
211	周口市	39.31	40.77	76.95	37.60	1.15
212	鸡西市	39.31	59.59	48.60	14.25	1.20
213	开封市	39.01	40.36	94.92	15.91	1.67
214	梧州市	38.96	65.66	79.01	18.50	1.16
215	兴安盟	38.72	58.87	88.94	63.40	1.80
216	长治市	38.70	48.24	86.07	41.57	2.89
217	阳江市	37.36	68.27	87.71	10.89	1.02
218	漯河市	37.17	46.21	90.45	14.97	1.40
219	遂宁市	37.15	45.19	87.39	35.00	1.33
220	安庆市	36.82	68.88	92.24	27.17	1.63

（续表）

序号	地方	缴存余额（亿元）	当年提取使用率（%）	个贷率（%）	个贷市场占有率（%）	增值收益率（%）
221	安顺市	36.81	66.75	113.42	39.82	1.63
222	黄山市	36.25	80.06	85.03	22.52	1.58
223	武威市	36.14	61.00	71.70	40.80	1.89
224	安康市	36.07	94.35	85.58	35.15	1.69
225	四平市	36.05	73.76	88.85	33.41	2.22
226	晋中市	36.04	39.15	78.55	25.47	2.51
227	楚雄州	35.79	82.89	98.18	44.53	1.70
228	阿坝州	35.61	80.15	62.93	96.80	1.92
229	贵港市	35.24	69.10	88.79	14.14	1.78
230	萍乡市	35.02	52.96	70.07	31.33	2.50
231	河源市	34.90	74.05	82.51	11.48	1.26
232	日喀则市	34.70	34.59	76.19	93.00	0.19
233	景德镇市	34.63	67.35	75.20	24.97	1.59
234	张掖市	34.53	75.75	74.29	30.74	2.08
235	金昌市	34.48	112.88	25.47	24.15	1.50
236	西双版纳州	34.40	50.99	78.99	32.56	1.85
237	潜江市	34.38	62.86	24.31	4.20	1.66
238	雅安市	34.21	65.63	66.85	36.88	1.71
239	鹤岗市	33.93	90.00	38.84	39.21	0.88
240	资阳市	33.82	58.19	85.01	30.00	2.19
241	钦州市	33.74	59.52	91.40	26.31	1.65
242	莱芜市	33.25	196.39	37.46	19.29	0.94
243	阜新市	31.67	77.35	90.14	40.98	1.89
244	白山市	31.36	90.00	23.00	20.00	1.00
245	朔州市	31.27	57.16	65.54	61.40	2.54
246	北海市	29.59	68.10	82.84	9.30	1.73
247	吴忠市	29.34	69.80	59.96	47.40	1.57
248	商洛市	28.24	60.71	71.31	66.99	2.03
249	德宏州	28.03	42.86	90.20	38.06	1.68
250	新余市	27.70	77.63	71.93	12.86	1.94
251	阿拉善盟	27.48	90.00	51.00	91.80	1.20
252	吕梁市	27.44	42.79	62.57	19.25	0.68
253	甘南州	27.03	55.59	79.14	83.48	1.35
254	鄂州市	26.98	81.33	66.72	22.14	2.09
255	海西州	26.82	74.97	42.92	89.63	0.62
256	鹤壁市	26.80	73.29	98.24	32.89	1.51
257	池州市	26.42	82.82	98.98	19.63	0.72
258	来宾市	26.21	84.32	77.84	23.05	1.33

（续表）

序号	地方	缴存余额（亿元）	当年提取使用率（%）	个贷率（%）	个贷市场占有率（%）	增值收益率（%）
259	海东市	26.04	67.23	51.42	46.20	1.41
260	鹰潭市	25.85	77.38	85.09	52.02	1.82
261	七台河市	25.81	52.00	10.03	20.00	0.91
262	塔城地区	25.60	57.89	74.00	32.10	2.00
263	白城市	25.17	53.31	80.15	34.49	2.09
264	固原市	25.14	83.91	64.27	34.13	1.32
265	贺州市	24.86	68.89	85.71	40.61	1.95
266	广安市	24.80	35.05	79.89	11.84	1.18
267	潮州市	24.70	87.21	70.31	32.36	0.92
268	临夏州	24.50	66.30	72.00	34.55	0.73
269	乌海市	24.42	69.83	77.19	33.43	1.94
270	嘉峪关市	24.25	118.70	23.96	17.69	2.17
271	阿勒泰地区	23.85	67.86	78.48	31.39	2.26
272	石嘴山市	23.47	76.49	42.31	27.75	1.63
273	崇左市	23.46	85.41	87.25	22.05	1.00
274	迪庆州	22.75	31.10	69.27	90.00	1.23
275	忻州市	22.46	92.19	85.94	52.21	1.42
276	随州市	22.29	50.82	78.51	33.93	1.95
277	昌都市	22.12	44.48	34.64	67.50	0.94
278	丽江市	21.65	74.19	88.96	27.69	1.66
279	伊春市	21.43	53.36	64.08	64.40	1.90
280	济源市	20.96	26.64	81.68	31.12	1.70
281	那曲地区	20.91	29.00	51.76	—	0.14
282	克孜勒苏州	20.87	78.53	58.41	87.76	0.82
283	张家界市	20.12	65.00	77.00	18.04	2.14
284	辽源市	19.50	41.89	69.98	47.12	0.85
285	汕尾市	18.74	80.56	35.43	12.23	1.01
286	铜川市	17.75	76.74	61.69	34.48	2.28
287	山南市	17.61	48.00	40.00	70.00	0.20
288	中卫市	17.13	65.41	69.42	22.66	2.04
289	防城港市	16.74	76.26	73.12	9.86	2.17
290	阳泉市	14.73	87.18	67.52	22.56	2.25
291	吐鲁番市	14.70	74.00	83.00	72.00	1.87
292	大兴安岭	14.26	35.66	21.32	39.56	1.87
293	玉树州	13.65	77.66	88.50	99.00	3.16
294	博尔塔拉州	13.11	56.60	90.01	41.12	1.58
295	怒江州	12.59	156.00	89.00	57.00	1.09
296	海南州	12.44	72.01	50.56	67.39	4.95

（续表）

序号	地方	缴存余额（亿元）	当年提取使用率（%）	个贷率（%）	个贷市场占有率（%）	增值收益率（%）
297	满洲里市	12.32	61.98	78.47	57.28	1.53
298	林芝市	12.17	57.68	44.11	50.03	0.26
299	仙桃市	11.81	48.63	32.06	8.80	2.23
300	天门市	11.05	38.32	45.16	27.53	1.85
301	黄南州	9.31	66.81	51.34	57.23	1.35
302	阿里地区	8.32	48.00	64.00	93.00	0.16
303	海北州	8.25	81.37	71.52	76.62	1.00
304	果洛州	5.29	50.18	25.14	7.11	−3.21
305	神农架林区	3.20	29.80	53.68	56.56	0.73

（六）地市州盟住房公积金综合发展指数

根据国家对住房公积金事业发展的总体要求和发展优先度，我们对综合发展指标赋予不同的权重，即个人住房贷款率权重为0.35，增值收益率为0.35，当年提取使用率为0.20，个贷市场占有率为0.10。其中个贷市场占有率指标与个贷率指标有一定关联和叠加性，属于奖励性指标。以上四项指标分别与权重相乘累加得出各地综合发展指数值，表中按指数高低进行排序。没有提供个贷市场占有率的地方以其他三项指标计算综合发展指数。具体评价结果见表 1-6-6。

表 1-6-6　2016 年地市州盟住房公积金综合发展指数表

序号	地方	缴存余额（亿元）	当年提取使用率（%）	个贷率（%）	个贷市场占有率（%）	增值收益率（%）	综合发展指数
1	怒江州	12.59	156.00	89.00	57.00	1.09	68.43
2	泰安市	85.94	189.00	77.30	15.00	2.44	67.21
3	珠海市	83.78	93.02	128.40	10.80	1.65	65.20
4	盐城市	117.49	77.77	132.52	22.28	1.38	64.65
5	芜湖市	96.91	76.34	126.33	21.65	2.14	62.40
6	阜阳市	90.94	80.50	123.29	23.02	1.66	62.13
7	龙岩市	70.55	75.06	121.77	25.97	1.79	60.86
8	莆田市	61.94	70.77	124.43	17.15	1.62	59.99
9	湖州市	121.55	70.62	116.83	28.43	1.46	58.37
10	克拉玛依市	76.11	101.22	79.57	94.19	1.81	58.15
11	衢州市	73.23	76.43	113.84	21.89	1.93	57.99
12	丽水市	91.01	68.90	115.70	29.70	1.93	57.92
13	三明市	82.63	69.82	115.60	28.69	1.25	57.73
14	安顺市	36.81	66.75	113.42	39.82	1.63	57.60
15	玉树州	13.65	77.66	88.50	99.00	3.16	57.51
16	遵义市	107.34	74.00	111.52	26.80	1.28	56.96

（续表）

序号	地方	缴存余额（亿元）	当年提取使用率（%）	个贷率（%）	个贷市场占有率（%）	增值收益率（%）	综合发展指数
17	滁州市	64.78	80.43	110.36	16.88	1.41	56.89
18	泸州市	58.86	60.30	114.35	33.11	2.80	56.37
19	泉州市	170.95	75.56	110.78	17.72	1.28	56.11
20	楚雄州	35.79	82.89	98.18	44.53	1.70	55.99
21	南通市	237.08	74.10	109.36	23.37	1.41	55.93
22	嘉兴市	176.08	71.41	112.43	17.24	1.58	55.91
23	苏州市	541.77	75.78	112.36	8.96	1.36	55.85
24	盘锦市	72.59	159.54	57.46	32.88	1.36	55.78
25	蚌埠市	64.05	74.24	109.75	17.61	1.62	55.59
26	镇江市	112.34	73.62	107.24	23.00	1.38	55.04
27	甘孜州	51.16	52.62	97.10	98.50	1.80	54.99
28	抚顺市	82.97	78.66	86.31	84.45	1.13	54.78
29	赣州市	135.38	49.89	120.60	20.36	1.45	54.73
30	莱芜市	33.25	196.39	37.46	19.29	0.94	54.65
31	肇庆市	62.70	99.89	92.94	15.29	1.17	54.45
32	伊犁州	67.58	66.81	103.52	42.26	1.48	54.34
33	忻州市	22.46	92.19	85.94	52.21	1.42	54.24
34	马鞍山市	84.06	81.51	97.88	33.06	1.01	54.22
35	扬州市	165.93	72.40	107.30	15.10	1.54	54.08
36	眉山市	43.61	63.20	107.54	32.24	1.53	54.04
37	连云港市	118.54	69.10	106.95	19.98	2.10	53.99
38	舟山市	60.57	73.90	103.40	22.63	1.27	53.68
39	池州市	26.42	82.82	98.98	19.63	0.72	53.42
40	宣城市	47.68	87.51	96.07	14.64	1.56	53.14
41	安康市	36.07	94.35	85.58	35.15	1.69	52.93
42	宜昌市	115.78	67.74	93.66	58.25	2.21	52.93
43	鹤壁市	26.80	73.29	98.24	32.89	1.51	52.86
44	攀枝花市	68.28	107.64	68.10	65.97	2.45	52.82
45	漳州市	83.42	78.00	100.62	12.87	1.95	52.79
46	江门市	103.30	91.81	93.78	13.58	0.63	52.76
47	淮安市	93.91	69.65	104.24	13.87	2.12	52.54
48	吉林市	134.71	74.60	94.20	41.20	1.40	52.50
49	榆林市	70.04	123.53	69.80	26.70	1.28	52.25
50	佛山市	212.09	71.12	105.33	—	1.25	52.11
51	金华市	176.42	62.36	105.06	19.91	1.66	51.82
52	阜新市	31.67	77.35	90.14	40.98	1.89	51.78
53	渭南市	50.36	152.64	54.53	15.42	1.57	51.71
54	吐鲁番市	14.70	74.00	83.00	72.00	1.87	51.70
55	大庆市	240.28	80.49	82.14	60.44	2.29	51.69

（续表）

序号	地方	缴存余额（亿元）	当年提取使用率（%）	个贷率（%）	个贷市场占有率（%）	增值收益率（%）	综合发展指数
56	台州市	173.55	67.69	102.45	17.68	1.38	51.65
57	自贡市	51.12	70.46	97.24	25.28	2.11	51.39
58	普洱市	48.87	65.43	88.47	66.02	1.99	51.35
59	六安市	70.62	69.13	99.52	16.64	2.30	51.13
60	鹰潭市	25.85	77.38	85.09	52.02	1.82	51.10
61	焦作市	67.43	63.00	97.29	37.97	1.76	51.06
62	吉安市	70.80	50.37	108.76	24.33	1.40	51.06
63	洛阳市	166.63	70.70	96.80	25.50	1.40	51.06
64	益阳市	60.24	54.55	101.02	41.66	1.70	51.03
65	巴彦淖尔市	59.42	100.08	71.52	54.78	1.12	50.92
66	宿州市	57.83	81.92	90.95	19.09	2.22	50.90
67	许昌市	52.26	66.70	96.90	22.90	3.50	50.77
68	亳州市	54.45	73.23	95.63	20.41	1.55	50.70
69	绍兴市	167.83	71.50	97.90	16.10	1.27	50.62
70	玉溪市	59.01	66.70	92.84	41.18	1.46	50.46
71	南充市	65.44	70.56	96.52	18.33	1.87	50.38
72	常州市	243.66	66.94	98.66	18.84	1.07	50.18
73	崇左市	23.46	85.41	87.25	22.05	1.00	50.17
74	乐山市	75.72	65.35	96.99	25.77	1.53	50.13
75	保山市	49.99	50.49	90.65	75.09	2.08	50.06
76	四平市	36.05	73.76	88.85	33.41	2.22	49.97
77	朝阳市	62.35	63.69	88.84	56.44	1.36	49.95
78	济宁市	196.95	68.71	92.23	32.99	1.78	49.94
79	毕节市	65.11	57.20	93.79	51.46	1.40	49.90
80	兴安盟	38.72	58.87	88.94	63.40	1.80	49.87
81	六盘水市	46.76	60.77	91.39	50.38	1.57	49.73
82	泰州市	118.04	70.16	95.27	16.61	1.78	49.66
83	温州市	315.24	64.78	97.57	19.22	1.52	49.56
84	无锡市	419.03	66.58	95.96	20.05	1.51	49.44
85	安庆市	36.82	68.88	92.24	27.17	1.63	49.35
86	丽江市	21.65	74.19	88.96	27.69	1.66	49.32
87	海北州	8.25	81.37	71.52	76.62	1.00	49.32
88	大同市	48.49	90.92	77.66	35.05	1.24	49.30
89	淮北市	99.20	84.30	78.03	45.69	1.44	49.24
90	赤峰市	123.06	64.92	90.76	36.98	2.05	49.17
91	濮阳市	70.96	80.40	83.50	31.20	2.10	49.16
92	湘潭市	58.97	77.31	86.14	28.32	1.64	49.02
93	铜陵市	40.34	77.27	86.04	28.75	1.21	48.87
94	丹东市	50.93	68.44	90.86	26.84	1.87	48.83

（续表）

序号	地方	缴存余额（亿元）	当年提取使用率（%）	个贷率（%）	个贷市场占有率（%）	增值收益率（%）	综合发展指数
95	湛江市	128.90	71.88	89.87	26.37	1.01	48.82
96	唐山市	273.51	68.50	82.81	53.98	1.90	48.75
97	娄底市	58.02	85.17	79.19	32.00	2.16	48.71
98	锡林郭勒盟	43.43	66.86	88.05	40.83	1.24	48.71
99	黔南州	61.87	49.52	99.57	34.41	1.36	48.67
100	曲靖市	100.46	77.00	83.14	34.00	2.00	48.60
101	黄山市	36.25	80.06	85.03	22.52	1.58	48.58
102	贺州市	24.86	68.89	85.71	40.61	1.95	48.52
103	阿坝州	35.61	80.15	62.93	96.80	1.92	48.41
104	河池市	40.51	75.21	84.70	29.77	1.66	48.25
105	秦皇岛市	97.38	68.90	90.42	21.27	1.48	48.07
106	烟台市	211.68	61.75	91.90	28.00	1.41	47.81
107	怀化市	69.61	57.04	94.29	27.17	1.82	47.76
108	湘西州	44.22	51.49	92.71	42.53	2.00	47.70
109	红河州	94.88	74.75	80.54	38.26	2.06	47.69
110	九江市	77.88	59.41	95.93	14.16	2.29	47.68
111	甘南州	27.03	55.59	79.14	83.48	1.35	47.64
112	安阳市	58.63	65.20	92.10	16.70	1.70	47.54
113	咸阳市	64.99	90.69	76.38	22.16	1.24	47.52
114	上饶市	84.27	55.59	95.75	21.88	1.99	47.52
115	百色市	50.85	85.60	76.10	34.07	0.94	47.49
116	博尔塔拉州	13.11	56.60	90.01	41.12	1.58	47.49
117	巴音郭楞州	50.48	85.46	71.53	49.10	0.70	47.28
118	徐州市	244.01	65.98	88.45	26.65	1.30	47.27
119	德阳市	93.54	76.46	78.76	36.33	2.22	47.27
120	韶关市	74.03	79.70	81.04	21.29	2.36	47.26
121	淮南市	142.07	92.61	68.70	40.87	1.72	47.26
122	黔西南州	44.88	42.97	96.94	40.69	1.64	47.17
123	南平市	68.92	66.07	90.15	18.78	1.33	47.11
124	钦州市	33.74	59.52	91.40	26.31	1.65	47.10
125	宜宾市	103.87	57.08	92.23	28.34	1.58	47.08
126	襄阳市	92.95	59.48	89.50	30.00	2.44	47.08
127	汕头市	99.95	78.82	72.99	47.00	2.88	47.02
128	茂名市	93.16	71.04	85.37	23.64	1.62	47.02
129	枣庄市	96.45	75.01	81.69	29.09	1.43	47.00
130	通辽市	96.63	56.95	85.75	51.40	1.16	46.95
131	贵港市	35.24	69.10	88.79	14.14	1.78	46.93
132	来宾市	26.21	84.32	77.84	23.05	1.33	46.88
133	文山州	50.50	60.07	90.05	25.62	2.12	46.84

（续表）

序号	地方	缴存余额（亿元）	当年提取使用率（%）	个贷率（%）	个贷市场占有率（%）	增值收益率（%）	综合发展指数
134	宁德市	68.96	68.14	88.46	16.23	1.78	46.84
135	宿迁市	60.80	51.50	99.12	13.26	1.42	46.82
136	清远市	68.20	70.79	91.81	—	1.35	46.76
137	新乡市	64.60	56.40	93.90	17.00	2.30	46.65
138	桂林市	102.86	67.23	86.82	21.74	1.40	46.50
139	常德市	94.10	58.86	88.47	30.56	1.93	46.47
140	梅州市	59.61	66.00	91.00	10.00	1.17	46.46
141	昌吉州	65.71	64.10	94.18	—	1.40	46.27
142	汉中市	49.91	67.69	75.92	52.79	2.50	46.26
143	株洲市	105.52	63.31	87.35	24.01	1.78	46.26
144	运城市	48.06	61.57	86.53	31.13	1.46	46.22
145	日照市	62.71	65.30	87.60	17.22	2.10	46.18
146	铜仁市	59.19	40.13	93.16	50.33	1.46	46.18
147	云浮市	39.38	67.98	86.08	20.38	1.15	46.16
148	满洲里市	12.32	61.98	78.47	57.28	1.53	46.12
149	玉林市	61.20	66.67	86.12	20.96	1.56	46.12
150	邯郸市	120.66	65.27	83.09	31.61	1.63	45.87
151	阳江市	37.36	68.27	87.71	10.89	1.02	45.80
152	宜春市	67.75	60.44	88.00	20.00	2.52	45.77
153	大理州	56.76	60.67	85.91	31.10	1.28	45.76
154	威海市	101.98	63.84	87.33	18.45	1.43	45.68
155	潮州市	24.70	87.21	70.31	32.36	0.92	45.61
156	鞍山市	124.52	87.20	74.00	18.80	0.98	45.56
157	阿拉善盟	27.48	90.00	51.00	91.80	1.20	45.45
158	三门峡市	48.62	81.89	63.47	64.32	1.20	45.44
159	廊坊市	100.46	73.16	85.27	3.04	1.52	45.31
160	河源市	34.90	74.05	82.51	11.48	1.26	45.28
161	克孜勒苏州	20.87	78.53	58.41	87.76	0.82	45.21
162	沧州市	155.90	69.57	81.61	22.34	1.40	45.20
163	资阳市	33.82	58.19	85.01	30.00	2.19	45.16
164	呼伦贝尔市	80.09	59.84	76.17	56.40	2.24	45.05
165	葫芦岛市	66.11	63.44	80.74	34.13	1.91	45.03
166	乌海市	24.42	69.83	77.19	33.43	1.94	45.00
167	阿勒泰地区	23.85	67.86	78.48	31.39	2.26	44.97
168	张掖市	34.53	75.75	74.29	30.74	2.08	44.95
169	长治市	38.70	48.24	86.07	41.57	2.89	44.94
170	惠州市	127.88	72.00	84.00	7.00	1.20	44.92
171	柳州市	103.76	77.80	77.46	14.47	2.21	44.89
172	张家口市	84.24	50.89	85.27	43.00	1.62	44.89

（续表）

序号	地方	缴存余额（亿元）	当年提取使用率（%）	个贷率（%）	个贷市场占有率（%）	增值收益率（%）	综合发展指数
173	德宏州	28.03	42.86	90.20	38.06	1.68	44.54
174	商洛市	28.24	60.71	71.31	66.99	2.03	44.51
175	岳阳市	98.98	64.17	78.45	34.70	1.93	44.44
176	庆阳市	39.96	42.16	89.32	43.33	1.07	44.40
177	包头市	140.21	74.12	74.81	28.00	1.44	44.31
178	平顶山市	131.89	98.93	57.31	39.58	1.23	44.23
179	内江市	51.89	45.02	89.86	30.00	2.07	44.18
180	北海市	29.59	68.10	82.84	9.30	1.73	44.15
181	潍坊市	154.98	58.26	87.50	13.29	1.55	44.15
182	阳泉市	14.73	87.18	67.52	22.56	2.25	44.11
183	淄博市	191.62	50.74	86.95	24.81	2.25	43.85
184	遂宁市	37.15	45.19	87.39	35.00	1.33	43.59
185	天水市	41.15	59.91	77.07	38.94	2.00	43.55
186	开封市	39.01	40.36	94.92	15.91	1.67	43.47
187	临汾市	60.61	33.40	86.65	56.58	2.12	43.41
188	营口市	61.93	53.42	84.95	23.11	1.27	43.17
189	固原市	25.14	83.91	64.27	34.13	1.32	43.15
190	邵阳市	83.66	45.00	85.00	37.00	2.00	43.15
191	阿克苏地区	42.46	78.89	64.86	42.30	1.08	43.09
192	梧州市	38.96	65.66	79.01	18.50	1.16	43.04
193	日喀则市	34.70	34.59	76.19	93.00	0.19	42.95
194	临沂市	129.99	58.42	84.80	11.02	1.34	42.94
195	白城市	25.17	53.31	80.15	34.49	2.09	42.90
196	漯河市	37.17	46.21	90.45	14.97	1.40	42.89
197	景德镇市	34.63	67.35	75.20	24.97	1.59	42.84
198	通化市	41.71	44.82	72.74	76.00	2.30	42.83
199	永州市	74.78	47.09	81.93	38.83	2.17	42.74
200	白银市	47.06	79.00	63.00	44.00	1.37	42.73
201	新余市	27.70	77.63	71.93	12.86	1.94	42.67
202	衡水市	49.93	44.13	89.95	18.37	1.46	42.66
203	防城港市	16.74	76.26	73.12	9.86	2.17	42.59
204	衡阳市	88.69	76.93	69.88	20.01	2.09	42.58
205	鄂州市	26.98	81.33	66.72	22.14	2.09	42.56
206	张家界市	20.12	65.00	77.00	18.04	2.14	42.50
207	驻马店市	58.58	41.55	90.01	19.59	1.99	42.47
208	鄂尔多斯市	108.23	65.94	58.46	84.00	1.15	42.45
209	临夏州	24.50	66.30	72.00	34.55	0.73	42.17
210	黔东南州	79.59	26.59	92.31	38.63	1.62	42.06
211	武威市	36.14	61.00	71.70	40.80	1.89	42.04

（续表）

序号	地方	缴存余额（亿元）	当年提取使用率（%）	个贷率（%）	个贷市场占有率（%）	增值收益率（%）	综合发展指数
212	信阳市	55.65	35.65	91.24	21.29	2.30	42.00
213	铁岭市	39.77	42.44	87.39	22.00	1.53	41.81
214	西双版纳州	34.40	50.99	78.99	32.56	1.85	41.75
215	随州市	22.29	50.82	78.51	33.93	1.95	41.72
216	佳木斯市	50.97	61.01	69.08	46.81	1.62	41.63
217	孝感市	61.00	61.00	76.84	18.90	1.70	41.58
218	朔州市	31.27	57.16	65.54	61.40	2.54	41.40
219	塔城地区	25.60	57.89	74.00	32.10	2.00	41.39
220	阿里地区	8.32	48.00	64.00	93.00	0.16	41.36
221	喀什地区	77.71	63.60	53.75	92.40	1.20	41.19
222	铜川市	17.75	76.74	61.69	34.48	2.28	41.19
223	延边州	82.20	69.60	65.30	33.60	2.20	40.91
224	雅安市	34.21	65.63	66.85	36.88	1.71	40.81
225	昭通市	85.41	70.53	61.38	43.68	1.94	40.64
226	海南州	12.44	72.01	50.56	67.39	4.95	40.57
227	达州市	64.00	63.39	67.12	35.89	1.94	40.44
228	邢台市	80.59	58.60	76.06	15.68	1.51	40.44
229	荆州市	75.68	65.38	66.03	36.00	1.80	40.42
230	乌兰察布市	46.25	69.51	63.39	36.75	1.79	40.39
231	中卫市	17.13	65.41	69.42	22.66	2.04	40.36
232	郴州市	82.85	43.22	80.68	25.97	2.37	40.31
233	中山市	83.59	75.89	70.30	—	1.41	40.29
234	吴忠市	29.34	69.80	59.96	47.40	1.57	40.24
235	荆门市	66.27	64.65	76.49	—	1.52	40.23
236	伊春市	21.43	53.36	64.08	64.40	1.90	40.21
237	黄石市	82.32	56.64	70.15	37.23	1.66	40.18
238	延安市	58.22	64.40	62.97	45.45	1.55	40.01
239	保定市	149.30	48.79	80.48	14.95	1.41	39.91
240	迪庆州	22.75	31.10	69.27	90.00	1.23	39.90
241	临沧市	40.65	43.88	71.71	53.00	2.03	39.89
242	承德市	79.60	59.44	73.61	15.68	1.70	39.81
243	商丘市	54.96	38.72	83.02	20.37	2.30	39.64
244	东营市	167.25	106.29	45.58	17.81	1.83	39.63
245	德州市	72.68	51.01	78.27	13.51	1.79	39.57
246	松原市	76.52	87.60	54.70	23.00	1.47	39.48
247	锦州市	78.33	61.92	63.54	43.54	1.30	39.43
248	定西市	42.97	46.05	73.74	38.72	1.44	39.40
249	周口市	39.31	40.77	76.95	37.60	1.15	39.25
250	海西州	26.82	74.97	42.92	89.63	0.62	39.20

（续表）

序号	地方	缴存余额（亿元）	当年提取使用率（%）	个贷率（%）	个贷市场占有率（%）	增值收益率（%）	综合发展指数
251	牡丹江市	51.90	69.85	62.20	29.09	1.45	39.16
252	萍乡市	35.02	52.96	70.07	31.33	2.50	39.12
253	滨州市	65.01	48.08	77.77	16.81	1.35	38.99
254	平凉市	54.74	43.87	70.09	52.83	0.99	38.94
255	东莞市	238.66	84.23	60.27	5.68	0.96	38.84
256	宝鸡市	62.29	69.11	62.59	25.95	1.45	38.83
257	晋中市	36.04	39.15	78.55	25.47	2.51	38.75
258	齐齐哈尔市	86.50	42.70	77.00	26.90	1.40	38.67
259	巴中市	43.54	34.70	78.88	33.41	1.55	38.43
260	本溪市	54.04	55.80	70.65	18.75	1.39	38.25
261	辽源市	19.50	41.89	69.98	47.12	0.85	37.88
262	济源市	20.96	26.64	81.68	31.12	1.70	37.62
263	揭阳市	48.10	61.84	62.28	29.58	1.37	37.60
264	黄南州	9.31	66.81	51.34	57.23	1.35	37.53
265	绵阳市	119.35	66.58	60.93	21.74	1.95	37.50
266	抚州市	54.53	41.84	76.05	13.15	2.33	37.12
267	和田地区	42.05	60.38	52.02	64.10	1.20	37.11
268	恩施州	59.28	58.49	61.83	31.00	1.85	37.09
269	广安市	24.80	35.05	79.89	11.84	1.18	36.57
270	海东市	26.04	67.23	51.42	46.20	1.41	36.56
271	凉山州	103.49	61.92	50.47	50.14	2.79	36.04
272	酒泉市	41.26	75.44	49.02	31.98	1.56	35.99
273	鹤岗市	33.93	90.00	38.84	39.21	0.88	35.82
274	聊城市	97.02	56.84	64.41	8.79	2.05	35.51
275	咸宁市	47.40	44.81	60.77	38.44	1.74	34.68
276	嘉峪关市	24.25	118.70	23.96	17.69	2.17	34.65
277	金昌市	34.48	112.88	25.47	24.15	1.50	34.43
278	广元市	54.65	42.92	63.65	29.46	1.68	34.40
279	陇南市	42.03	18.40	71.73	46.20	1.66	33.99
280	石嘴山市	23.47	76.49	42.31	27.75	1.63	33.45
281	菏泽市	78.38	40.87	65.50	14.50	1.85	33.20
282	哈密市	49.37	63.78	43.00	45.00	1.23	32.74
283	吕梁市	27.44	42.79	62.57	19.25	0.68	32.62
284	黄冈市	82.26	50.28	55.73	20.43	1.51	32.13
285	林芝市	12.17	57.68	44.11	50.03	0.26	32.07
286	南阳市	108.00	40.40	58.00	23.00	1.20	31.10
287	黑河市	46.13	37.20	53.54	42.79	1.51	30.99
288	鸡西市	39.31	59.59	48.60	14.25	1.20	30.77
289	山南市	17.61	48.00	40.00	70.00	0.20	30.67

（续表）

序号	地方	缴存余额（亿元）	当年提取使用率（%）	个贷率（%）	个贷市场占有率（%）	增值收益率（%）	综合发展指数
290	神农架林区	3.20	29.80	53.68	56.56	0.73	30.66
291	汕尾市	18.74	80.56	35.43	12.23	1.01	30.09
292	晋城市	46.19	25.38	57.63	36.86	2.62	29.85
293	辽阳市	51.52	45.31	50.52	22.93	1.80	29.67
294	十堰市	107.72	56.64	41.43	19.68	2.13	28.54
295	白山市	31.36	90.00	23.00	20.00	1.00	28.40
296	昌都市	22.12	44.48	34.64	67.50	0.94	28.10
297	绥化市	47.36	33.91	51.22	21.67	1.15	27.28
298	天门市	11.05	38.32	45.16	27.53	1.85	26.87
299	那曲地区	20.91	29.00	51.76	—	0.14	23.97
300	双鸭山市	39.80	43.80	22.60	68.45	0.73	23.77
301	仙桃市	11.81	48.63	32.06	8.80	2.23	22.61
302	潜江市	34.38	62.86	24.31	4.20	1.66	22.08
303	大兴安岭	14.26	35.66	21.32	39.56	1.87	19.20
304	果洛州	5.29	50.18	25.14	7.11	-3.21	18.42
305	七台河市	25.81	52.00	10.03	20.00	0.91	16.23

第二部分

2017 年度全国住房公积金发展评价报告

一、住房公积金发展评价指标体系

本研究报告基础数据均来源于住房和城乡建设部住房公积金监督管理司主编的《2017 全国住房公积金年度报告汇编》（中国建筑工业出版社，2018 年 12 月）。课题以省域（包括自治区和新疆生产建设兵团，下同）和设区城市（包括直辖市、副省级城市和省会城市、地级市和地区州盟等行政区域）为研究对象，通过比较研究法对住房公积金各项基础数据进行分类研究，按发展指标排序对比，并进行管理经营水平分析，从而全面准确反映我国住房公积金事业发展现状，为管理决策提供参考。

我国住房公积金管理体制为，全国和省自治区设监督管理机构，设区市（地区州盟）设管理决策机构（住房公积金管理委员会）和管理运营机构（住房公积金管理中心），地市以下实行垂直管理，即以设区市（地区州盟）为基本管理单位。因此本课题在对省域住房公积金综合管理指标作普遍性分析的基础上，重点对城市和地级行政区域住房公积金管理现状进行比较研究。到 2017 年年底，全国共有住房公积金管理中心 342 个。由于海南省住房公积金实行了统一管理体制，统计数字按全省口径统一上报，故城市中不含海南省各城市。新疆生产建设兵团统一设立 1 个住房公积金管理中心，纳入省域统计。因此，本课题统计研究对象为全国性 1 个，省级 28 个（不含台、港、澳），直辖市 4 个，副省级城市和省会城市 31 个，地市州盟 305 个，共计 369 个。

根据我国住房公积金事业发展实际和《全国住房公积金年度报告》披露的基本内容，住房公积金发展指标评价体系设置 4 个一级指标，17 个二级指标，具体见表 2-1-1。按照省和自治区（含新疆生产建设兵团）、直辖市、副省级城市和省会城市、地市州盟 4 种管理类型进行分类比较研究，最后给出管理指标排序和评价。所有数字均保留到小数点后两位。

表 2-1-1　住房公积金发展评价指标体系

一级指标	二级指标	单位
缴存指标	实缴单位数	万个
	实缴职工数	万人
	本年缴存额	亿元
	缴存总额	亿元
	缴存余额	亿元
提取指标	本年提取额	亿元
	全部提取额	亿元
贷款指标	当年发放贷款额	亿元
	累计发放贷款额	亿元
	贷款余额	亿元
	个贷率	%
	个贷市场占有率	%
效益指标	业务收入	亿元
	业务支出	亿元
	管理费用	万元
	增值收益	亿元
	增值收益率	%

二、住房公积金缴存指标比较

住房公积金缴存指标分为 5 个二级指标：实缴单位数、实缴职工数、本年缴存额、缴存总额和缴存余额。缴存总额反映了该地方自建立住房公积金制度以来，单位和职工累计缴存的资金数额；而缴存余额则反映了该地方账面留置的住房公积金总额，是一个地方资金规模大小的客观反映。列表以缴存余额排序。

（一）全国住房公积金缴存情况

全国住房公积金缴存比较见表 2-2-1。

全年住房公积金实缴单位 262.33 万个，实缴职工 13737.22 万人，分别比上年增长 10.11% 和 5.15%。全年净增实缴单位 24.08 万个，净增实缴职工 672.72 万人。全年住房公积金缴存额 18726.74 亿元，比上年增长 13.06%。年末缴存总额 124845.12 亿元，扣除提取后的缴存余额 51620.74 亿元，分别比上年年末增长 17.68% 和 13.13%。

表 2-2-1　2017 年全国住房公积金缴存比较表

年度	实缴单位数（万个）	实缴职工数（万人）	本年缴存额（亿元）	缴存总额（亿元）	缴存余额（亿元）
2016	238.25	13064.50	16562.88	106091.76	45627.85
2017	262.33	13737.22	18726.74	124845.12	51620.74
年增长率（%）	10.11	5.15	13.06	17.68	13.13

（二）省、自治区和新疆生产建设兵团住房公积金缴存比较

省、自治区和新疆生产建设兵团住房公积金缴存情况见表 2-2-2。

在 28 个省级单位中，本年缴存额超千亿元的有 4 个：广东、江苏、浙江、山东；在 700 亿～1000 亿元之间的有 2 个：四川、辽宁；在 500 亿～700 亿元之间的有 6 个；在 400 亿～500 亿元之间的有 2 个；在 300 亿～400 亿元之间的有 7 个；在 200 亿～300 亿元之间的有 2 个；在 100 亿～200 亿元之间的有 1 个；在 100 亿元以下的有 4 个。从缴存总额上看，广东超过了 12000 亿元，江苏超过了 10000 亿元，浙江、山东超过了 6000 亿元；在 3000 亿～6000 亿元之间的有 8 个；在 2000 亿～3000 亿元之间的有 8 个；在 1000 亿～2000 亿元之间的有 3 个；千亿元以下的有 5 个省区和单位。从缴存余额上看，广东超 4000 亿元，江苏、山东超 3000 亿元，4 个省规模超 2000 亿元，11 个省规模超千亿元，其余 10 个省区和单位规模在 1000 亿元以下。

表 2-2-2　2017 年省、自治区和新疆生产建设兵团住房公积金缴存情况表

序号	地区	实缴单位数（万个）	实缴职工数（万人）	本年缴存额（亿元）	缴存总额（亿元）	缴存余额（亿元）
1	广东	32.11	1788.57	2035.20	12970.40	4665.83
2	江苏	26.64	1232.35	1562.51	10013.24	3850.16
3	山东	12.98	894.06	1042.01	6857.75	3099.63
4	浙江	19.54	716.30	1191.00	7991.10	2866.90
5	四川	10.37	598.08	878.01	5417.74	2422.48
6	辽宁	8.46	476.56	702.96	5691.71	2263.10
7	湖北	6.83	465.33	666.91	4034.02	2024.75
8	河南	7.54	736.08	603.66	3860.69	1907.77
9	河北	5.58	477.99	545.88	3854.02	1778.10
10	湖南	6.06	405.48	530.46	3194.45	1621.57
11	安徽	5.65	405.38	546.29	4187.26	1513.11
12	福建	10.53	374.02	523.77	3530.81	1375.06
13	云南	4.76	257.20	465.45	2947.37	1297.34
14	黑龙江	3.81	281.69	375.92	2835.30	1283.38
15	内蒙古自治区	3.70	230.76	345.33	2324.36	1170.93
16	陕西	5.27	367.74	400.13	2777.21	1148.40
17	江西	4.46	258.20	346.92	1971.63	1038.74
18	吉林	3.61	239.43	297.97	2163.43	1017.82
19	广西壮族自治区	5.05	279.82	377.65	2503.18	995.93
20	新疆维吾尔自治区	3.15	177.65	337.05	2352.43	970.87
21	山西	4.42	336.96	356.44	2365.38	911.14
22	甘肃	3.09	181.89	249.87	1686.23	882.17
23	贵州	3.87	238.04	315.99	1695.15	865.91
24	海南	2.36	99.58	110.83	704.91	339.40
25	青海	0.84	49.64	94.82	656.32	288.73
26	宁夏回族自治区	0.94	59.57	95.25	688.97	264.56
27	西藏自治区	0.41	32.60	73.70	407.31	220.62
28	新疆生产建设兵团	0.28	26.59	35.52	212.79	112.64

（三）直辖市住房公积金缴存比较

直辖市住房公积金缴存情况见表 2-2-3。

北京、上海各项指标远高于天津、重庆。但从人均本年缴存额看，北京为2.34万元、天津1.67万元、上海 1.40 万元、重庆 1.37 万元，上海市明显偏低，可能与其广建制、低缴存、中小企业较多有关。

表 2-2-3　2017 年直辖市住房公积金缴存情况表

序号	城市	实缴单位数（万个）	实缴职工数（万人）	本年缴存额（亿元）	缴存总额（亿元）	缴存余额（亿元）
1	北京	15.83	732.23	1711.59	11116.27	3719.37
2	上海	35.24	809.91	1133.69	8248.83	3578.39
3	天津	5.71	260.90	436.30	3481.40	1232.80
4	重庆	3.21	246.40	337.68	2103.34	893.12

（四）副省级、省会城市住房公积金缴存比较

副省级、省会城市住房公积金缴存情况见表 2-2-4。

在 31 个副省级城市和省会城市中（不含海口），广州和深圳明显领先，缴存余额、本年缴存额超过直辖市中的天津、重庆。在 31 个城市中，缴存余额超千亿元的有 3 个：广州、深圳、成都；缴存余额在 800 亿～ 1000 亿元之间的有 3 个；缴存余额在 500 亿～ 800 亿元之间的有 9 个；在 300 亿～ 500 亿元之间的有 11 个；在 100 亿～ 300 亿元之间的有 4 个；在 100 亿元以下的有 1 个。从缴存总额上看，超过千亿元的有 19 个；在 500 亿～ 1000 亿元之间的有 9 个。从本年缴存额看，超 600 亿元的为广州市，在 500 亿～ 600 亿元之间的为深圳市，展示了珠三角的经济实力和住房公积金制度的普及度；在 300 亿～ 500 亿元之间的有 4 个；在 100 亿～ 300 亿元之间的有 19 个；100 亿元以下的有 6 个。

表 2-2-4　2017 年副省级、省会城市住房公积金缴存情况表

序号	城市	实缴单位数（万个）	实缴职工数（万人）	本年缴存额（亿元）	缴存总额（亿元）	缴存余额（亿元）
1	广州	7.36	425.10	678.28	5165.85	1473.96
2	深圳	13.38	605.97	566.85	2475.44	1366.86
3	成都	4.39	289.98	396.29	2505.47	1027.06
4	武汉	2.40	205.31	327.15	2084.91	982.92
5	南京	4.24	220.04	347.65	2346.50	932.88
6	杭州	7.01	245.50	432.70	2815.10	910.30
7	沈阳	2.32	135.04	234.24	1894.01	755.16
8	西安	1.71	184.20	213.27	1512.54	621.74
9	大连	3.28	128.27	218.87	1701.99	616.24
10	济南	1.96	136.41	198.92	1373.97	596.40
11	郑州	1.87	277.05	201.15	1337.66	595.46
12	长沙	1.58	137.42	176.29	1068.58	546.14
13	青岛	4.01	151.74	195.11	1407.29	521.48
14	长春	1.30	114.59	155.42	1163.69	518.89
15	哈尔滨	1.26	115.00	175.88	1293.76	506.16
16	宁波	3.08	132.45	204.84	1396.66	458.13

（续表）

序号	城市	实缴单位数（万个）	实缴职工数（万人）	本年缴存额（亿元）	缴存总额（亿元）	缴存余额（亿元）
17	昆明	1.42	96.46	163.52	1130.31	430.98
18	石家庄	1.07	90.78	121.75	799.57	410.10
19	福州	1.93	89.83	150.66	1019.37	386.33
20	合肥	1.23	114.79	157.16	1126.39	375.62
21	太原	0.95	104.24	132.80	939.41	374.30
22	南宁	1.13	80.30	121.34	813.82	328.14
23	兰州	0.78	64.96	92.64	726.83	321.66
24	南昌	0.89	72.25	118.39	727.24	319.19
25	乌鲁木齐	0.59	47.36	106.26	769.52	312.08
26	厦门	3.17	107.68	129.50	832.01	306.36
27	呼和浩特	0.58	51.47	89.31	674.62	290.04
28	贵阳	1.41	86.63	97.34	561.53	254.13
29	银川	0.52	37.37	60.22	453.38	161.28
30	西宁	0.34	29.21	51.35	353.37	149.16
31	拉萨	0.05	3.97	10.16	54.93	31.47

（五）地市州盟住房公积金缴存比较

地市州盟住房公积金缴存情况见表2-2-5。

在全国305个地市州盟中，苏州各项指标远超其他城市。缴存余额过百亿元的城市由去年的55个升至70个，缴存总额过300亿元的城市由去年的32个升至42个。从缴存余额上看，苏州最高，达到728.54亿元；在400亿～500亿元之间的有1个：无锡；在200亿～400亿元之间的有12个。在缴存总额上，苏州超2000亿元，超1000亿元的为无锡；在500亿～1000亿元之间的城市有13个。值得关注的是石油、矿山等资源型城市，尽管其职工人数不多，并不处于发达地区，但由于收入水平较高，住房公积金缴交基数比较高，因而跻身缴存总额大户行列，例如大庆、盘锦、淮南、平顶山、包头、克拉玛依等。

从地域分布上看，在缴存余额过200亿元的14个城市中，江苏省占5个、山东省占3个，浙江省、广东省各占2个，河北省、黑龙江省各占1个。这在一定程度上反映了各省的经济发展水平和城市住房公积金事业发展状况。

缴存余额在100亿元以下的地市州盟从去年的250个减少至235个，缴存总额在200亿元以下的城市有216个。其中缴存余额在50亿元以下的有103个；缴存余额在30亿元以下的有44个；缴存余额在10亿元以下的有3个。

表 2-2-5 2017 年地市州盟住房公积金缴存情况表

序号	地方	实缴单位数（个）	实缴职工数（万人）	本年缴存额（亿元）	缴存总额（亿元）	缴存余额（亿元）
1	苏州市	73505	342.90	391.50	2235.31	728.54
2	无锡市	42277	144.57	170.06	1145.25	476.42
3	温州市	18479	58.98	104.76	736.80	341.54
4	徐州市	11459	58.94	94.79	716.58	316.24
5	唐山市	5827	66.29	77.30	631.43	305.19
6	常州市	23961	84.53	106.94	686.52	274.48
7	东莞市	33492	151.74	108.90	729.75	273.02
8	南通市	17630	80.20	102.99	695.16	255.78
9	大庆市	3494	44.40	69.35	696.19	255.16
10	佛山市	10279	131.13	122.96	797.70	245.02
11	烟台市	9736	80.20	83.56	513.50	241.05
12	济宁市	7969	56.65	65.58	443.09	217.37
13	淄博市	6215	55.48	58.28	379.60	216.69
14	嘉兴市	17619	58.63	87.23	566.66	202.87
15	台州市	8891	42.30	73.25	471.36	196.75
16	金华市	11077	43.60	68.67	469.98	193.56
17	泉州市	19296	48.10	71.25	493.24	191.11
18	绍兴市	10256	47.60	71.78	505.68	186.35
19	洛阳市	6260	52.51	59.70	412.26	184.89
20	潍坊市	6691	60.74	62.10	387.92	182.42
21	扬州市	10804	56.56	66.99	459.23	180.62
22	保定市	5957	57.64	57.68	388.22	177.70
23	沧州市	7081	51.46	58.31	429.09	172.53
24	临沂市	5413	60.74	69.29	323.45	165.56
25	东营市	2603	35.48	55.25	515.37	161.03
26	赣州市	7070	37.03	43.77	243.82	154.75
27	包头市	3046	29.43	39.03	285.19	154.17
28	吉林市	5222	32.62	46.08	347.47	148.29
29	惠州市	6225	60.65	63.93	395.25	145.91
30	淮南市	3151	26.40	37.44	412.96	142.52
31	平顶山市	3446	36.86	30.23	262.98	142.25
32	邯郸市	4373	42.42	38.75	302.98	140.77
33	湛江市	7270	34.70	49.84	356.01	137.88
34	绵阳市	4654	27.94	46.78	283.73	136.83
35	赤峰市	4019	26.80	38.92	247.80	136.49
36	宜昌市	5621	37.31	51.14	305.94	135.36
37	遵义市	4361	34.32	53.74	266.62	134.65
38	湖州市	14420	37.68	48.22	343.99	133.13

（续表）

序号	地方	实缴单位数（个）	实缴职工数（万人）	本年缴存额（亿元）	缴存总额（亿元）	缴存余额（亿元）
39	连云港市	6793	36.72	48.73	304.11	130.36
40	泰州市	8291	41.52	45.94	291.13	128.83
41	鞍山市	3359	26.96	36.86	381.53	128.54
42	南阳市	5301	46.81	33.32	203.70	127.89
43	盐城市	10711	52.46	63.68	361.40	127.77
44	鄂尔多斯市	3699	21.60	29.23	188.75	121.01
45	十堰市	3671	26.13	34.96	232.98	120.84
46	镇江市	9095	35.69	47.55	338.65	120.60
47	凉山州	3600	18.67	36.02	223.56	118.14
48	曲靖市	2951	20.89	45.39	268.22	117.70
49	株洲市	3150	27.84	39.20	257.82	117.28
50	威海市	5212	34.93	35.09	225.15	116.87
51	宜宾市	4281	23.76	39.00	245.36	116.59
52	廊坊市	3979	39.35	44.17	279.38	114.48
53	柳州市	4608	32.16	45.54	346.58	114.29
54	桂林市	5636	27.63	37.38	280.63	113.60
55	岳阳市	4255	26.21	35.30	211.54	113.53
56	襄阳市	4589	30.87	37.16	216.63	111.68
57	芜湖市	3748	42.91	41.98	308.51	109.35
58	聊城市	4007	37.18	28.10	170.77	109.20
59	红河州	4204	19.40	35.10	242.09	108.55
60	通辽市	3227	18.44	26.34	165.51	107.22
61	常德市	4514	27.06	35.70	220.95	107.22
62	秦皇岛市	3304	28.74	31.83	269.53	107.12
63	淮安市	5448	48.80	49.47	301.46	106.33
64	江门市	6139	33.90	47.63	366.70	106.22
65	枣庄市	2793	25.74	32.71	218.41	105.41
66	淮北市	1124	19.96	29.74	288.30	104.98
67	上饶市	4619	21.28	30.62	159.61	104.76
68	张家口市	4567	27.39	36.33	245.50	103.62
69	德阳市	2926	20.33	32.03	252.08	102.04
70	汕头市	4124	26.56	37.39	267.24	100.98
71	茂名市	4183	23.92	33.75	233.91	99.29
72	邵阳市	4193	20.86	30.16	156.62	99.28
73	齐齐哈尔市	3526	21.18	26.06	168.44	99.09
74	珠海市	9331	91.05	66.26	500.75	98.54
75	郴州市	3954	21.59	31.04	178.27	97.93
76	阜阳市	3773	25.19	28.57	197.93	97.90

（续表）

序号	地方	实缴单位数（个）	实缴职工数（万人）	本年缴存额（亿元）	缴存总额（亿元）	缴存余额（亿元）
77	中山市	5536	40.62	41.50	273.72	97.67
78	安庆市	3838	21.93	33.81	250.05	97.19
79	丽水市	5839	16.84	34.18	242.68	96.49
80	昭通市	2439	14.69	28.38	164.87	96.24
81	衡阳市	3678	29.94	32.82	204.43	95.66
82	黔东南州	4375	16.37	28.20	150.93	95.40
83	喀什地区	2580	19.26	33.06	185.47	95.40
84	泰安市	3896	42.20	33.57	232.38	95.10
85	黄冈市	4206	21.69	31.52	161.90	95.07
86	菏泽市	3477	29.60	28.88	143.61	95.07
87	漳州市	7073	25.74	35.26	236.26	94.66
88	邢台市	3363	29.88	30.67	202.11	93.50
89	盘锦市	1792	22.08	33.69	298.65	92.86
90	承德市	3492	24.93	29.99	195.22	92.37
91	三明市	7031	21.57	31.48	234.84	91.11
92	榆林市	5944	28.12	37.31	198.95	90.70
93	黄石市	2881	18.45	23.34	153.52	90.68
94	呼伦贝尔市	4793	20.09	40.77	218.74	90.10
95	九江市	5139	31.38	30.94	183.16	89.89
96	延边州	3840	20.42	25.06	160.84	89.71
97	马鞍山市	2477	20.25	32.13	282.59	89.27
98	乐山市	4757	21.28	31.41	205.81	87.79
99	永州市	4333	23.60	27.36	150.97	87.74
100	抚顺市	2105	18.83	23.75	223.92	87.65
101	荆州市	5733	30.33	30.15	167.44	86.75
102	德州市	4513	35.22	28.89	138.81	86.67
103	吉安市	6176	22.76	27.99	146.59	85.77
104	锦州市	3117	18.59	20.08	154.66	84.93
105	松原市	2923	16.13	20.70	174.90	84.70
106	濮阳市	2723	26.58	28.89	219.80	81.39
107	克拉玛依市	1309	16.11	32.51	322.69	81.34
108	衢州市	4666	18.83	37.38	255.48	81.28
109	怀化市	5468	17.88	25.16	143.84	80.49
110	伊犁州	3270	15.52	24.94	158.28	79.09
111	商丘市	3122	28.35	24.84	128.21	79.08
112	韶关市	4039	21.27	31.67	248.76	78.91
113	宝鸡市	4090	27.38	25.89	205.02	78.20
114	南充市	4672	21.65	32.35	177.37	77.95
115	新乡市	3123	28.14	24.14	142.05	77.81

（续表）

序号	地方	实缴单位数（个）	实缴职工数（万人）	本年缴存额（亿元）	缴存总额（亿元）	缴存余额（亿元）
116	焦作市	3772	25.60	24.12	149.54	77.56
117	滨州市	3565	21.58	23.50	124.18	77.06
118	荆门市	3242	16.58	24.47	144.09	77.00
119	宜春市	3934	22.78	28.38	151.64	76.61
120	宁德市	4251	22.13	25.50	163.76	76.44
121	南平市	5609	17.65	25.87	176.26	76.43
122	清远市	2937	21.94	34.76	221.76	76.34
123	临汾市	5133	27.57	25.00	152.78	76.23
124	龙岩市	5257	20.13	28.20	206.51	76.18
125	达州市	3701	17.96	28.07	150.03	75.83
126	毕节市	3627	23.43	24.93	135.04	75.72
127	六安市	3679	20.73	25.01	172.56	75.65
128	孝感市	4192	23.00	25.00	131.00	75.00
129	葫芦岛市	1006	15.71	18.06	131.13	74.99
130	驻马店市	3940	25.80	26.60	126.69	74.61
131	咸阳市	5123	36.28	26.97	177.15	74.57
132	昌吉州	2537	13.27	22.23	147.00	73.93
133	黔南州	3214	15.61	27.13	136.97	73.82
134	泸州市	3188	21.97	31.36	174.34	73.17
135	日照市	3056	20.02	28.18	151.67	72.93
136	攀枝花市	1685	15.14	19.84	175.51	72.24
137	铜仁市	2999	15.41	24.63	111.38	71.96
138	宿迁市	4033	29.27	26.21	131.93	71.28
139	铁岭市	3206	16.04	17.18	147.49	71.15
140	信阳市	4507	24.65	24.14	114.26	71.08
141	恩施州	2782	13.53	26.33	119.41	70.30
142	益阳市	2536	19.31	25.74	144.43	70.09
143	安阳市	3267	22.35	23.24	169.34	69.99
144	玉林市	3555	22.54	25.22	149.51	69.93
145	莆田市	5283	19.60	22.90	151.60	69.73
146	营口市	2460	16.08	17.41	126.62	69.10
147	玉溪市	3317	12.77	26.68	188.37	68.91
148	大同市	3353	29.88	35.72	240.20	68.68
149	延安市	5571	20.96	23.41	199.06	68.28
150	蚌埠市	2627	17.88	21.99	180.28	68.18
151	朝阳市	2594	16.93	17.63	118.78	68.04
152	梅州市	3523	22.52	27.29	159.03	68.02
153	晋城市	2401	26.56	25.78	175.41	67.52
154	大理州	3164	14.65	25.85	155.18	67.24

（续表）

序号	地方	实缴单位数（个）	实缴职工数（万人）	本年缴存额（亿元）	缴存总额（亿元）	缴存余额（亿元）
155	滁州市	3810	21.60	26.99	194.47	66.59
156	舟山市	3315	13.90	28.04	186.69	66.43
157	广元市	2738	13.06	19.14	102.41	65.60
158	肇庆市	3608	23.35	29.85	186.59	65.40
159	娄底市	1768	17.28	20.05	129.83	64.57
160	抚州市	3365	14.37	18.96	93.30	64.54
161	湘潭市	1991	17.01	24.38	176.38	64.23
162	长治市	4141	25.66	24.85	173.87	64.06
163	平凉市	2476	10.40	14.98	94.30	63.73
164	巴彦淖尔市	2293	13.93	17.74	121.22	62.59
165	宿州市	2555	15.31	20.66	138.49	62.26
166	运城市	3932	26.38	21.81	133.33	62.24
167	巴音郭楞州	3460	13.53	23.62	156.86	61.36
168	本溪市	2660	20.44	17.88	168.56	61.33
169	辽阳市	1787	13.55	17.89	143.31	60.95
170	许昌市	2980	21.95	22.41	118.59	60.89
171	衡水市	3153	19.11	19.09	110.97	60.72
172	渭南市	3525	24.70	21.94	160.99	59.64
173	亳州市	2353	12.52	20.44	134.78	59.07
174	甘孜州	2012	7.28	17.83	104.63	59.05
175	文山州	2808	12.42	20.61	119.26	58.77
176	百色市	3509	16.67	24.44	151.14	58.62
177	自贡市	2305	12.65	19.92	120.71	58.50
178	内江市	1980	12.50	16.59	107.50	58.36
179	保山市	2097	10.43	17.01	93.66	57.39
180	佳木斯市	2474	11.99	15.44	100.33	57.35
181	普洱市	2446	9.71	19.78	106.81	56.98
182	六盘水市	1393	15.90	21.73	130.95	56.83
183	牡丹江市	2649	16.01	16.58	107.45	56.15
184	黔西南州	1825	13.83	19.69	102.26	56.10
185	汉中市	3492	16.20	20.35	128.73	55.97
186	丹东市	2628	14.28	16.97	119.75	55.93
187	揭阳市	1769	15.41	19.63	125.15	55.76
188	绥化市	3141	14.95	14.57	85.08	55.70
189	咸宁市	2221	11.20	16.98	84.24	54.48
190	哈密市	1348	7.02	15.82	124.16	54.37
191	三门峡市	2698	18.09	17.52	118.98	54.03
192	湘西州	2958	12.10	17.41	91.94	53.47

（续表）

序号	地方	实缴单位数（个）	实缴职工数（万人）	本年缴存额（亿元）	缴存总额（亿元）	缴存余额（亿元）
193	周口市	3439	34.36	18.52	86.81	53.08
194	铜陵市	2444	14.28	27.40	150.24	52.35
195	阿克苏地区	2633	11.45	21.28	127.28	52.11
196	黑河市	1784	9.01	10.76	74.59	52.07
197	巴中市	3090	11.64	15.48	72.83	52.02
198	晋中市	3848	20.46	22.00	113.90	51.85
199	陇南市	2503	10.51	12.39	61.72	51.13
200	乌兰察布市	2576	13.40	14.23	82.87	50.83
201	白银市	1295	11.63	12.65	96.08	50.80
202	天水市	2461	13.24	19.51	90.77	50.40
203	临沧市	1873	8.84	15.40	80.94	49.88
204	定西市	1788	11.23	14.46	70.93	49.35
205	眉山市	2938	13.25	20.76	110.42	49.21
206	通化市	3008	15.99	13.01	83.23	48.42
207	河池市	2968	14.52	21.18	120.72	48.03
208	锡林郭勒盟	2749	10.47	15.96	101.96	47.99
209	庆阳市	2366	11.97	13.11	72.97	47.70
210	开封市	2611	19.54	13.64	79.29	47.42
211	宣城市	3427	13.80	19.13	158.04	46.94
212	双鸭山市	1403	10.97	10.65	65.09	45.84
213	和田地区	1801	8.46	15.04	94.73	45.13
214	漯河市	2395	23.23	13.07	68.19	45.02
215	梧州市	3025	16.90	15.78	104.68	44.92
216	鸡西市	1462	10.43	11.36	67.12	44.39
217	四平市	2705	13.72	12.45	72.62	44.20
218	酒泉市	2029	7.27	11.92	96.07	44.13
219	兴安盟	1963	12.10	15.55	88.96	44.08
220	安顺市	1972	10.92	16.77	95.09	43.62
221	遂宁市	2029	11.91	15.29	75.67	43.54
222	吕梁市	4243	31.14	20.78	107.03	43.37
223	萍乡市	1568	10.26	14.55	70.66	42.83
224	云浮市	2847	11.63	15.22	104.70	42.49
225	阿坝州	1914	7.70	16.30	86.09	42.12
226	安康市	2781	10.67	13.12	78.41	42.06
227	阳江市	2505	13.41	17.41	99.35	41.84
228	日喀则市	224	4.08	11.49	60.53	41.74
229	楚雄州	2418	11.36	20.42	133.72	41.42
230	武威市	1474	6.95	11.70	69.38	40.51

（续表）

序号	地方	实缴单位数（个）	实缴职工数（万人）	本年缴存额（亿元）	缴存总额（亿元）	缴存余额（亿元）
231	贵港市	2791	13.64	16.08	92.86	40.00
232	景德镇市	1508	10.18	12.86	71.79	39.52
233	河源市	2620	15.19	18.82	114.43	39.50
234	西双版纳州	1471	6.22	10.97	65.74	39.44
235	莱芜市	970	10.15	14.99	108.57	39.32
236	钦州市	2383	12.71	14.95	86.48	39.02
237	雅安市	1999	8.63	14.61	89.60	37.98
238	张掖市	1943	6.49	10.51	61.96	37.94
239	金昌市	652	6.35	8.47	83.08	37.58
240	潜江市	721	7.20	9.17	75.11	37.12
241	黄山市	3316	10.03	13.15	108.78	37.01
242	资阳市	2592	10.35	13.05	74.74	36.64
243	朔州市	2302	11.60	15.70	105.43	36.38
244	阜新市	1841	13.77	12.44	81.28	36.22
245	鹤岗市	912	4.99	5.54	51.69	35.61
246	德宏州	1187	6.04	10.85	57.77	34.71
247	北海市	1989	9.29	11.32	79.42	33.82
248	忻州市	3724	15.67	15.98	104.76	33.57
249	阳泉市	1623	17.84	16.03	119.27	32.93
250	商洛市	2820	9.65	9.20	57.08	32.72
251	白山市	1907	9.94	9.88	70.17	32.58
252	广安市	2764	10.42	15.87	79.86	31.81
253	吴忠市	1199	6.37	9.75	71.81	31.70
254	贺州市	2203	8.68	12.31	64.14	31.11
255	新余市	1016	8.93	11.02	67.77	30.83
256	甘南州	1547	5.86	9.94	54.25	30.70
257	鹤壁市	1712	9.78	8.59	72.45	30.68
258	海西州	1120	6.45	9.79	61.79	30.68
259	塔城地区	1729	6.91	11.38	75.04	30.52
260	潮州市	1860	9.19	12.77	87.73	30.30
261	鹰潭市	1335	6.99	9.40	56.03	30.06
262	临夏州	1849	9.31	9.54	46.78	29.26
263	鄂州市	832	7.19	8.62	59.26	29.26
264	海东市	1122	4.61	9.98	64.45	29.24
265	来宾市	2310	9.20	12.64	86.02	28.49
266	池州市	1826	7.80	10.69	82.89	28.23
267	崇左市	2553	9.54	11.94	74.08	27.53
268	白城市	2285	9.80	8.14	50.48	27.52

（续表）

序号	地方	实缴单位数（个）	实缴职工数（万人）	本年缴存额（亿元）	缴存总额（亿元）	缴存余额（亿元）
269	嘉峪关市	634	5.73	8.06	61.11	27.28
270	固原市	1164	5.18	10.07	61.15	27.25
271	七台河市	869	4.10	5.23	43.72	27.23
272	阿勒泰地区	2012	5.73	9.88	65.14	27.19
273	迪庆州	742	3.00	6.73	34.95	27.11
274	随州市	1877	7.73	9.46	43.50	27.10
275	阿拉善盟	1248	3.82	6.64	60.63	27.03
276	丽江市	1605	7.08	12.18	67.52	26.51
277	乌海市	882	6.00	7.05	52.23	26.41
278	伊春市	2232	12.25	7.95	43.56	25.87
279	那曲市	146	3.06	8.25	42.14	25.64
280	济源市	1080	10.85	6.26	36.14	25.21
281	克孜勒苏州	950	4.69	7.82	44.50	24.84
282	石嘴山市	1004	5.34	7.94	59.77	24.83
283	昌都市	812	3.50	8.60	45.06	23.94
284	张家界市	1975	7.37	9.84	58.84	23.93
285	辽源市	1235	6.20	7.20	40.02	23.50
286	汕尾市	1369	9.31	10.48	60.61	21.92
287	山南市	810	2.97	7.55	41.75	20.60
288	中卫市	893	5.31	7.26	42.86	19.50
289	铜川市	1774	7.73	5.98	43.58	18.74
290	防城港市	1712	6.03	7.53	53.09	18.41
291	吐鲁番市	1030	4.74	7.09	44.37	17.90
292	大兴安岭地区	1242	5.64	5.53	30.70	17.70
293	博尔塔拉州	906	3.59	6.11	37.40	15.61
294	怒江州	673	3.25	6.57	37.68	15.52
295	玉树州	574	1.45	4.12	26.09	14.78
296	林芝市	602	2.29	6.39	32.61	14.27
297	仙桃市	881	4.84	4.89	25.78	14.02
298	天门市	551	3.01	4.57	22.50	13.64
299	海南州	673	1.86	4.30	30.68	13.42
300	满洲里市	777	3.20	4.56	35.86	12.98
301	阿里地区	136	1.28	4.22	20.50	10.76
302	黄南州	621	1.24	2.78	18.83	10.55
303	海北州	587	1.57	3.12	21.47	8.84
304	果洛州	281	1.01	2.51	13.38	6.24
305	神农架林区	346	0.80	1.32	5.70	3.98

三、住房公积金提取使用指标比较

提取使用指标分 2 个二级指标：本年提取额和提取总额（历年全部提取额）。本年提取额是职工当年因购房、偿还房贷、退休等原因提取出去的住房公积金总额；占本年缴存额比例是指本年归集的资金有多少被职工提取使用，反映了当地住房公积金提取使用政策的松紧度；提取总额是指该地方自建立住房公积金制度以来，职工累计提取出去的资金数额。列表以本年提取额占本年缴存额比例（提取使用率）排序。

（一）全国住房公积金提取使用情况

全国住房公积金提取使用情况见表 2-3-1。

全年住房公积金提取额 12729.80 亿元，占全年缴存额的 67.98%，比上年减少 2.22%。年末住房公积金提取总额 73224.38 亿元，占缴存总额的 58.65%，比上年增长 1.66%。

表 2-3-1　2017 年全国住房公积金提取使用情况表

本年提取额（亿元）	占本年缴存额比例（%）	比上年增长（%）	全部提取额（亿元）	占缴存总额比例（%）
12729.80	67.98	9.49	73224.38	58.65

（二）省、自治区和新疆生产建设兵团住房公积金提取使用比较

省、自治区和新疆生产建设兵团住房公积金提取使用情况见表 2-3-2。

28 个省级行政区域内，住房公积金提取使用率在全国平均数以上的有 11 个，最高的安徽省为 80.88%；低于全国平均数的有 17 个，其中山西省最低，只有 39.78%。同比提取额增长率超过 20% 的有 4 个，分别为海南、浙江、新疆建设兵团、西藏，同比减少的有 4 个，分别为陕西、山西、新疆、内蒙古。

表 2-3-2　2017 年省、自治区和新疆生产建设兵团住房公积金提取使用情况表

序号	地区	本年提取额（亿元）	占本年缴存额比例（%）	比上年增长（%）	全部提取额（亿元）	占缴存总额比例（%）
1	安徽	441.83	80.88	0.18	2674.14	63.86
2	浙江	942.30	79.10	23.00	5124.30	64.13
3	宁夏回族自治区	74.54	78.26	10.46	424.41	61.60
4	海南	83.65	75.48	29.99	365.52	51.85
5	江苏	1151.64	73.70	16.56	6163.08	61.55
6	青海	69.00	72.77	16.18	367.59	56.01
7	辽宁	508.30	72.31	0.87	3428.61	60.24
8	广东	1458.17	71.65	10.30	8304.57	64.03

（续表）

序号	地区	本年提取额（亿元）	占本年缴存额比例（%）	比上年增长（%）	全部提取额（亿元）	占缴存总额比例（%）
9	福建	366.54	69.98	7.50	2155.76	61.06
10	广西壮族自治区	260.12	68.88	5.89	1507.25	60.21
11	山东	712.40	68.37	5.77	3758.12	54.80
12	吉林	196.90	66.08	6.26	1145.60	52.95
13	黑龙江	245.53	65.31	11.37	1551.92	54.74
14	内蒙古自治区	224.62	65.04	−3.85	1153.43	49.62
15	四川	564.91	64.34	17.44	2995.26	55.29
16	新疆维吾尔自治区	214.63	63.68	−6.78	1381.56	58.73
17	云南	296.18	63.65	15.88	1650.03	55.98
18	湖北	413.00	61.93	19.61	2009.26	49.81
19	甘肃	151.37	60.58	0.34	804.05	47.68
20	新疆生产建设兵团	21.39	60.21	22.93	100.15	47.07
21	湖南	314.49	59.29	18.39	1572.89	49.24
22	江西	201.57	58.10	12.41	932.89	47.32
23	河北	311.99	57.15	3.13	2075.92	53.86
24	西藏自治区	42.07	57.08	22.65	186.79	45.86
25	贵州	174.60	55.26	13.08	829.24	48.92
26	陕西	220.52	55.11	−21.25	1628.80	58.65
27	河南	332.86	55.10	5.80	1952.92	50.58
28	山西	141.80	39.78	−18.22	1454.24	61.48

（三）直辖市住房公积金提取使用比较

直辖市住房公积金提取使用情况见表 2-3-3。

4 个直辖市提取使用情况基本平稳，没有大起大落。本年提取率天津、北京、重庆均高于全国平均水平，其中天津最高，达到了 83.00%，这一数值也高于各省的当年提取率。重庆当年提取额在直辖市中增长最快，达到了 21.73%。

表 2-3-3 2017 年直辖市住房公积金提取使用情况表

序号	城市	本年提取额（亿元）	占本年缴存额比例（%）	比上年增长（%）	全部提取额（亿元）	占缴存总额比例（%）
1	天津	362.20	83.00	3.70	2248.60	64.59
2	北京	1261.91	73.70	11.50	7396.91	66.54
3	重庆	231.75	68.63	21.73	1210.22	57.54
4	上海	737.09	65.02	11.79	4670.45	56.62

（四）副省级、省会城市住房公积金提取使用比较

副省级、省会城市住房公积金提取使用情况见表 2-3-4。

从表中可以看出，在 31 个副省级城市和省会城市中，当年提取使用率较高的城市有 4 个：杭州、广州、大连、宁波，均在 80% 以上；在 70% ～ 80% 之间的有 10 个；在 60% ～ 70% 之间的有 11 个；在 50% ～ 60% 之间的有 5 个；低于 50% 的城市只有 1 个，太原为 38.17%。

2017 年提取额同比下降的城市有 4 个，为呼和浩特、西安、合肥、厦门。累计总提取率高于 70% 的城市有 1 个：广州，低于 50% 的城市有 4 个。

表 2-3-4　2017 年副省级、省会城市住房公积金提取使用情况表

序号	城市	本年提取额（亿元）	占本年缴存额比例（%）	比上年增长（%）	全部提取额（亿元）	占缴存总额比例（%）
1	杭州	367.70	85.00	29.10	1904.80	67.66
2	广州	557.92	82.25	6.56	3691.89	71.47
3	大连	175.35	80.10	14.50	1085.75	63.79
4	宁波	163.99	80.06	13.57	938.53	67.20
5	银川	47.71	79.20	8.60	292.10	64.43
6	青岛	149.93	76.84	10.54	885.81	62.94
7	济南	150.34	75.58	17.90	777.57	56.59
8	沈阳	173.81	74.21	10.17	1138.85	60.13
9	西宁	38.08	74.16	17.57	204.21	57.79
10	合肥	115.51	73.50	−9.58	750.76	66.65
11	乌鲁木齐	77.42	72.70	11.24	457.44	59.44
12	昆明	118.84	72.56	19.50	699.59	61.89
13	南京	247.15	71.09	6.22	1413.59	60.24
14	福州	105.61	70.10	10.55	633.04	62.10
15	兰州	64.51	69.64	7.53	405.19	55.75
16	南宁	83.63	68.92	9.26	485.67	59.68
17	哈尔滨	120.45	68.48	13.20	787.60	60.88
18	长春	106.08	68.25	12.34	644.80	55.41
19	成都	264.52	66.75	23.76	1478.42	59.01
20	厦门	86.37	66.69	−0.56	525.65	63.18
21	南昌	78.78	66.54	16.64	408.05	56.11
22	贵阳	63.92	65.67	22.45	307.40	54.74
23	武汉	214.52	65.57	21.97	1101.99	52.86
24	呼和浩特	58.30	65.28	−24.24	384.58	57.01
25	郑州	123.71	61.50	6.77	742.21	55.49
26	拉萨	6.07	59.74	20.44	23.46	42.71
27	长沙	96.00	54.46	19.21	522.44	48.89
28	西安	112.76	52.87	−10.66	890.80	58.89

（续表）

序号	城市	本年提取额（亿元）	占本年缴存额比例（%）	比上年增长（%）	全部提取额（亿元）	占缴存总额比例（%）
29	石家庄	64.29	52.80	5.83	389.47	48.71
30	深圳	296.17	52.25	28.07	1108.58	44.78
31	太原	50.69	38.17	5.12	565.10	60.15

（五）地市州盟住房公积金提取使用比较

地市州盟住房公积金提取使用情况见表2-3-5。

在全国305个地市州盟中，提取使用率超过100%的单位由去年的12个减为4个，最高的是山东省东营市，为111.26%；在90%～100%之间的由去年的12个减为6个；在80%～90%之间的由去年的27个减为24个。当年提取使用率高于80%同时总提取使用率高于70%的由去年的6个减到了3个，为克拉玛依市、江门市、宣城市，反映了提取使用上的理性回归。同时，当年提取率低于40%的城市由18个增加至22个，基本为中西部地区，反映了房地产市场低迷，职工购房意愿下降的态势。

在总提取使用率上（全部提取额占缴存总额的比例），超过80%的为珠海市；在70%～80%的有5个；在60%～70%的有67个；低于30%的有4个；其余地市州盟总提取率在30%～59.99%的相对合理区间。对于总提取使用率超过60%的地方，我们认为处于提取政策过于宽松状态，容易带来流动性不足问题，挤压信贷资金空间；而对于总提取使用率低于30%的地方，我们认为处于提取政策连续偏紧和抑制状态。

总体看提取情况在正常区间的地市州盟比去年明显增加，说明提取情况总体向好，但总提取使用率超60%的城市有所增加，应引起注意。

表2-3-5　2017年地市州盟住房公积金提取使用情况表

序号	地方	本年提取额（亿元）	占本年缴存额比例（%）	比上年增长（%）	全部提取额（亿元）	占缴存总额比例（%）
1	东营市	61.47	111.26	9.92	354.34	68.75
2	阿拉善盟	7.09	106.78	-5.59	33.60	55.42
3	安庆市	35.71	105.62	40.81	152.86	61.13
4	宣城市	19.87	103.87	9.12	111.10	70.30
5	淮南市	36.98	98.77	-2.91	270.44	65.49
6	汕头市	36.36	97.25	30.79	166.26	62.21
7	黄山市	12.39	94.25	11.05	71.77	65.98
8	江门市	44.70	93.86	5.21	260.48	71.03
9	滁州市	25.17	93.26	9.95	127.88	65.76
10	肇庆市	27.16	90.99	-0.26	121.20	64.96
11	鞍山市	32.85	89.12	3.24	253.00	66.31

（续表）

序号	地方	本年提取额（亿元）	占本年缴存额比例（%）	比上年增长（%）	全部提取额（亿元）	占缴存总额比例（%）
12	白山市	8.66	88.00	14.00	37.59	53.57
13	满洲里市	3.90	85.60	22.71	22.88	63.80
14	韶关市	26.80	84.62	12.05	169.85	68.28
15	丽水市	28.70	84.00	30.70	146.19	60.24
16	克拉玛依市	27.28	83.91	-20.90	241.35	74.79
17	盐城市	53.40	83.86	29.27	233.63	64.65
18	马鞍山市	26.92	83.78	3.37	193.32	68.41
19	铜川市	4.99	83.44	16.04	24.84	57.00
20	池州市	8.88	83.07	2.90	54.66	65.94
21	石嘴山市	6.59	83.00	19.17	34.94	58.46
22	镇江市	39.28	82.61	23.60	218.05	64.39
23	巴彦淖尔市	14.57	82.14	-14.30	58.63	48.37
24	湛江市	40.86	81.99	22.19	218.13	61.27
25	来宾市	10.36	81.96	5.28	57.53	66.88
26	南通市	84.29	81.84	22.94	439.38	63.21
27	茂名市	27.62	81.84	26.35	134.62	57.55
28	扬州市	52.30	81.30	25.70	278.61	60.67
29	蚌埠市	17.85	81.19	5.53	112.10	62.18
30	海北州	2.53	81.09	18.22	12.63	58.83
31	淮北市	23.96	80.56	-1.96	183.32	63.59
32	抚顺市	19.07	80.29	5.94	136.27	60.86
33	龙岩市	22.58	80.07	16.81	130.33	63.11
34	攀枝花市	15.88	80.04	-11.92	103.27	58.84
35	六安市	19.98	79.89	-1.62	96.91	56.16
36	云浮市	12.11	79.55	15.47	62.21	59.42
37	舟山市	22.17	79.07	23.74	120.26	64.42
38	固原市	7.96	79.03	6.42	33.89	55.42
39	昌都市	6.79	78.95	70.00	21.13	46.89
40	衡阳市	25.85	78.76	11.82	108.76	53.20
41	宿州市	16.23	78.56	-3.40	76.23	55.04
42	大庆市	54.47	78.54	-1.59	441.03	63.35
43	衢州市	29.33	78.46	16.99	174.20	68.19
44	湘潭市	19.12	78.42	19.13	112.15	63.58
45	资阳市	10.22	78.34	4.19	38.10	50.98
46	防城港市	5.86	77.86	-3.64	34.69	65.34
47	珠海市	51.51	77.73	-7.92	402.21	80.32
48	亳州市	15.83	77.45	-4.50	75.71	56.17

（续表）

序号	地方	本年提取额（亿元）	占本年缴存额比例（%）	比上年增长（%）	全部提取额（亿元）	占缴存总额比例（%）
49	海南州	3.32	77.21	25.28	17.26	56.26
50	柳州市	35.00	76.86	10.55	232.29	67.02
51	清远市	26.62	76.58	22.45	145.41	65.57
52	泰州市	35.15	76.51	25.94	162.30	55.75
53	徐州市	72.45	76.43	21.34	400.34	55.87
54	湖州市	36.64	75.99	20.57	210.86	61.30
55	酒泉市	9.05	75.92	2.61	51.92	54.04
56	吴忠市	7.39	75.79	15.83	40.12	55.87
57	连云港市	36.92	75.76	21.77	173.75	57.13
58	阜阳市	21.62	75.67	-15.68	100.03	50.54
59	河源市	14.22	75.54	13.45	74.93	65.48
60	金华市	51.52	75.03	33.58	276.42	58.82
61	温州市	78.46	74.89	27.27	395.26	53.65
62	淮安市	37.05	74.89	—	195.13	64.73
63	牡丹江市	12.32	74.31	22.26	51.29	47.73
64	阳江市	12.92	74.21	21.55	57.50	57.88
65	雅安市	10.84	74.21	25.88	51.62	57.61
66	绍兴市	53.27	74.20	18.90	319.34	63.15
67	苏州市	289.12	73.85	14.92	1506.76	67.41
68	鄂州市	6.34	73.54	-2.57	30.00	50.62
69	德阳市	23.53	73.46	7.78	150.03	59.52
70	佛山市	90.03	73.22	12.85	552.67	69.28
71	三明市	23.00	73.06	17.56	143.72	61.20
72	七台河市	3.82	73.04	49.80	16.49	37.72
73	眉山市	15.16	73.01	32.52	61.21	55.43
74	玉树州	3.00	72.81	2.74	11.31	43.35
75	泰安市	24.42	72.72	-56.28	137.28	59.08
76	枣庄市	23.75	72.61	11.63	113.00	51.74
77	楚雄州	14.79	72.43	8.19	92.30	69.02
78	乌海市	5.07	71.91	14.71	25.82	49.44
79	惠州市	45.90	71.79	9.58	249.34	63.08
80	泉州市	51.09	71.71	6.73	302.12	61.25
81	新余市	7.89	71.58	9.85	36.94	54.51
82	沧州市	41.68	71.48	11.41	256.56	59.79
83	锡林郭勒盟	11.41	71.46	9.63	53.98	52.94
84	桂林市	26.64	71.27	16.30	167.03	59.52
85	常州市	76.12	71.18	23.69	412.04	60.02

（续表）

序号	地方	本年提取额（亿元）	占本年缴存额比例（%）	比上年增长（%）	全部提取额（亿元）	占缴存总额比例（%）
86	白城市	5.79	71.13	49.61	22.96	45.48
87	南平市	18.36	70.97	21.35	99.83	56.64
88	宁德市	18.02	70.67	13.55	87.32	53.32
89	吉林市	32.50	70.53	6.49	199.17	57.32
90	丹东市	11.97	70.53	14.76	63.82	53.29
91	贵港市	11.32	70.40	15.04	52.86	56.92
92	芜湖市	29.55	70.39	-2.06	199.16	64.56
93	潜江市	6.44	70.23	19.04	37.99	50.58
94	汉中市	14.29	70.22	24.05	72.76	56.52
95	晋城市	18.10	70.21	161.18	107.90	61.51
96	延边州	17.55	70.03	13.52	71.12	44.22
97	株洲市	27.44	70.01	22.18	140.54	54.51
98	白银市	8.91	70.00	-4.00	45.28	47.13
99	鹤岗市	3.86	69.68	-10.65	16.08	31.11
100	汕尾市	7.30	69.67	-18.39	38.69	63.83
101	秦皇岛市	22.09	69.40	2.89	162.41	60.26
102	洛阳市	41.44	69.40	10.90	227.37	55.15
103	嘉兴市	60.44	69.29	12.44	363.79	64.20
104	三门峡市	12.12	69.18	2.71	64.96	54.60
105	梅州市	18.87	69.17	22.08	91.01	57.23
106	济宁市	45.16	68.86	7.32	225.72	50.94
107	宜春市	19.52	68.78	22.38	75.03	49.48
108	哈密市	10.83	68.45	-18.32	69.79	56.21
109	东莞市	74.55	68.45	-9.81	456.74	62.59
110	台州市	50.05	68.34	17.93	274.61	58.26
111	廊坊市	30.15	68.26	3.18	164.91	59.03
112	百色市	16.66	68.18	-12.66	92.52	61.21
113	漳州市	24.01	68.10	-1.86	141.60	59.93
114	海东市	6.79	68.04	31.33	35.21	54.63
115	乌兰察布市	9.64	67.74	3.21	32.04	38.66
116	朝阳市	11.93	67.67	14.16	50.74	42.72
117	张掖市	7.10	67.58	-5.72	24.02	38.77
118	朔州市	10.60	67.52	36.25	69.05	65.49
119	中卫市	4.90	67.49	17.79	23.36	54.50
120	宜宾市	26.27	67.36	25.80	128.77	52.48
121	娄底市	13.49	67.27	-10.37	65.25	50.26
122	林芝市	4.29	67.14	34.48	18.34	56.24

（续表）

序号	地方	本年提取额（亿元）	占本年缴存额比例（%）	比上年增长（%）	全部提取额（亿元）	占缴存总额比例（%）
123	锦州市	13.48	67.13	15.41	69.73	45.09
124	阿勒泰地区	6.55	66.30	15.32	37.96	58.27
125	无锡市	112.67	66.25	13.07	668.83	58.40
126	中山市	27.42	66.06	-6.04	176.04	64.31
127	莆田市	15.10	65.94	3.92	81.87	54.00
128	崇左市	7.87	65.91	-11.57	46.55	62.84
129	平顶山市	19.87	65.72	-10.51	120.72	45.90
130	赤峰市	25.49	65.50	18.50	111.31	44.92
131	兴安盟	10.18	65.47	23.24	44.88	50.45
132	玉林市	16.49	65.37	2.73	79.58	53.23
133	烟台市	54.19	64.85	20.52	272.45	53.06
134	钦州市	9.67	64.67	19.54	47.46	54.88
135	咸阳市	17.39	64.50	-26.84	102.58	57.91
136	河池市	13.66	64.49	0.07	72.69	60.21
137	包头市	25.08	64.26	-2.49	131.02	45.94
138	黄石市	14.98	64.17	32.94	62.85	40.94
139	濮阳市	18.46	63.90	-12.40	138.40	62.97
140	日照市	17.96	63.72	15.96	78.73	51.91
141	金昌市	5.38	63.46	-44.48	45.50	54.77
142	阜新市	7.89	63.42	7.93	45.05	55.43
143	荆州市	19.09	63.31	18.50	80.69	48.19
144	常德市	22.58	63.25	16.99	113.73	51.47
145	甘南州	6.28	63.14	34.00	23.55	43.41
146	昌吉州	14.00	62.98	9.20	73.07	49.71
147	自贡市	12.54	62.94	9.25	62.21	51.54
148	玉溪市	16.77	62.86	13.24	119.46	63.42
149	绵阳市	29.30	62.63	8.28	146.89	51.77
150	北海市	7.08	62.54	3.21	45.60	57.42
151	十堰市	21.85	62.50	25.86	112.14	48.13
152	嘉峪关市	5.03	62.41	-47.22	33.82	55.34
153	梧州市	9.82	62.23	5.03	59.76	57.09
154	果洛州	1.56	62.15	13.87	7.14	53.36
155	武威市	7.33	62.00	10.00	28.87	41.61
156	曲靖市	28.14	61.99	23.36	150.52	56.12
157	景德镇市	7.97	61.93	8.33	32.27	44.95
158	昭通市	17.56	61.87	16.83	68.64	41.63
159	益阳市	15.89	61.73	31.67	74.34	51.47

（续表）

序号	地方	本年提取额（亿元）	占本年缴存额比例（%）	比上年增长（%）	全部提取额（亿元）	占缴存总额比例（%）
160	宜昌市	31.56	61.71	3.58	170.58	55.76
161	乐山市	19.35	61.58	9.62	118.03	57.35
162	许昌市	13.78	61.40	10.50	57.70	48.66
163	南充市	19.84	61.33	−3.97	99.42	56.05
164	九江市	18.93	61.18	17.14	93.27	50.92
165	内江市	10.13	61.05	21.47	49.14	45.71
166	红河州	21.43	61.05	−3.12	133.54	55.16
167	张家界市	6.02	61.00	23.62	34.90	59.31
168	揭阳市	11.96	60.94	5.07	69.38	55.44
169	海西州	5.93	60.57	0.51	31.12	50.36
170	山南市	4.57	60.53	15.00	21.15	50.66
171	松原市	12.52	60.46	−30.31	90.20	51.57
172	丽江市	7.32	60.10	16.38	41.01	60.74
173	阿坝州	9.78	60.03	−7.57	43.97	51.07
174	宿迁市	15.73	60.02	39.97	60.65	45.97
175	文山州	12.34	59.87	18.20	60.49	50.72
176	通辽市	15.76	59.81	17.53	58.29	35.22
177	莱芜市	8.92	59.51	−60.98	69.25	63.78
178	大理州	15.37	59.46	21.21	87.93	56.66
179	安顺市	9.96	59.36	1.91	51.46	54.12
180	黄冈市	18.70	59.34	47.60	66.83	41.28
181	凉山州	21.37	59.33	10.73	105.42	47.16
182	本溪市	10.59	59.23	8.39	107.23	63.62
183	博尔塔拉州	3.61	59.08	19.37	21.78	58.24
184	普洱市	11.67	59.03	25.06	49.84	46.66
185	唐山市	45.61	59.00	−8.32	326.25	51.67
186	营口市	10.24	58.82	17.97	57.52	45.43
187	岳阳市	20.75	58.78	10.78	98.01	46.33
188	佳木斯市	9.06	58.67	5.84	42.98	42.84
189	铁岭市	10.04	58.44	−1.67	76.34	51.76
190	遂宁市	8.90	58.21	39.21	32.12	42.45
191	恩施州	15.31	58.16	26.63	49.11	41.13
192	焦作市	13.98	57.96	9.91	71.98	48.13
193	邢台市	17.76	57.91	12.12	108.61	53.74
194	达州市	16.24	57.86	7.05	74.20	49.46
195	宝鸡市	14.94	57.71	5.81	126.82	61.86
196	渭南市	12.66	57.70	−54.80	101.35	62.95

（续表）

序号	地方	本年提取额（亿元）	占本年缴存额比例（%）	比上年增长（%）	全部提取额（亿元）	占缴存总额比例（%）
197	威海市	20.20	57.57	2.47	108.28	48.09
198	咸宁市	9.90	57.44	43.99	29.76	35.33
199	毕节市	14.32	57.44	5.06	59.32	43.93
200	承德市	17.22	57.42	3.41	102.85	52.68
201	延安市	13.36	57.07	−5.92	130.78	65.70
202	淄博市	33.21	56.98	23.39	162.91	42.92
203	塔城地区	6.46	56.77	12.94	44.51	59.32
204	怀化市	14.28	56.75	16.16	63.34	44.04
205	聊城市	15.92	56.65	14.92	61.57	36.05
206	保山市	9.62	56.53	30.46	36.27	38.73
207	鄂尔多斯市	16.45	56.27	−7.22	67.74	35.89
208	荆门市	13.75	56.19	11.90	67.09	46.56
209	铜陵市	15.38	56.15	27.70	97.89	65.16
210	潮州市	7.16	56.09	−27.38	57.43	65.46
211	仙桃市	2.68	56.07	50.56	11.76	45.62
212	黔南州	15.17	55.92	33.99	63.15	46.10
213	定西市	8.08	55.88	38.66	21.58	30.42
214	广安市	8.86	55.83	83.14	48.05	60.17
215	潍坊市	34.66	55.81	11.16	205.50	52.97
216	甘孜州	9.94	55.75	22.48	45.58	43.56
217	赣州市	24.39	55.72	24.76	89.07	36.53
218	怒江州	3.64	55.42	−51.89	22.16	58.81
219	黄南州	1.53	55.39	0.60	8.28	43.97
220	鹰潭市	5.20	55.32	−20.00	25.97	46.35
221	鸡西市	6.28	55.28	26.36	22.73	33.86
222	吐鲁番市	3.89	54.87	−13.56	26.47	59.66
223	鹤壁市	4.71	54.76	−20.51	41.77	57.65
224	阿克苏地区	11.63	54.65	−18.33	75.17	59.06
225	西双版纳州	5.97	54.42	−44.90	26.30	40.01
226	泸州市	17.05	54.37	9.72	101.17	58.03
227	安康市	7.12	54.30	−27.79	36.35	46.36
228	巴音郭楞州	12.74	53.93	−29.14	95.50	60.88
229	伊犁州	13.43	53.85	−6.28	79.19	50.03
230	六盘水市	11.66	53.66	16.83	74.12	56.60
231	呼伦贝尔市	21.68	53.18	19.38	128.64	58.81
232	永州市	14.40	52.63	32.60	63.24	41.89
233	天水市	10.26	52.59	9.50	40.37	44.48

（续表）

序号	地方	本年提取额（亿元）	占本年缴存额比例（%）	比上年增长（%）	全部提取额（亿元）	占缴存总额比例（%）
234	齐齐哈尔市	13.48	51.73	30.37	69.35	41.17
235	德州市	14.90	51.57	18.09	52.14	37.56
236	商洛市	4.75	51.42	−7.02	24.36	42.68
237	郴州市	15.96	51.42	44.70	80.35	45.07
238	安阳市	11.88	51.11	0.00	99.35	58.67
239	葫芦岛市	9.18	50.83	−15.24	56.14	42.81
240	保定市	29.28	50.76	16.84	210.53	54.23
241	和田地区	7.56	50.27	−20.50	49.60	52.36
242	临夏州	4.79	50.21	−9.96	17.52	37.45
243	萍乡市	6.73	49.67	21.26	27.83	39.39
244	襄阳市	18.43	49.60	−2.38	104.95	48.45
245	克孜勒苏州	3.85	49.23	−32.10	19.66	44.18
246	贺州市	6.06	49.23	−10.75	33.03	51.50
247	遵义市	26.43	49.18	−23.19	131.97	49.50
248	随州市	4.65	49.15	15.38	16.40	37.70
249	滨州市	11.45	48.72	23.33	47.13	37.95
250	临沂市	33.72	48.66	14.54	157.89	48.81
251	通化市	6.30	48.42	29.90	34.81	41.82
252	铜仁市	11.85	48.11	35.58	39.42	35.39
253	邯郸市	18.65	48.08	−15.55	162.21	53.54
254	孝感市	12.00	48.00	0.00	56.00	42.75
255	邵阳市	14.55	48.00	29.00	57.35	36.62
256	辽阳市	8.46	47.29	12.20	82.36	57.47
257	湘西州	8.16	46.87	2.38	38.47	41.84
258	张家口市	16.95	46.64	0.41	141.88	57.79
259	吉安市	13.02	46.52	6.14	60.82	41.49
260	喀什地区	15.37	46.49	−20.77	90.07	48.56
261	新乡市	10.96	45.40	−2.20	64.23	45.22
262	巴中市	7.00	45.23	47.70	20.81	28.57
263	抚州市	8.95	45.00	41.00	28.79	30.86
264	黑河市	4.82	44.80	31.69	22.52	30.19
265	榆林市	16.65	44.63	−59.44	108.25	54.41
266	辽源市	3.20	44.40	16.00	16.52	41.28
267	伊春市	3.51	44.15	−1.68	17.69	40.61
268	黔东南州	12.40	43.97	84.84	55.53	36.79
269	衡水市	8.30	43.48	12.01	50.25	45.28
270	大同市	15.53	43.48	−38.65	171.52	71.41

（续表）

序号	地方	本年提取额（亿元）	占本年缴存额比例（%）	比上年增长（%）	全部提取额（亿元）	占缴存总额比例（%）
271	双鸭山市	4.62	43.38	18.46	19.25	29.57
272	天门市	1.98	43.33	54.68	8.86	39.38
273	黔西南州	8.46	42.98	13.91	46.15	45.13
274	那曲市	3.53	42.79	35.24	16.50	39.16
275	广元市	8.19	42.78	20.14	36.81	35.94
276	绥化市	6.23	42.76	38.75	29.37	34.52
277	神农架林区	0.54	42.60	94.29	1.71	30.00
278	菏泽市	12.19	42.21	36.66	48.54	33.80
279	周口市	7.81	42.17	37.99	33.73	38.85
280	阿里地区	1.77	41.94	1.72	9.74	47.51
281	庆阳市	5.36	40.88	0.19	25.27	34.63
282	南阳市	13.43	40.30	19.20	75.81	37.22
283	临沧市	6.17	40.11	24.74	31.06	38.37
284	漯河市	5.22	39.94	9.66	23.17	33.98
285	德宏州	4.17	39.94	21.57	23.06	39.92
286	盘锦市	13.42	39.83	−74.37	205.79	68.91
287	平凉市	5.98	39.72	0.68	30.57	32.42
288	日喀则市	4.45	38.73	5.20	18.79	31.04
289	驻马店市	10.22	38.42	18.15	52.11	41.13
290	开封市	5.24	38.42	15.42	31.87	40.19
291	长治市	9.47	38.11	−25.37	109.81	63.16
292	大兴安岭地区	2.09	38.00	16.80	13.00	42.35
293	临汾市	9.37	37.48	42.84	76.54	50.10
294	信阳市	8.71	36.11	31.77	43.19	37.80
295	迪庆州	2.37	35.22	50.62	7.85	22.46
296	运城市	7.62	34.94	−25.22	71.09	53.32
297	四平市	4.30	34.54	−46.32	28.42	39.14
298	商丘市	8.02	32.29	−4.75	49.13	38.32
299	上饶市	10.13	32.20	−30.66	54.85	34.37
300	济源市	2.00	31.95	33.33	10.93	30.24
301	忻州市	4.87	30.48	−65.88	71.18	67.95
302	晋中市	6.19	28.12	7.28	62.05	54.48
303	阳泉市	4.50	28.07	−37.06	86.34	72.39
304	陇南市	3.29	26.55	55.19	10.59	17.16
305	吕梁市	4.85	23.34	−33.01	63.66	59.48

四、住房公积金贷款指标比较

住房公积金贷款指标评价设置了 5 个二级指标：当年发放个人住房贷款数、累计发放贷款数、贷款余额、个贷率和个人住房贷款市场占有率。其中贷款余额是指该地方住房公积金管理机构发放个人住房贷款账面总规模；个贷率是指贷款余额与缴存余额的比率，反映了一个地方住房公积金住房信贷能力的高低；个人住房贷款市场占有率是指住房公积金当年新增贷款余额占该地方全社会新增个人住房贷款余额的比例，反映了住房公积金贷款在当地个人住房贷款中所占的市场份额。列表以个贷率指标排序。

（一）全国住房公积金贷款情况

全国住房公积金贷款情况见表 2-4-1。

全年发放个人住房贷款 254.76 万笔、9534.85 亿元，分别比上年减少 22.21%、24.93%；全年收回个人住房贷款 5022.86 亿元，比上年降低 0.23%；全年个人住房贷款新增余额 4511.99 亿元，市场占有率（全年住房公积金个人住房贷款新增余额占商业性个人住房贷款和住房公积金个人住房贷款新增余额总和的比例）为 17.06%。

截至 2017 年年末，累计发放个人住房贷款 3082.57 万笔、75602.83 亿元，分别比上年年末增长 9.05%、14.44%。年末个人住房贷款余额 45049.78 亿元，个人住房贷款率（以下简称“个贷率”）87.27%，比上年年末降低 1.57 个百分点。

表 2-4-1　2017 年全国住房公积金贷款情况表

当年发放贷款额（亿元）	同比增加（%）	累计发放贷款额（亿元）	贷款余额（亿元）	个贷率（%）	比上年增加百分点	个贷市场占有率（%）
9534.85	-24.93	75602.83	45049.78	87.27	-1.57	17.06

（二）省、自治区和新疆生产建设兵团住房公积金贷款比较

省、自治区和新疆生产建设兵团住房公积金贷款情况见表 2-4-2。

从当年贷款发放数上看，超过 600 亿元的有 4 个，分别为江苏省、广东省、山东省、浙江省；在 500 亿～ 600 亿元之间的无；在 400 亿～ 500 亿元之间的有 2 个，分别为辽宁省、四川省；在 300 亿～ 400 亿元之间的有 4 个，分别为河南省、云南省、湖北省、湖南省；在 200 亿～ 300 亿元之间的有 8 个，分别为江西省、河北省、广西壮族自治区、陕西省、福建省、黑龙江省、内蒙古自治区、安徽省；在 100 亿～ 200 亿元之间的有 5 个，分别为新疆维吾尔自治区、山西省、甘肃省、贵州省、吉林省。从当年贷款发放增长率看，有 18 个省区当年放贷额同比降低，其中 13 个省同比降幅超过了 10%；当年放贷额同比降幅在 10% ～ 20% 之间的有 3 个，分别为山东省、四川省、甘肃省；同比降幅在 20% ～ 30% 之间的有 5 个，分别为湖北省、江苏省、新疆维吾尔自治区、山西省和广东省；同比降幅 30% 以上的有 5 个，分别为江西省、福建省、安徽省、河南省、河北省，其中降幅度最大的是河北省，降低 39.75%。而同期当年放贷额增长较多的为西藏自治区

（11.52%）、新疆生产建设兵团（14.60%）、青海省（19.63%），呈现出西部地区的后发态势。

从累计发放贷款数上看，江苏省、广东省、浙江省 3 个省区超过了 5000 亿元规模，其中江苏省接近 7000 亿元；山东省超过了 4000 亿元；四川省、辽宁省超过了 3000 亿元；7 个省区超过 2000 亿元，分别为安徽省、福建省、湖南省、云南省、湖北省、河南省、河北省；9 个省区超过 1000 亿元；6 个省区在千亿元以下，分别为海南省、宁夏回族自治区、山西省、西藏自治区、青海省、新疆生产建设兵团。

从贷款余额上看，超过 3000 亿元规模的为江苏省和广东省；超过 2000 亿元规模的有 3 个，分别为浙江省、山东省、四川省；超过 1000 亿元的有 9 个，分别为安徽省、福建省、江西省、湖南省、辽宁省、云南省、湖北省、河南省、河北省；在 500 亿～ 1000 亿元之间的有 9 个，分别为贵州省、广西壮族自治区、吉林省、内蒙古自治区、陕西省、甘肃省、新疆维吾尔自治区、山西省、黑龙江省；在 500 亿元以下的有 5 个，分别为海南省、宁夏回族自治区、西藏自治区、青海省、新疆生产建设兵团。如果以 1000 亿元规模为基准，1000 亿元以上和以下的省区单位各占一半。

从个贷率指标上看，超过 100% 的省份有 2 个，分别为安徽省和浙江省；在全国平均数 87.27% 以上至 100% 之间的有 7 个，分别为福建省、江苏省、江西省、贵州省、海南省、广西壮族自治区和湖南省；个贷率在 80% ～ 87.27% 之间的有 8 个，分别为辽宁省、四川省、云南省、山东省、吉林省、宁夏回族自治区、湖北省、河南省；个贷率在 70% ～ 80% 之间的有 7 个；个贷率在 60% ～ 70% 之间的有 2 个；个贷率在 60% 以下的有 2 个。

从个贷市场占有率上看，16 个省区在全国平均数以上。西藏和新疆占到市场份额的一半以上，分别为 67.00% 和 63.90%；甘肃省、青海省、内蒙古自治区个贷市场占有率在 30% 以上。

表 2-4-2　2017 年省、自治区和新疆生产建设兵团住房公积金贷款情况表

序号	地区	当年发放贷款额（亿元）	同比增加（%）	累计发放贷款额（亿元）	贷款余额（亿元）	同比增长（%）	个贷率（%）	比上年增加百分点	个贷市场占有率（%）
1	安徽	287.07	-34.47	2485.55	1532.10	5.68	101.26	-1.66	15.74
2	浙江	622.90	-9.10	5055.90	2902.40	10.60	101.20	1.00	15.60
3	福建	243.58	-34.19	2303.90	1373.58	6.62	99.89	-5.89	12.62
4	江苏	747.88	-24.30	6954.31	3750.63	6.28	97.41	-5.20	13.41
5	江西	213.37	-33.18	1532.54	1010.98	11.86	97.33	-3.83	24.56
6	贵州	198.87	-8.00	1233.34	840.78	16.01	97.10	-2.93	25.20
7	海南	79.53	6.57	403.29	304.85	21.31	89.82	9.34	11.96
8	广西壮族自治区	224.85	6.30	1280.44	879.24	21.02	88.28	5.57	15.47
9	湖南	377.10	6.52	2211.99	1415.51	19.53	87.30	3.04	14.43
10	辽宁	419.71	2.44	3382.51	1955.36	10.89	86.40	1.10	25.60
11	四川	464.62	-15.16	3079.93	2071.41	13.18	85.54	-1.25	19.17
12	云南	328.38	1.48	2010.38	1105.96	18.52	85.24	2.53	27.89
13	山东	658.90	-11.70	4230.44	2589.12	15.44	83.53	2.56	16.03
14	吉林	199.80	-8.47	1323.35	847.34	13.69	83.25	2.89	26.35

（续表）

序号	地区	当年发放贷款额（亿元）	同比增加（%）	累计发放贷款额（亿元）	贷款余额（亿元）	同比增长（%）	个贷率（%）	比上年增加百分点	个贷市场占有率（%）
15	宁夏回族自治区	66.92	3.56	450.67	216.78	20.00	81.94	7.86	29.04
16	湖北	351.62	-20.40	2660.31	1639.33	10.67	80.96	-2.68	17.30
17	河南	304.02	-34.80	2353.71	1543.30	11.00	80.90	-4.10	14.60
18	内蒙古自治区	265.84	-1.65	1677.39	891.47	17.34	76.13	4.41	37.29
19	陕西	240.78	-2.06	1280.00	872.94	22.38	76.01	2.00	17.30
20	河北	222.31	-39.75	2065.30	1338.12	7.32	75.26	-5.49	13.97
21	甘肃	182.82	-18.19	1088.03	661.52	16.94	74.98	2.80	34.35
22	广东	661.25	-27.91	5291.56	3429.61	9.63	73.50	-3.01	9.42
23	新疆维吾尔自治区	152.12	-21.89	1298.82	712.33	8.12	73.37	-4.28	63.90
24	山西	179.07	-24.22	975.77	656.83	20.34	72.09	-6.20	26.00
25	黑龙江	260.13	8.09	1630.10	889.28	19.21	69.29	4.59	27.39
26	西藏自治区	56.96	11.52	226.56	138.47	37.65	62.76	9.46	67.00
27	青海	66.80	19.63	374.94	167.23	28.54	57.92	8.44	43.25
28	新疆生产建设兵团	12.49	14.60	70.94	37.80	24.06	33.56	2.63	—

（三）直辖市住房公积金贷款比较

直辖市住房公积金贷款情况见表 2-4-3。

4 个直辖市的个贷率都比较高，均在 90% 以上，其中天津市高达 111.30%。在个人住房贷款市场占有率上，上海市、天津市、北京市都占有五分之一以上的份额，而重庆市为 13.47%，反映出资金规模和信贷资金规模较小的特征。在当年贷款发放额上，上海市、天津市、北京市同比降幅比较大，超过 50%，这可能与房地产市场走势下滑和住房公积金来源增长缓慢等客观因素不足有关。

表 2-4-3　2017 年直辖市住房公积金贷款情况表

序号	城市	当年发放贷款额（亿元）	同比增加（%）	累计发放贷款额（亿元）	贷款余额（亿元）	同比增长（%）	个贷率（%）	比上年增加百分点	个贷市场占有率（%）
1	天津	120.10	-78.00	2844.00	1372.40	-3.60	111.30	-11.60	21.40
2	上海	586.28	-50.51	7059.11	3531.01	8.39	98.68	-3.71	22.07
3	重庆	283.54	3.86	1432.72	1047.84	21.93	97.60	1.98	13.47
4	北京	535.78	-50.10	5527.32	3500.20	8.30	94.10	-4.80	26.60

（四）副省级、省会城市住房公积金贷款比较

副省级、省会城市住房公积金贷款情况见表 2-4-4。太原与南宁两个城市数据，为该城市管理中心与该城市独立设置的分中心数据合并计算后取值。

从当年个贷发放量上看，整体表现为下降趋势，只有 7 个城市为正增长。当年发放额超过 100 亿元的城市有 12 个，分别为广州市、深圳市、杭州市、沈阳市、西安市、哈尔滨市、成都市、武汉市、大连市、南京市、长沙市、长春市；在 60 亿～ 100 亿元之间的有 6 个，分别为济南市、宁波市、昆明市、呼和浩特市、南宁市、太原市；在 20 亿～ 60 亿元之间的有 12 个，分别为合肥市、贵阳市、南昌市、福州市、银川市、乌鲁木齐市、青岛市、兰州市、郑州市、西宁市、石家庄市、厦门市；在 20 亿元以下的有 1 个，为拉萨市。

从个贷累计发放额上看，超 2000 亿元的城市有 1 个，为广州市；在 1000 亿～ 2000 亿元之间的有 6 个，分别为南京市、武汉市、杭州市、成都市、沈阳市、大连市；在 700 亿～ 1000 亿元之间的有 6 个，分别为深圳市、宁波市、青岛市、郑州市、济南市、长春市；在 500 亿～ 700 亿元之间的有 7 个，分别为西安市、长沙市、合肥市、哈尔滨市、昆明市、福州市、南昌市；在 200 亿～ 500 亿元之间的有 9 个，分别为厦门市、乌鲁木齐市、兰州市、南宁市、石家庄市、太原市、贵阳市、呼和浩特市、银川市；在 200 亿元以下的有 2 个，分别为西宁市、拉萨市。

从贷款余额上看，超 1000 亿元的城市 1 个：广州市；在 800 亿～ 1000 亿元之间的有 4 个，分别为南京市、武汉市、成都市、杭州市；在 600 亿～ 800 亿元之间的有 3 个，分别为深圳市、沈阳市、大连市；在 500 亿～ 600 亿元之间的城市有 1 个：西安市；在 400 亿～ 500 亿元之间的有 7 个，分别为青岛市、合肥市、郑州市、济南市、宁波市、长沙市、长春市；在 300 亿～ 400 亿元之间的有 4 个，分别为南昌市、福州市、昆明市、哈尔滨市；在 100 亿～ 300 亿元之间的有 10 个，分别为贵阳市、银川市、厦门市、乌鲁木齐市、南宁市、兰州市、太原市、西宁市、呼和浩特市、石家庄市；在 100 亿元以下的城市 1 个，为拉萨市。

从个贷率来看，2017 年个贷率在 100% 以上的省会和副省级城市由 2016 年的 7 个减少为 2 个，分别为贵阳市、合肥市；个贷率在 90% ～ 100% 之间的有 9 个，分别为南京市、长春市、福州市、沈阳市、南昌市、杭州市、宁波市、大连市、银川市；2016 年个贷率在 90% ～ 100% 之间的武汉市、青岛市、成都市、郑州市、太原市等个贷率分别下降至 90% 以下；2017 年个贷率在 80% ～ 90% 之间的由 2016 年的 7 个增至 12 个；个贷率在 70% ～ 80% 之间的有 4 个，分别为太原市、哈尔滨市、济南市、拉萨市；在 60% ～ 70% 之间的有 3 个，分别为西宁市、呼和浩特市、石家庄市；在 50% ～ 60% 之间的有 1 个，为深圳市。

2016 年个贷率偏高的合肥市、南昌市、南京市、厦门市等城市 2017 年相继走低；而西部、北部内陆城市哈尔滨市、银川市、西宁市、呼和浩特市增幅都接近或超过 10%。

从个人贷款市场占有率上看，在 31 个城市中，占有四分之一以上份额的城市有 4 个，分别为兰州市、拉萨市、西宁市、呼和浩特市；在 20% ～ 25% 之间的有 5 个，分别为太原市、长春市、沈阳市、大连市、银川市；在 15% ～ 20% 之间的有 6 个，分别为哈尔滨市、贵阳市、昆明市、济南市、广州市、武汉市；其余均在 15% 以下。

表 2-4-4 2017 年副省级、省会城市住房公积金贷款情况表

序号	城市	当年发放贷款额（亿元）	同比增加（%）	累计发放贷款额（亿元）	贷款余额（亿元）	同比增长（%）	个贷率（%）	比上年增加百分点	个贷市场占有率（%）
1	合肥	36.75	-71.41	663.13	403.95	-2.04	107.54	-15.93	10.49
2	贵阳	52.95	-10.51	373.31	254.99	12.95	100.34	-1.95	18.40
3	大连	116.66	4.00	1069.36	611.28	8.20	99.20	0.59	23.50
4	南昌	34.41	-63.24	508.09	311.21	-1.07	97.50	-15.00	5.38
5	杭州	165.80	-14.50	1513.30	866.50	7.70	95.20	0.00	14.50
6	福州	58.88	-20.67	562.96	365.10	6.17	94.50	-6.26	11.23
7	宁波	93.02	11.09	776.67	431.36	9.54	94.16	-0.21	12.70
8	沈阳	163.24	11.18	1226.90	705.52	12.74	93.43	3.35	23.45
9	南京	116.36	-36.12	1608.35	859.74	0.37	92.16	-10.34	10.78
10	银川	43.43	-1.00	299.12	147.86	18.00	91.68	10.10	20.00
11	长春	106.90	-9.46	704.01	473.33	15.25	91.22	3.76	23.28
12	武汉	122.44	-32.01	1514.54	883.28	1.73	89.86	-9.91	15.19
13	厦门	22.35	-73.95	498.12	275.30	-2.74	89.86	-17.68	9.08
14	乌鲁木齐	59.23	-15.09	434.40	273.50	11.00	87.64	0.06	14.57
15	南宁	66.06	-10.89	403.72	282.90	18.22	86.21	8.87	11.96
16	昆明	90.09	-7.62	576.50	370.72	15.75	86.02	3.11	17.63
17	成都	122.63	-46.33	1312.80	881.33	3.20	85.81	-9.58	13.99
18	青岛	55.81	-33.20	761.13	443.68	1.84	85.08	-6.39	11.98
19	长沙	111.31	3.14	680.67	460.00	17.92	84.23	0.49	7.47
20	兰州	56.56	-39.29	405.02	270.07	11.07	83.96	1.12	29.44
21	郑州	55.21	-61.77	765.12	482.94	3.22	81.10	-9.22	13.92
22	西安	134.31	-1.93	693.77	503.37	23.41	80.96	2.71	14.08
23	广州	195.35	-34.41	2050.91	1182.61	4.91	80.23	-3.05	15.68
24	太原	67.12	-39.91	381.46	287.44	17.66	76.79	-13.70	20.72
25	哈尔滨	133.08	16.02	654.03	388.53	28.19	76.76	9.52	19.64
26	济南	84.15	-49.55	752.06	451.44	7.64	75.69	-0.87	16.50
27	拉萨	8.56	0.59	39.21	23.17	25.04	73.63	5.93	31.09
28	西宁	42.60	16.97	199.33	101.01	40.70	67.72	14.89	32.14
29	呼和浩特	66.94	-3.67	323.35	195.92	31.56	67.55	10.06	35.88
30	石家庄	22.95	-65.77	397.06	261.31	-0.40	63.72	-10.68	12.11
31	深圳	181.73	-16.79	915.94	764.96	19.27	55.96	-2.55	6.68

（五）地市州盟住房公积金贷款比较

地市州盟住房公积金贷款情况见表 2-4-5。

从当年个人贷款发放额来看，同比负增长的地市州盟有 174 个，占比 57.05%。其中，负增长在 20% 以上的地市州盟有 74 个，占比 24.26%；同比下降超过 50% 的有 18 个地市州盟。

值得一提的是 2017 年度在多数地区个贷率向下调整的形势下，西藏、海南、青海、宁夏的一些地市州个贷率逆势增长。

从个贷率来看，个贷率超过 85% 的有 134 个，占比 43.93%；超过 100% 的 38 个，占比 12.46%。其中：超过 120% 的由上年的 7 个增至 9 个，盐城市 141.86%、阜阳市 129.30%、龙岩市 120.62%、眉山市 120.93%、舟山市 121.34%、泸州市 122.14%、滁州市 123.18%、衢州市 127.08%、丽水市 127.60%；个贷率在 110% ～ 120% 之间的，由上年的 11 个减至 10 个；个贷率在 100% ～ 110% 之间的，由上年的 15 个增至 19 个；个贷率在 95% ～ 100% 之间的，由上年的 24 个减至 23 个；个贷率在 90% ～ 95% 之间的，比上年增加 1 个至 36 个；个贷率在 85% ～ 90% 之间的，由上年的 48 个减至 37 个。个贷率超过 50% 低于 85% 的地市州盟有 143 个，占 46.89%，其中个贷率在 80% ～ 85% 之间的，由上年的 23 个增加为 47 个；个贷率在 70% ～ 80% 之间的，由上年的 59 个减少为 55 个；个贷率在 60% ～ 70% 之间的，由上年 38 个减少为 23 个；个贷率在 50% ～ 60% 之间的，由上年 22 个减少至 18 个。全国个贷率低于 50% 的地市州盟共 28 个，其中，在 30% ～ 50% 之间的有 21 个，低于 30% 的有 7 个，最低的黑龙江省七台河市仅为 11.83%。

个贷率同比下降的地市州盟有 115 个，占入统地方的 37.70%，其中有 21 个地市州盟个贷率下降超过 10%。

表 2-4-5　2017 年地市州盟住房公积金贷款情况表

序号	地方	当年发放贷款额（亿元）	同比增加（%）	累计发放贷款额（亿元）	贷款余额（亿元）	同比增长（%）	个贷率（%）	比上年增加百分点	个贷市场占有率（%）
1	盐城市	48.84	−17.85	294.62	181.26	16.42	141.86	9.35	20.06
2	阜阳市	26.09	−36.52	168.94	126.58	12.90	129.30	6.01	18.98
3	丽水市	31.74	−9.00	201.17	123.09	16.90	127.60	12.00	36.50
4	衢州市	33.53	−4.17	196.99	103.29	23.91	127.08	13.24	25.29
5	滁州市	21.02	−15.34	125.06	82.02	14.73	123.18	12.81	14.67
6	泸州市	28.57	31.60	109.11	89.37	32.77	122.14	7.79	21.45
7	舟山市	28.07	45.45	137.35	80.60	28.71	121.34	17.94	18.24
8	眉山市	18.96	21.84	81.82	59.51	26.90	120.93	13.39	22.11
9	龙岩市	19.64	−39.64	170.04	91.89	6.96	120.62	−1.15	22.17
10	蚌埠市	19.45	−6.17	119.62	81.42	15.82	119.41	9.66	15.95
11	泉州市	64.59	11.00	363.80	228.05	20.43	119.33	8.55	16.60
12	镇江市	41.80	20.72	263.01	143.36	19.00	118.87	11.63	18.70
13	湖州市	32.87	−15.98	275.92	157.17	10.67	118.06	1.23	24.34
14	三明市	23.97	−13.23	186.25	107.28	12.31	117.74	2.14	28.48
15	赣州市	30.80	−46.80	248.42	178.21	9.16	115.16	−4.51	16.71
16	芜湖市	26.71	−43.04	209.03	125.01	2.10	114.32	−12.01	17.60
17	吉安市	27.05	−9.90	129.34	95.54	24.08	111.40	2.64	21.08
18	宣城市	15.57	1.17	96.69	52.04	13.60	110.86	14.79	13.33

（续表）

序号	地方	当年发放贷款额（亿元）	同比增加（%）	累计发放贷款额（亿元）	贷款余额（亿元）	同比增长（%）	个贷率（%）	比上年增加百分点	个贷市场占有率（%）
19	南通市	59.09	−20.73	531.74	282.64	9.01	110.50	1.14	—
20	金华市	53.44	−12.02	368.24	212.01	14.39	109.53	4.47	17.61
21	保山市	23.13	37.84	93.23	62.07	36.95	108.15	17.50	77.70
22	连云港市	36.42	23.15	274.21	139.94	10.38	107.35	0.40	17.10
23	肇庆市	18.05	−6.14	99.92	70.08	20.27	107.16	14.22	3.75
24	遵义市	36.22	−6.04	203.34	142.82	19.30	106.06	−5.46	25.98
25	台州市	52.44	7.23	354.80	207.96	16.95	105.70	3.25	17.01
26	扬州市	35.65	−27.00	340.68	190.01	6.70	105.30	−2.00	19.40
27	安顺市	8.62	−36.20	67.75	45.90	9.95	105.22	−8.20	39.21
28	莆田市	2.73	−88.50	106.89	73.33	−4.85	105.16	−19.27	13.44
29	宿迁市	22.65	−4.30	106.08	74.43	23.51	104.42	5.30	9.21
30	黔南州	22.13	12.25	107.39	76.73	24.56	103.94	4.37	42.88
31	益阳市	21.54	7.78	120.97	72.56	19.23	103.51	2.49	37.69
32	楚雄州	12.86	−0.01	72.15	42.80	21.83	103.33	5.17	43.48
33	六安市	15.46	−36.95	110.39	77.87	10.80	102.95	3.43	12.90
34	焦作市	21.57	9.27	120.88	79.43	21.08	102.41	5.12	33.33
35	自贡市	16.98	13.47	94.06	59.77	20.24	102.16	4.92	23.72
36	淮安市	28.75	−8.67	200.12	108.46	—	102.01	−2.23	13.30
37	宿州市	17.19	−29.23	88.60	63.40	20.53	101.81	10.86	17.22
38	湘潭市	21.42	36.78	105.90	64.66	27.31	100.67	14.53	25.79
39	资阳市	11.82	−24.33	53.22	36.54	27.17	99.73	14.72	39.60
40	温州市	63.69	−4.78	558.21	338.40	10.02	99.08	1.51	17.50
41	绍兴市	41.78	20.80	314.67	184.52	12.40	99.00	1.10	17.40
42	常州市	71.87	8.12	526.17	271.41	12.90	98.88	0.22	16.97
43	许昌市	16.39	−32.50	92.98	60.05	18.60	98.60	1.70	20.00
44	崇左市	8.66	32.82	36.89	27.10	32.69	98.44	11.19	23.81
45	黔西南州	17.00	3.39	82.12	55.20	26.90	98.40	1.46	41.45
46	宁德市	26.88	16.84	147.55	75.15	23.20	98.31	9.85	16.52
47	泰州市	33.66	40.95	237.06	126.55	12.53	98.23	2.96	19.88
48	玉溪市	20.72	−6.00	122.83	67.65	23.49	98.18	5.34	45.13
49	桂林市	32.53	66.85	178.49	111.14	24.46	97.83	11.01	20.51
50	江门市	19.21	−32.59	166.46	103.77	7.12	97.69	3.91	11.10
51	嘉兴市	26.52	−61.15	358.58	197.52	−0.22	97.36	−15.07	12.81
52	甘孜州	15.29	−10.40	105.75	57.20	15.14	96.86	−0.24	95.85
53	黄山市	9.84	−1.96	62.11	35.81	16.19	96.76	11.73	19.72
54	亳州市	11.33	−9.43	80.28	56.75	8.99	96.07	0.44	16.40
55	遂宁市	14.27	10.41	61.97	41.76	28.65	95.91	8.52	22.53

（续表）

序号	地方	当年发放贷款额（亿元）	同比增加（%）	累计发放贷款额（亿元）	贷款余额（亿元）	同比增长（%）	个贷率（%）	比上年增加百分点	个贷市场占有率（%）
56	马鞍山市	16.39	-20.14	159.55	85.44	3.84	95.71	-2.17	26.55
57	锡林郭勒盟	14.17	16.71	79.03	43.72	19.77	95.44	7.39	67.00
58	威海市	34.19	6.53	183.05	111.51	25.20	95.41	8.08	18.20
59	宜宾市	30.60	16.00	181.25	111.07	15.95	95.26	3.03	26.14
60	苏州市	108.21	-52.98	1255.40	693.77	0.46	95.23	-15.05	7.60
61	钦州市	8.72	-7.30	47.84	37.11	20.35	95.10	3.70	18.31
62	清远市	17.87	5.19	109.20	72.48	15.75	94.94	3.13	10.87
63	内江市	13.20	-3.66	70.02	55.16	18.29	94.52	4.66	19.62
64	烟台市	51.93	-12.75	323.93	227.82	17.11	94.51	2.61	23.00
65	宜春市	19.58	-3.36	106.41	72.39	21.62	94.50	6.50	15.00
66	济宁市	46.02	-1.67	318.62	205.18	12.96	94.39	2.16	66.91
67	安庆市	22.71	-13.19	168.30	91.62	0.25	94.27	2.03	22.50
68	丹东市	12.19	-24.71	91.53	52.72	13.92	94.25	3.39	25.45
69	鹤壁市	6.97	-14.70	53.65	28.91	9.84	94.24	-3.99	21.21
70	九江市	21.61	-29.71	149.78	84.65	13.30	94.17	-1.76	15.61
71	湛江市	27.82	-8.77	195.08	129.28	11.61	93.77	3.90	25.49
72	茂名市	22.87	6.74	140.10	92.96	16.88	93.63	8.26	21.20
73	南平市	17.50	21.36	117.98	71.53	15.13	93.59	3.44	17.88
74	新乡市	17.64	-22.50	91.60	72.71	19.90	93.40	-0.40	13.40
75	吉林市	25.86	-15.55	209.64	138.48	9.13	93.38	-0.82	34.00
76	玉林市	16.87	1.76	84.01	65.13	23.56	93.13	7.01	18.66
77	佛山市	28.09	-56.32	355.96	227.59	—	92.89	12.44	7.26
78	洛阳市	28.77	-31.20	275.21	170.21	5.60	92.10	-4.70	22.00
79	上饶市	23.97	-22.60	132.34	96.46	19.54	92.08	-3.67	18.36
80	南充市	15.98	-18.84	103.85	71.78	13.65	92.08	-4.44	17.75
81	营口市	17.52	41.06	100.96	63.62	20.93	92.07	7.12	24.89
82	无锡市	98.82	-16.02	859.51	438.19	8.98	91.97	-3.99	19.11
83	怀化市	16.43	-3.39	116.43	74.03	12.79	91.97	-2.32	24.24
84	昌吉州	14.57	-5.27	125.21	67.98	1.00	91.95	2.23	11.32
85	毕节市	18.78	2.51	114.56	69.60	13.97	91.92	-1.87	48.52
86	伊犁州	11.75	-43.45	121.91	72.61	3.79	91.81	-11.71	36.90
87	普洱市	17.31	7.19	105.59	52.30	20.96	91.80	3.33	51.37
88	日照市	19.27	-11.45	99.85	66.94	21.85	91.78	4.18	17.04
89	韶关市	19.01	14.92	104.33	72.37	20.60	91.71	10.67	16.55
90	池州市	3.41	-57.43	46.65	25.86	-1.11	91.60	-7.38	15.15
91	宜昌市	28.10	-39.53	184.19	123.95	14.30	91.57	-2.09	24.31
92	百色市	18.26	38.62	68.98	53.34	37.83	90.98	14.88	27.36

（续表）

序号	地方	当年发放贷款额（亿元）	同比增加（%）	累计发放贷款额（亿元）	贷款余额（亿元）	同比增长（%）	个贷率（%）	比上年增加百分点	个贷市场占有率（%）
93	常德市	23.82	−8.04	148.94	97.46	17.07	90.90	2.43	24.59
94	海北州	3.77	57.08	17.73	8.03	36.10	90.84	19.32	74.00
95	黔东南州	20.40	−5.86	122.96	86.59	17.86	90.77	−1.54	60.44
96	乐山市	16.11	−5.69	127.43	79.31	7.99	90.34	−6.65	24.85
97	赤峰市	37.27	−4.51	241.90	123.11	10.22	90.20	−0.56	31.25
98	临沂市	87.53	41.98	321.27	148.59	34.80	89.75	4.95	11.17
99	淄博市	45.04	−18.77	283.50	194.16	16.54	89.60	2.65	25.20
100	株洲市	25.09	−5.73	179.67	104.95	13.86	89.49	2.14	21.58
101	汕头市	25.76	−20.69	116.61	89.95	23.30	89.08	16.09	27.82
102	云浮市	7.41	4.51	53.76	37.67	11.12	88.65	2.57	17.71
103	潍坊市	42.90	−16.35	238.30	161.31	18.96	88.43	0.93	12.63
104	天水市	16.77	0.18	57.01	44.51	40.36	88.31	11.24	34.45
105	衡阳市	31.92	26.79	136.15	84.47	36.29	88.30	18.42	19.63
106	景德镇市	12.60	26.60	54.73	34.88	33.90	88.24	13.00	19.56
107	阳江市	7.95	22.31	53.58	36.83	12.39	88.03	0.32	9.53
108	兴安盟	12.03	0.25	84.95	38.76	12.54	87.93	−1.01	53.25
109	丽江市	8.44	28.66	57.26	23.22	20.56	87.59	−1.37	28.81
110	岳阳市	31.30	10.64	142.43	99.19	27.74	87.37	8.92	31.65
111	巴彦淖尔市	20.80	21.48	107.68	54.66	28.62	87.33	15.81	49.93
112	北海市	7.43	24.51	44.26	29.48	20.28	87.16	4.32	9.07
113	梅州市	12.38	−15.55	95.44	59.24	9.20	87.09	−3.92	63.66
114	玉树州	4.17	25.60	30.14	12.86	6.46	87.00	−1.50	97.00
115	邵阳市	24.57	−1.00	133.77	86.63	21.00	87.00	2.00	36.00
116	濮阳市	20.22	9.40	110.39	70.74	19.40	86.90	3.40	31.30
117	滨州市	23.21	7.45	107.12	66.82	32.19	86.71	8.94	24.20
118	抚州市	20.14	24.80	80.70	55.92	34.80	86.60	10.50	14.18
119	湘西州	10.29	−10.85	75.98	46.27	12.85	86.53	−6.18	44.26
120	文山州	19.26	14.03	123.98	50.84	11.79	86.50	−3.55	30.66
121	永州市	22.00	18.28	119.80	75.79	23.70	86.38	4.45	32.79
122	鹰潭市	7.00	−30.97	39.20	25.93	7.86	86.26	1.17	42.47
123	日喀则市	13.52	0.52	55.32	35.96	36.00	86.15	10.00	86.00
124	贵港市	6.01	−36.94	48.46	34.43	10.04	86.09	−2.70	14.90
125	衡水市	14.11	−22.25	82.41	52.27	16.39	86.08	−3.87	15.83
126	通化市	15.74	34.76	75.19	41.57	37.01	85.85	13.11	41.35
127	德宏州	7.79	−16.28	51.02	29.76	17.72	85.74	−4.48	40.93
128	抚顺市	12.70	−12.47	134.00	74.95	4.66	85.51	−0.80	42.70
129	柳州市	25.55	5.93	152.16	97.59	21.43	85.39	7.93	12.59

（续表）

序号	地方	当年发放贷款额（亿元）	同比增加（%）	累计发放贷款额（亿元）	贷款余额（亿元）	同比增长（%）	个贷率（%）	比上年增加百分点	个贷市场占有率（%）
130	大庆市	49.86	-2.80	455.04	217.65	10.28	85.31	3.17	59.42
131	河池市	10.22	-2.85	57.91	40.94	19.32	85.24	0.54	30.18
132	张家界市	6.90	31.43	31.22	20.38	31.74	85.17	8.00	18.23
133	随州市	8.34	3.09	30.79	23.07	31.83	85.13	6.62	16.04
134	汉中市	15.13	5.07	68.40	47.62	25.68	85.09	9.17	33.28
135	铜陵市	15.15	108.52	71.80	44.45	28.07	84.91	-1.13	29.35
136	白城市	6.67	-15.14	42.38	23.33	15.67	84.76	4.61	35.01
137	铜仁市	12.48	-14.81	88.41	60.98	10.59	84.74	-8.42	52.37
138	娄底市	15.33	11.57	99.97	54.61	18.85	84.57	5.38	33.00
139	周口市	14.40	12.50	56.06	44.79	34.38	84.38	5.72	41.06
140	庆阳市	9.13	-38.97	66.24	40.25	12.78	84.38	-4.94	43.27
141	朝阳市	10.22	-18.95	96.37	57.37	3.57	84.32	-4.52	35.78
142	泰安市	22.84	-14.17	139.61	80.13	20.66	84.26	7.00	13.84
143	来宾市	5.91	-7.08	35.04	23.99	17.60	84.20	6.36	32.32
144	枣庄市	21.01	30.53	142.13	88.62	12.48	84.07	2.38	26.45
145	秦皇岛市	11.22	-53.13	146.98	90.02	2.24	84.04	-6.38	18.35
146	四平市	9.77	-3.46	64.75	37.12	15.89	83.98	-4.87	28.99
147	商丘市	17.66	-29.02	77.97	60.22	26.70	83.90	0.20	31.72
148	安阳市	12.36	-23.30	105.05	58.73	8.70	83.90	-8.20	13.60
149	六盘水市	10.01	-29.71	73.20	47.66	11.54	83.86	-7.53	34.43
150	漳州市	6.23	-78.13	142.20	79.19	-5.65	83.66	-16.96	8.91
151	大理州	14.22	-7.90	95.27	56.21	15.28	83.60	-2.31	28.69
152	甘南州	11.04	20.65	54.11	25.61	19.72	83.44	4.44	85.45
153	阜新市	5.99	8.12	57.66	30.14	5.57	83.21	-6.93	65.84
154	邯郸市	27.08	-16.03	170.91	116.96	16.66	83.09	0.00	31.64
155	平凉市	12.76	-5.69	83.12	44.70	16.53	82.91	-2.29	46.40
156	德阳市	19.73	-11.11	124.33	84.49	14.68	82.80	4.04	31.90
157	阿勒泰地区	7.65	25.62	48.28	22.48	20.09	82.68	4.19	41.30
158	德州市	24.81	5.13	106.71	71.54	25.75	82.54	4.27	13.10
159	唐山市	50.25	-11.25	392.48	251.84	11.19	82.52	-0.29	46.32
160	广安市	8.68	8.39	34.28	26.22	32.34	82.43	2.54	9.48
161	贺州市	6.87	2.69	38.67	25.61	20.18	82.31	-3.40	46.00
162	襄阳市	17.23	-54.54	124.51	91.87	10.43	82.26	-7.00	22.00
163	黄石市	25.01	41.13	115.69	74.58	29.16	82.24	12.09	32.60
164	新余市	7.90	-10.25	40.45	25.34	27.19	82.20	10.27	14.64
165	菏泽市	32.28	33.83	90.97	78.14	52.20	82.19	16.69	14.06
166	中卫市	6.15	16.92	29.50	16.02	34.74	82.15	12.73	27.25

（续表）

序号	地方	当年发放贷款额（亿元）	同比增加（%）	累计发放贷款额（亿元）	贷款余额（亿元）	同比增长（%）	个贷率（%）	比上年增加百分点	个贷市场占有率（%）
167	克拉玛依市	15.85	−16.23	126.20	66.74	10.20	82.05	2.48	92.49
168	咸阳市	16.55	−4.89	84.27	61.12	23.13	81.96	5.58	12.16
169	开封市	5.17	−55.81	54.19	38.86	4.94	81.95	−12.97	10.84
170	通辽市	19.70	−5.45	181.52	87.85	6.01	81.93	−3.82	47.78
171	包头市	34.75	4.92	192.61	126.09	20.21	81.78	6.97	24.75
172	防城港市	4.02	16.09	21.85	14.99	22.46	81.43	8.31	10.37
173	巴中市	11.95	−4.93	56.90	42.32	23.21	81.34	2.46	39.10
174	河源市	7.44	−11.44	57.53	32.10	11.48	81.26	−1.25	8.37
175	葫芦岛市	14.48	−25.13	100.51	60.96	14.09	81.21	0.47	32.30
176	漯河市	7.59	−10.18	60.79	36.50	8.57	81.07	−9.38	19.48
177	齐齐哈尔市	21.27	−5.34	121.30	80.30	20.61	81.04	4.08	27.69
178	雅安市	10.56	55.61	39.90	30.74	34.42	80.95	14.10	38.84
179	信阳市	11.79	−33.20	76.69	57.50	13.23	80.89	−10.35	14.44
180	张掖市	9.59	−14.26	65.21	30.40	18.49	80.13	5.84	30.50
181	临汾市	15.09	−25.37	96.09	61.01	16.19	80.03	−6.62	36.00
182	荆门市	17.73	−26.43	94.86	61.50	21.33	79.87	3.38	31.57
183	曲靖市	22.99	−19.86	186.28	93.68	12.16	79.59	−3.55	35.63
184	呼伦贝尔市	22.27	−5.95	148.73	71.64	17.44	79.51	3.34	54.12
185	红河州	28.24	−20.92	209.60	86.17	12.76	79.38	−1.16	36.33
186	安康市	8.87	−3.69	66.73	33.26	7.74	79.09	−6.49	42.27
187	梧州市	7.73	39.53	62.17	35.49	15.26	79.01	0.00	17.13
188	昭通市	34.82	85.81	129.76	75.45	43.93	78.40	17.02	50.01
189	邢台市	18.86	−4.51	107.65	73.12	19.34	78.20	2.14	12.25
190	晋中市	15.93	34.20	56.61	40.47	42.95	78.05	−0.50	25.14
191	满洲里市	2.45	−3.94	25.08	10.02	3.56	77.16	−1.31	47.75
192	运城市	13.94	−21.46	93.02	47.96	15.34	77.06	−9.47	25.08
193	沧州市	19.44	−57.79	202.95	132.71	4.31	76.92	−4.69	20.49
194	达州市	19.80	14.19	73.72	58.13	35.31	76.66	9.54	19.86
195	张家口市	16.74	−41.77	142.04	79.17	10.22	76.40	−8.87	16.00
196	武威市	9.79	−13.60	50.61	30.90	19.28	76.29	4.61	38.45
197	徐州市	45.78	−4.09	457.36	240.84	3.98	76.16	−2.65	21.32
198	郴州市	15.17	−4.00	120.10	74.51	11.48	76.09	−4.59	22.35
199	定西市	11.60	1.89	68.36	37.53	18.46	76.06	2.32	38.06
200	西双版纳州	8.19	39.29	60.60	29.98	10.22	76.01	−2.98	30.22
201	驻马店市	12.25	−49.86	90.04	56.65	7.45	75.93	−14.08	16.15
202	忻州市	9.48	11.50	48.57	25.26	30.89	75.24	−10.70	47.14
203	阿里地区	3.72	17.72	10.92	8.11	52.73	75.00	11.00	85.00

（续表）

序号	地方	当年发放贷款额（亿元）	同比增加（%）	累计发放贷款额（亿元）	贷款余额（亿元）	同比增长（%）	个贷率（%）	比上年增加百分点	个贷市场占有率（%）
204	牡丹江市	14.23	54.85	67.21	41.90	29.80	74.62	12.42	26.00
205	临沧市	13.00	31.34	61.81	37.18	27.26	74.54	2.83	59.67
206	聊城市	30.32	22.57	155.38	81.30	30.10	74.45	10.04	18.69
207	承德市	17.46	−12.69	107.97	68.75	17.34	74.43	0.82	16.08
208	临夏州	7.48	−6.62	33.85	21.76	23.15	74.36	2.36	35.21
209	惠州市	14.07	−48.41	173.03	108.73	0.66	74.27	−9.92	4.95
210	孝感市	13.00	−29.00	79.00	55.00	17.00	74.00	−2.84	21.00
211	珠海市	3.96	−90.96	138.42	72.37	−5.12	73.44	−17.60	11.01
212	潮州市	6.60	36.70	28.21	22.18	27.78	73.21	2.91	37.74
213	淮北市	9.10	18.18	122.60	76.80	−0.79	73.16	−4.87	41.62
214	荆州市	20.90	16.60	97.19	63.24	26.56	73.00	6.97	13.76
215	延边州	19.83	−8.41	108.39	65.43	21.87	72.94	7.62	32.16
216	济源市	3.35	3.72	29.57	18.36	7.24	72.80	−8.88	30.96
217	攀枝花市	12.51	16.80	88.11	52.56	13.08	72.76	4.66	58.01
218	廊坊市	4.74	−76.89	125.16	83.18	−2.90	72.66	−12.61	2.46
219	鄂州市	6.78	5.58	45.17	21.21	17.83	72.50	5.78	14.30
220	保定市	19.45	−47.20	189.69	128.79	7.18	72.48	−8.00	11.19
221	淮南市	20.90	6.51	192.80	103.09	5.63	72.34	3.64	33.32
222	佳木斯市	12.04	3.79	71.68	41.46	17.75	72.29	3.21	47.00
223	三门峡市	11.12	−20.57	48.99	38.97	26.28	72.13	8.66	53.58
224	本溪市	10.62	15.81	69.51	44.23	15.85	72.12	1.47	32.96
225	恩施州	21.88	5.96	89.72	50.59	38.03	71.96	10.13	22.00
226	博尔塔拉州	2.13	−50.54	27.74	11.17	−5.36	71.54	−18.47	57.65
227	黄冈市	29.40	24.63	95.59	67.94	48.21	71.46	15.73	34.50
228	辽源市	4.98	−6.56	26.68	16.78	22.93	71.40	1.00	39.00
229	萍乡市	8.31	−22.55	43.03	30.45	24.08	71.09	1.02	28.79
230	固原市	6.00	4.39	37.99	19.37	19.86	71.06	6.79	36.39
231	白银市	11.32	1.00	64.32	36.08	22.00	71.00	8.00	42.00
232	宝鸡市	18.78	46.60	73.07	55.44	42.19	70.90	8.31	32.23
233	揭阳市	12.67	33.73	50.24	39.44	31.67	70.72	8.44	21.82
234	吐鲁番市	2.59	−33.59	27.94	12.63	3.52	70.60	−12.00	58.00
235	延安市	16.60	55.29	83.16	47.94	30.77	70.21	7.24	58.28
236	乌海市	2.04	−22.73	34.93	18.51	−1.80	70.09	−7.11	34.72
237	阿坝州	9.98	−0.64	39.05	29.47	31.50	69.96	7.03	98.00
238	陇南市	8.97	−27.00	51.58	35.52	17.81	69.47	−2.26	47.00
239	大同市	14.41	14.18	62.72	47.64	26.47	69.37	−8.29	53.00
240	长治市	12.30	−24.63	64.11	44.40	21.88	69.32	−5.52	42.46

（续表）

序号	地方	当年发放贷款额（亿元）	同比增加（%）	累计发放贷款额（亿元）	贷款余额（亿元）	同比增长（%）	个贷率（%）	比上年增加百分点	个贷市场占有率（%）
241	咸宁市	10.18	-21.36	55.64	32.66	13.38	68.90	8.13	21.54
242	山南市	9.07	98.00	22.80	14.14	103.00	68.64	28.64	91.00
243	绵阳市	31.52	31.01	149.93	93.62	28.70	68.42	7.47	26.33
244	怒江州	2.55	-56.22	32.12	10.59	-5.00	68.24	-20.35	46.70
245	锦州市	13.78	-18.32	94.64	57.54	15.61	67.75	4.21	31.21
246	商洛市	5.68	-46.09	45.62	22.08	9.62	67.46	-3.85	48.45
247	朔州市	7.42	10.25	42.76	24.45	19.27	67.21	1.67	50.51
248	鞍山市	19.62	-2.49	134.50	85.46	15.19	66.49	6.91	17.25
249	塔城地区	4.83	-17.86	42.80	20.04	6.20	65.66	-8.05	46.76
250	乌兰察布市	10.11	-19.44	72.42	33.09	12.86	65.10	1.71	27.28
251	吴忠市	6.45	-0.62	51.17	20.58	17.00	64.92	4.97	31.54
252	迪庆州	4.77	-9.13	32.37	17.33	10.02	63.95	-5.31	91.70
253	铜川市	2.43	35.00	21.11	11.84	8.13	63.20	1.51	35.89
254	广元市	11.19	8.75	57.49	41.33	18.80	63.00	-0.65	36.08
255	平顶山市	22.03	-3.19	126.85	89.39	18.27	62.84	5.53	32.01
256	巴音郭楞州	6.63	-41.17	71.13	38.37	6.26	62.53	-9.00	26.03
257	海南州	3.78	60.85	21.73	8.33	32.43	62.07	11.49	84.48
258	晋城市	11.79	-14.19	63.10	41.11	17.86	60.89	2.61	38.01
259	酒泉市	10.86	-7.50	49.67	26.53	31.21	60.12	11.10	33.37
260	渭南市	11.37	-1.13	49.43	35.40	28.91	59.36	4.83	17.44
261	鄂尔多斯市	18.74	-9.47	133.08	71.62	13.20	59.18	0.72	43.55
262	凉山州	24.28	-4.41	114.94	69.73	33.51	59.02	8.55	53.98
263	伊春市	4.06	-14.53	28.50	15.20	10.71	58.76	-5.32	66.43
264	天门市	3.77	10.56	10.66	7.94	59.12	58.21	13.05	14.52
265	神农架林区	0.96	19.25	3.34	2.32	34.88	58.20	4.52	72.15
266	东营市	28.29	10.98	164.45	92.66	21.54	57.54	11.96	23.18
267	南阳市	17.98	-10.24	110.94	73.08	16.70	57.20	-0.80	15.50
268	中山市	4.92	-61.06	103.73	55.31	-5.86	56.63	-13.67	3.65
269	阿克苏地区	6.10	-24.81	60.75	29.20	6.00	56.03	-8.83	40.45
270	榆林市	9.39	-49.81	86.22	49.74	1.74	54.84	-14.96	31.70
271	铁岭市	8.23	-8.39	66.64	38.74	10.78	54.45	-0.18	25.00
272	东莞市	22.74	-27.86	270.79	148.55	3.28	54.41	-5.86	4.27
273	阿拉善盟	4.57	3.16	47.39	14.40	2.56	53.27	2.27	94.98
274	汕尾市	5.34	10.50	12.32	11.48	72.94	52.38	16.95	53.88
275	石嘴山市	4.89	49.09	32.88	12.96	30.51	52.21	9.90	34.00
276	松原市	7.34	-35.70	72.78	43.72	4.50	51.62	-3.06	23.00
277	绥化市	7.79	17.85	45.51	28.56	17.72	51.27	0.05	29.75

（续表）

序号	地方	当年发放贷款额（亿元）	同比增加（%）	累计发放贷款额（亿元）	贷款余额（亿元）	同比增长（%）	个贷率（%）	比上年增加百分点	个贷市场占有率（%）
278	黑河市	6.37	0.47	60.12	26.01	5.30	49.95	-3.59	39.55
279	那曲市	4.34	-18.11	21.52	12.79	18.21	49.88	—	—
280	十堰市	21.24	30.10	88.17	60.20	34.89	49.82	8.39	23.99
281	莱芜市	9.28	83.44	42.35	19.28	54.86	49.03	11.57	19.69
282	吕梁市	6.23	-36.23	33.83	21.21	23.53	48.90	-13.67	34.21
283	黄南州	1.65	-7.30	14.84	5.16	7.90	48.90	-2.44	96.56
284	盘锦市	9.04	-7.00	84.04	45.25	8.50	48.73	-8.73	11.34
285	阳泉市	5.35	60.66	33.49	15.88	24.45	48.22	-11.41	26.47
286	鸡西市	5.35	19.15	45.46	20.79	8.73	46.83	-1.77	37.88
287	海东市	4.71	1.07	47.76	13.61	1.60	46.55	-4.87	37.34
288	哈密市	6.74	14.62	45.82	24.87	17.09	45.74	2.72	47.88
289	辽阳市	5.43	1.99	55.90	27.64	6.21	45.35	-5.17	22.95
290	喀什地区	8.96	-36.18	91.98	43.18	3.37	45.26	-8.49	60.00
291	林芝市	2.24	31.77	12.64	6.45	20.11	45.20	1.09	70.53
292	克孜勒苏州	2.16	-56.10	32.82	11.15	-8.53	44.89	-13.52	81.11
293	昌都市	4.56	14.00	17.35	10.55	37.73	44.07	9.44	89.00
294	海西州	4.05	4.11	30.56	12.96	12.60	42.24	-0.68	90.05
295	和田地区	2.92	-38.72	41.83	18.40	-6.07	40.77	-11.25	68.20
296	潜江市	2.24	-50.44	22.96	14.71	1.52	39.63	2.51	11.75
297	仙桃市	2.20	12.82	8.62	5.12	35.09	36.52	13.91	10.00
298	鹤岗市	2.00	-52.16	39.80	11.47	-12.98	32.21	-6.63	38.97
299	嘉峪关市	2.89	29.60	17.34	7.57	30.29	27.75	3.79	20.28
300	金昌市	3.05	-18.23	21.60	10.10	15.30	26.88	1.41	23.86
301	果洛州	0.27	-10.00	3.01	1.51	13.53	24.20	-0.94	6.32
302	白山市	1.70	37.00	19.52	7.57	2.00	23.00	—	38.00
303	双鸭山市	2.14	0.00	24.77	9.43	4.78	20.57	-2.13	49.24
304	大兴安岭地区	0.62	-36.00	5.54	3.10	1.97	17.48	-3.84	46.86
305	七台河市	1.18	1.72	7.15	3.22	24.32	11.83	1.80	21.70

五、住房公积金管理效益指标比较

住房公积金管理效益指标分为5个二级指标：业务收入、业务支出、管理费用、增值收益、增值收益率。

业务收入包括存款利息收入、委托贷款利息收入、国债利息收入和其他收入。业务支出包括缴存职工账户余额计息支出、委托归集与贷款银行手续费支出、其他支出。管理费用是指各地住房公积金管理中心为保障住房公积金管理、运作，按规定列支的经费，包括人员经费、公用经费和专项经费。增值收益是当年业务收入减去当年业务支出的差额，增值收益主要用于政府建设廉租房补充资金、提取住房公积金贷款风险准备金和管理费用支出等。增值收益率是指当年增值收益额与当年住房公积金月均缴存余额的比率，它代表了单位资金的运营效率，也代表了一个单位综合理财能力的高低。列表以增值收益率排序。

（一）全国住房公积金管理效益指标

全国住房公积金管理效益指标见表 2-5-1。

全年住房公积金业务收入 1657.69 亿元，比上年增长 8.97%。其中，存款利息收入 260.09 亿元，委托贷款利息收入 1387.77 亿元，国债利息收入 1.01 亿元，其他收入 8.82 亿元。全年住房公积金业务支出 894.47 亿元，比上年增长 7.31%。其中，支付缴存职工利息 743.89 亿元，归集手续费 23.56 亿元，委托贷款手续费 54.22 亿元，公转商贴息、融资成本等其他支出 72.80 亿元。全年增值收益 763.22 亿元，比上年增长 10.98%，增值收益率 1.57%，较上年降低 0.02 个百分点。

全年提取住房公积金贷款风险准备金 212.16 亿元，提取管理费用 106.75 亿元，提取城市公共租赁住房（廉租住房）建设补充资金 453.85 亿元。截至 2017 年年末，累计提取住房公积金贷款风险准备金 1716.17 亿元，累计提取城市公共租赁住房（廉租住房）建设补充资金 2904.59 亿元。

全年管理费用实际支出 104.61 亿元，比上年增长 15.53%。其中，人员经费 47.74 亿元，公用经费 11.28 亿元，专项经费 45.59 亿元，分别占 45.64%、10.78% 和 43.58%。

表 2-5-1　2017 年全国住房公积金管理效益情况表

指标	2016	2017	增长率（百分比）
业务收入（亿元）	1521.26	1657.69	8.97
业务支出（亿元）	833.54	894.47	7.31
管理费用（亿元）	90.55	104.61	15.53
增值收益（亿元）	687.72	763.22	10.98
增值收益率（%）	1.59	1.57	-1.26

（二）省、自治区和新疆生产建设兵团住房公积金管理效益比较

2017 年省、自治区和新疆生产建设兵团住房公积金管理效益情况单独进行统计分析，具体数据见表 2-5-2。

从增值收益率看，增值收益率达到或高于全国平均水平的省级单位有 15 个，占全部省区的 53.57%，山西省增值收益率连续两年拔得头筹。

从增值收益看，广东省实现增值最多，突破 70 亿元。各省区中增值收益在 30 亿～ 50 亿元之间的有 5 个，在 20 亿～ 30 亿元之间的有 5 个，在 10 亿～ 20 亿元之间的有 12 个，10 亿元以下有 5 个。总体来看，实现增值收益较多的省份仍集中于东部及沿海发达地区。

从业务收入看，仅山西省为负增长，新疆生产建设兵团与上年持平，其余均实现正增长。各省区中收入增长率在 10% 以上的有 9 个，占比 32.14%，分别为江西、广西、甘肃、湖北、青海、浙江、福建、贵州、西藏。

从业务支出看，山西与新疆生产建设兵团为负增长，其他省区均为正增长。其中，增长率在两位数以上的有 14 个，占比 50%，分别是：湖南、江西、四川、广西、甘肃、海南、湖北、黑龙江、青海、宁夏、河南、福建、贵州、西藏。

表 2-5-2　2017 年省、自治区和新疆生产建设兵团住房公积金管理效益比较表

序号	地区	业务收入（亿元）	增长率（%）	业务支出（亿元）	增长率（%）	管理费用（亿元）	增值收益（亿元）	增值收益率（%）
1	山西	30.65	-0.02	14.99	-9.73	2.81	15.67	1.92
2	新疆生产建设兵团	3.71	0.00	1.78	-5.00	0.40	1.93	1.92
3	湖南	51.15	9.03	24.93	10.20	5.63	26.21	1.73
4	江西	36.61	13.09	20.06	14.99	2.18	16.55	1.70
5	四川	74.95	7.52	36.66	10.07	6.54	38.29	1.69
6	内蒙古自治区	36.21	8.63	17.71	9.49	3.14	18.50	1.67
7	广西壮族自治区	30.31	10.27	14.80	10.75	2.67	15.52	1.65
8	云南	39.60	3.09	19.78	3.09	3.50	19.82	1.63
9	吉林	31.32	7.35	15.47	4.14	2.78	15.85	1.63
10	甘肃	30.09	24.70	16.50	23.32	3.91	13.59	1.63
11	广东	149.06	6.16	78.54	5.26	6.44	70.52	1.61
12	海南	10.35	2.08	5.21	11.85	0.61	5.14	1.60
13	安徽	54.25	6.17	31.06	5.42	4.22	23.19	1.59
14	湖北	67.12	10.70	37.27	25.95	5.25	29.85	1.57
15	黑龙江	36.63	7.13	19.18	12.23	2.45	17.45	1.57
16	青海	10.96	15.10	6.62	11.63	0.62	4.33	1.56
17	山东	96.38	5.41	51.09	5.66	5.68	45.29	1.54
18	新疆维吾尔自治区	28.53	8.96	14.59	6.10	2.29	13.94	1.53
19	陕西	33.60	9.60	17.42	1.30	2.53	16.18	1.53
20	宁夏回族自治区	8.25	0.63	4.36	16.23	0.71	3.89	1.53
21	辽宁	70.32	7.27	37.37	5.94	3.83	32.95	1.51
22	浙江	97.10	11.90	56.50	9.90	4.90	40.60	1.50
23	河南	57.10	8.20	30.66	11.10	3.67	26.66	1.50
24	河北	53.14	6.22	28.12	6.95	4.22	25.02	1.50
25	福建	46.24	10.50	27.31	12.15	1.68	18.93	1.46
26	贵州	25.57	16.61	14.72	19.75	3.22	10.85	1.35
27	江苏	125.35	6.33	77.37	9.51	5.53	47.98	1.32
28	西藏自治区	3.91	10.11	2.95	18.74	0.05	0.96	0.47

（三）直辖市住房公积金管理效益比较

直辖市住房公积金管理效益具体数据见表 2-5-3。

在 4 个直辖市中，增值收益率上海名列第一，为 1.79%，天津位列第四，为 1.3%，相差 0.49 个百分点。从业务收入上看，4 个直辖市均实现正增长，其中上海、北京、重庆增长率达两位数以上。从业务支出上看，除上海为负增长外，其他 3 个城市均为正增长。从增值收益额上看，上海、北京增值额度较大，重庆、天津相对较小。增值收益率上，重庆、天津两个直辖市低于全国平均增值收益率。

表 2-5-3　2017 年直辖市住房公积金管理效益比较表

序号	城市	业务收入（亿元）	增长率（%）	业务支出（亿元）	增长率（%）	管理费用（万元）	增值收益（亿元）	增值收益率（%）
1	上海	122.71	13.19	61.24	-10.44	18800.00	60.44	1.79
2	北京	122.84	13.90	62.87	7.90	59423.68	59.96	1.70
3	重庆	27.72	15.77	16.49	9.57	17145.32	11.23	1.33
4	天津	45.99	3.70	30.36	9.00	36890.00	15.63	1.30

（四）副省级、省会城市住房公积金管理效益比较

副省级、省会城市住房公积金管理效益具体数据见表 2-5-4。

从业务收入数量看，在 31 个城市中，业务收入超过 40 亿元的城市有 2 个，分别为广州、深圳；业务收入在 30 亿～ 40 亿元之间的城市有 2 个，分别为成都、武汉；业务收入在 20 亿～ 30 亿元之间的城市有 3 个，分别为沈阳、南京、杭州；在 10 亿～ 20 亿元之间的城市有 17 个；10 亿元以下的城市有 7 个。

从增值收益看，位列前三名的城市分别为深圳、广州、成都。

增值收益率位列前三位的城市分别为呼和浩特、深圳、乌鲁木齐。全国总平均增值收益率为 1.57%，在全国平均数以上的城市有 13 个，占比 41.94%；在全国平均数以下的城市有 18 个，占比 58.06%。

表 2-5-4　2017 年副省级、省会城市住房公积金管理效益比较表

序号	城市	业务收入（亿元）	增长率（%）	业务支出（亿元）	增长率（%）	管理费用（万元）	增值收益（亿元）	增值收益率（%）
1	呼和浩特	9.77	3.43	4.09	-0.68	6406.49	5.69	2.11
2	深圳	45.52	7.34	20.47	10.37	9651.83	25.05	2.04
3	乌鲁木齐	11.24	23.65	4.88	10.58	4200.47	6.36	1.96
4	兰州	13.04	45.96	7.24	35.17	13112.98	5.80	1.88
5	南宁	9.92	4.83	4.45	2.36	6661.83	5.46	1.76
6	南昌	11.50	8.92	6.38	-5.78	4018.39	5.12	1.70
7	太原	12.08	-2.42	6.31	-2.17	6518.25	5.77	1.67
8	西宁	6.92	26.39	4.69	17.02	2637.71	2.40	1.67
9	大连	19.86	6.10	10.01	6.20	6871.08	9.85	1.65
10	青岛	15.77	6.77	7.57	-4.78	7286.21	8.21	1.64
11	长春	16.06	11.84	7.91	5.45	12873.46	8.15	1.64
12	广州	46.89	3.77	24.29	-1.27	21000.54	22.60	1.60

（续表）

序号	城市	业务收入（亿元）	增长率（%）	业务支出（亿元）	增长率（%）	管理费用（万元）	增值收益（亿元）	增值收益率（%）
13	成都	30.96	10.58	15.50	9.65	16845.72	15.46	1.60
14	厦门	9.96	12.83	5.56	7.99	2000.77	4.40	1.55
15	昆明	12.89	10.41	6.76	-7.35	7084.31	6.13	1.51
16	银川	5.18	-2.00	2.79	21.00	2395.79	2.39	1.50
17	南京	29.67	0.25	17.52	-5.89	6536.42	12.15	1.48
18	沈阳	24.05	7.27	13.32	8.93	10694.92	10.74	1.48
19	长沙	15.98	7.27	8.48	8.35	11926.99	7.51	1.47
20	石家庄	11.77	10.85	6.14	22.46	6056.79	5.63	1.47
21	西安	18.07	13.33	9.88	2.06	6584.98	8.19	1.43
22	杭州	29.13	8.70	17.24	3.30	9415.80	11.88	1.40
23	济南	17.94	5.52	10.03	2.29	3286.76	7.91	1.37
24	哈尔滨	14.17	9.76	7.66	12.40	8639.05	6.50	1.36
25	郑州	17.45	6.21	9.96	8.32	8060.96	7.49	1.34
26	武汉	30.44	6.43	18.19	29.06	10365.17	12.25	1.32
27	福州	11.83	2.00	7.02	2.77	4212.34	4.81	1.32
28	宁波	14.79	5.39	9.20	10.62	7247.92	5.59	1.28
29	合肥	12.93	1.00	8.39	0.29	4044.02	4.54	1.28
30	贵阳	7.66	14.82	4.81	25.87	17168.20	2.85	1.18
31	拉萨	0.57	3.18	0.51	7.84	70.52	0.06	0.21

（五）地市州盟住房公积金管理效益比较

地市州盟城市住房公积金管理效益具体数据见表 2-5-5。

对个别未披露增值收益率的城市，按照增值收益额除以缴存余额得出增值收益率数值，可能与实际数据稍有误差。

从统计表中可以看出，在 305 个地市州盟中，增值收益率达到或高于全国平均数的城市有 156 个，占比 51.15%。其中增值收益率在 2% 及以上的有 32 个，占比 10.49%。收益率在 1% ～ 1.57% 之间的有 127 个，占比 41.64%；收益率在 1% 以下的有 22 个，占比 7.21%。

表 2-5-5　2017 年地市州盟住房公积金管理效益比较表

序号	地方	业务收入（万元）	增长率（%）	业务支出（万元）	增长率（%）	管理费用（万元）	增值收益（万元）	增值收益率（%）
1	忻州市	20437.41	4.62	11280.51	-30.08	921.79	9156.90	3.40
2	阳泉市	12954.43	-8.48	5001.85	-28.81	1179.99	7952.59	2.87
3	泸州市	28520.88	24.42	10051.80	21.31	13000.69	18469.08	2.81
4	张掖市	17535.70	40.14	7300.10	30.96	1675.22	10235.60	2.81
5	汕头市	46318.27	4.40	19523.42	20.42	1164.86	26794.85	2.66

（续表）

序号	地方	业务收入（万元）	增长率（%）	业务支出（万元）	增长率（%）	管理费用（万元）	增值收益（万元）	增值收益率（%）
6	张家界市	8851.63	29.80	3020.12	9.73	1153.03	5831.51	2.61
7	岳阳市	44503.96	16.26	16903.96	−15.82	3266.32	27600.00	2.58
8	汉中市	23259.46	16.05	10472.61	31.85	2469.00	12786.85	2.43
9	凉山州	42230.20	2.49	16288.24	14.16	3271.58	25941.96	2.37
10	新余市	10951.02	19.23	4239.62	3.45	847.35	6711.40	2.35
11	鄂州市	11239.25	30.30	4681.59	69.93	602.00	6557.66	2.35
12	芜湖市	55107.65	27.34	31071.54	33.27	15039.16	24036.11	2.33
13	黄冈市	40495.55	63.08	20526.99	56.31	3954.77	19968.56	2.22
14	咸宁市	20816.35	24.36	9574.01	4.36	2303.86	11242.34	2.19
15	韶关市	28790.46	−3.38	11963.13	−6.81	1491.40	16827.37	2.18
16	亳州市	21341.06	28.30	9148.46	11.17	707.99	12192.60	2.16
17	资阳市	13900.61	4.98	6601.57	19.89	640.91	7299.03	2.16
18	朔州市	13491.25	−5.80	6093.95	−14.50	1372.64	7397.30	2.15
19	晋中市	17463.53	−0.68	7898.22	−13.24	1910.76	9565.31	2.12
20	阿勒泰地区	8436.06	1.30	2988.80	−7.68	1619.05	5447.26	2.12
21	抚州市	23235.60	18.58	10237.94	34.24	1978.99	12997.66	2.10
22	许昌市	21232.12	−22.50	9664.78	6.80	791.03	11567.34	2.10
23	攀枝花市	26110.75	−11.91	11805.34	−7.60	1421.37	14305.41	2.07
24	运城市	22401.60	16.10	10431.85	−15.06	2518.69	11969.75	2.07
25	保山市	20592.71	9.96	9472.61	17.93	1574.99	11120.10	2.07
26	贺州市	10167.06	14.75	4402.33	2.14	1333.38	5764.73	2.06
27	文山州	15359.78	2.25	4096.97	−18.30	2213.15	11262.81	2.05
28	呼伦贝尔市	27309.08	9.53	10039.64	27.41	2329.65	17269.44	2.04
29	四平市	14714.56	5.93	6430.20	9.93	1698.80	8284.36	2.04
30	黄山市	15584.42	10.74	8074.28	−4.58	1191.67	7510.14	2.04
31	淮安市	35457.61	16.53	15355.18	32.24	2012.36	20102.43	2.01
32	新乡市	26135.33	8.00	12084.19	19.60	960.71	14051.14	2.00
33	马鞍山市	29173.84	5.75	11903.77	−38.26	1721.16	17270.07	1.98
34	晋城市	23331.45	−2.11	10286.54	−4.88	1737.15	13044.91	1.98
35	湘西州	16624.56	16.23	7054.41	12.00	2941.13	9570.14	1.97
36	阜新市	12314.18	13.13	5550.20	9.15	950.94	6763.98	1.97
37	宜春市	24985.25	−3.02	10866.83	12.52	1797.28	14118.42	1.96
38	宿州市	25585.91	4.80	13937.29	17.38	1872.88	11648.61	1.96
39	衡阳市	33603.25	6.25	15333.58	12.25	2869.75	18269.67	1.95
40	自贡市	19989.14	7.73	9272.21	12.70	1356.49	10716.93	1.95
41	商丘市	26876.18	33.48	10919.12	18.30	1694.57	15957.06	1.94
42	曲靖市	40044.64	5.28	18619.53	−15.60	2295.86	21425.11	1.94
43	白城市	9203.27	1.72	4219.48	0.54	1408.15	4983.79	1.94

（续表）

序号	地方	业务收入（万元）	增长率（%）	业务支出（万元）	增长率（%）	管理费用（万元）	增值收益（万元）	增值收益率（%）
44	大庆市	87148.80	3.56	39049.64	27.38	3494.61	48099.15	1.93
45	六安市	27148.00	12.89	13236.89	56.30	2986.00	13911.11	1.92
46	鹰潭市	11241.83	19.38	5859.90	19.72	997.44	5381.92	1.92
47	东营市	59242.99	-3.21	28097.80	-9.08	3717.78	31145.19	1.91
48	渭南市	16633.35	-23.35	6187.76	-52.95	1694.55	10445.59	1.91
49	吐鲁番市	4950.80	9.95	1834.12	31.25	886.00	3116.68	1.91
50	抚顺市	30597.44	23.02	14265.90	-9.65	1035.43	16331.54	1.90
51	怀化市	25668.94	9.65	11535.78	8.06	3133.09	14133.16	1.90
52	咸阳市	23487.22	20.96	9901.93	-11.24	1342.06	13585.29	1.90
53	临汾市	24678.35	-0.20	11325.22	-13.15	3677.31	13353.13	1.90
54	驻马店市	23415.65	21.69	10767.46	20.02	1226.84	12648.19	1.90
55	钦州市	12918.22	15.31	5881.69	-0.33	1098.13	7036.53	1.90
56	嘉峪关市	8886.36	-8.23	3917.22	-1.41	698.68	4969.14	1.90
57	随州市	9215.33	13.78	4599.54	9.32	899.37	4615.79	1.89
58	滁州市	28430.01	23.87	16138.55	15.16	4760.55	12291.47	1.88
59	丽水市	42730.00	22.10	25187.00	36.80	2853.00	17544.00	1.87
60	通化市	15191.55	18.64	6070.61	15.92	1095.00	9120.94	1.87
61	荆门市	28142.99	22.77	14757.81	10.83	4035.51	13385.18	1.86
62	临沧市	15805.00	18.23	7281.00	22.12	2157.00	8524.00	1.86
63	丽江市	7929.11	16.21	3299.60	-0.32	1630.40	4629.51	1.86
64	九江市	30549.02	16.55	15066.43	56.99	1696.83	15482.59	1.85
65	日照市	25235.22	21.08	12559.22	53.48	1151.68	12676.00	1.85
66	宜昌市	53589.52	12.74	30328.80	30.04	6798.16	23260.72	1.84
67	南充市	23420.47	13.93	10633.83	11.21	2047.50	12786.64	1.84
68	仙桃市	4709.73	9.39	2131.63	31.42	699.02	2578.10	1.84
69	白银市	17143.01	22.00	9858.74	26.00	910.36	7284.27	1.83
70	赤峰市	52962.35	27.71	29565.08	67.80	5011.03	23397.26	1.82
71	商洛市	10484.11	7.21	4811.86	15.31	1785.11	5672.24	1.82
72	菏泽市	28486.01	21.16	12743.04	23.06	3362.65	15742.97	1.81
73	天水市	16250.95	18.54	7947.03	28.69	3357.37	8303.92	1.81
74	邵阳市	31221.41	15.00	14815.57	26.00	3977.01	16405.85	1.80
75	雅安市	12357.88	3.21	5874.79	-1.91	1307.45	6483.09	1.79
76	吕梁市	12314.11	30.57	6043.63	-23.29	1446.26	6270.48	1.79
77	长治市	18832.99	-10.69	8720.65	20.58	1513.43	10112.34	1.78
78	柳州市	36510.95	7.95	16950.61	44.70	2157.39	19560.34	1.77
79	德州市	26764.25	15.99	12708.15	14.21	1352.08	14056.10	1.77
80	莆田市	25828.10	8.75	14144.65	-0.61	942.54	11683.45	1.77
81	龙岩市	30658.39	17.11	17754.19	26.61	2602.32	12904.20	1.76

（续表）

序号	地方	业务收入（万元）	增长率（%）	业务支出（万元）	增长率（%）	管理费用（万元）	增值收益（万元）	增值收益率（%）
82	中卫市	6431.98	7.05	2977.06	7.08	1213.01	3454.92	1.76
83	十堰市	38205.47	3.40	18377.85	17.86	3214.11	19827.63	1.75
84	郴州市	29163.07	7.63	13421.22	46.27	3381.05	15741.85	1.75
85	承德市	29058.31	13.38	13917.30	8.54	2830.06	15141.01	1.75
86	延边州	28745.53	−11.38	13708.50	−4.12	2437.13	15037.03	1.75
87	金华市	70117.36	15.04	37817.69	13.88	2960.46	32299.67	1.74
88	湘潭市	21144.51	7.64	10381.39	−0.22	1784.06	10763.12	1.74
89	绵阳市	39907.24	−2.40	18052.17	−7.39	3084.22	21855.07	1.73
90	吉安市	31380.87	20.04	17831.72	9.90	1615.48	13549.14	1.73
91	株洲市	37627.35	15.15	17849.27	1.07	4954.09	19778.08	1.72
92	红河州	35683.63	1.44	18085.52	9.29	2361.64	17598.11	1.72
93	泰州市	45547.00	8.44	24458.00	10.70	2428.60	21089.16	1.71
94	聊城市	33582.41	6.83	15933.84	25.15	1840.03	17648.57	1.71
95	温州市	111891.94	10.76	55747.79	0.84	4485.33	56144.15	1.70
96	襄阳市	36414.00	−6.73	18915.00	4.87	4720.04	17499.00	1.70
97	茂名市	33307.57	5.78	16787.74	−1.13	1978.83	16519.82	1.70
98	上饶市	35010.94	31.22	18931.65	67.57	2532.51	16079.29	1.70
99	泰安市	30266.32	−20.74	14875.55	6.64	3697.23	15390.77	1.70
100	荆州市	27732.33	9.76	14046.73	11.83	2712.84	13685.60	1.70
101	衢州市	34419.33	27.98	21301.72	59.22	2713.80	13117.61	1.70
102	北海市	10968.54	12.66	5540.56	13.55	1099.21	5427.99	1.70
103	沧州市	55503.86	11.15	27710.17	−4.80	4650.63	27793.69	1.69
104	宝鸡市	22390.83	38.36	11083.83	36.41	2565.40	11307.00	1.68
105	永州市	26802.21	11.29	13242.01	45.92	3218.93	13560.20	1.67
106	大同市	19814.67	5.50	9665.44	−11.26	2503.00	10149.22	1.67
107	佳木斯市	17511.00	7.69	8460.00	0.58	1390.00	9051.00	1.67
108	漳州市	28730.74	0.36	14046.24	17.85	1935.29	14684.50	1.66
109	昌吉州	22406.50	8.20	10808.41	−9.60	3235.41	11598.10	1.66
110	德阳市	31727.72	−6.84	15652.35	10.31	1986.63	16075.37	1.65
111	甘孜州	18977.92	5.63	9751.72	6.04	2665.95	9226.20	1.65
112	百色市	17408.01	23.07	8412.44	−8.41	1678.25	8995.57	1.65
113	遂宁市	13468.18	7.21	6909.48	−7.27	310.00	6558.70	1.65
114	铜川市	6056.41	−9.57	3002.30	8.74	221.00	3054.11	1.65
115	湖州市	50209.18	12.52	29241.32	5.93	4711.91	20967.86	1.64
116	克拉玛依市	26320.02	−6.38	13389.34	−5.61	1480.26	12930.68	1.64
117	葫芦岛市	21811.24	0.59	10219.63	3.93	1868.00	11591.61	1.64
118	益阳市	22119.27	16.00	11524.11	17.96	3264.07	10595.16	1.64
119	吴忠市	9776.20	13.42	4675.72	11.10	1365.74	5100.48	1.64

（续表）

序号	地方	业务收入（万元）	增长率（%）	业务支出（万元）	增长率（%）	管理费用（万元）	增值收益（万元）	增值收益率（%）
120	大兴安岭	5182.25	27.49	2608.61	40.90	254.36	2573.64	1.64
121	包头市	48608.63	11.64	24427.20	1.88	3433.34	24181.43	1.63
122	张家口市	29574.81	4.12	14357.82	−11.28	5806.76	15216.99	1.63
123	玉溪市	22047.60	19.32	11553.69	10.77	2310.36	10493.91	1.63
124	台州市	67136.67	14.81	36948.59	2.51	5298.05	30188.08	1.62
125	宜宾市	36370.82	6.14	18471.07	3.04	3259.77	17899.75	1.62
126	黄石市	37344.84	44.61	23037.64	80.90	1764.54	14307.20	1.62
127	焦作市	26173.69	19.44	14402.42	33.43	2386.42	11771.27	1.62
128	本溪市	18385.31	7.68	8999.30	0.66	912.65	9386.01	1.62
129	潍坊市	54814.07	16.53	27525.90	11.38	5078.38	27288.17	1.61
130	宁德市	24301.98	18.18	12476.69	40.76	1023.37	11825.29	1.61
131	济源市	7076.65	15.48	3342.89	15.06	479.75	3733.76	1.61
132	洛阳市	58940.56	8.50	30508.87	−4.70	2142.32	28431.69	1.60
133	扬州市	67600.00	9.00	39700.00	4.00	4156.00	27800.00	1.60
134	邢台市	27910.08	3.77	14527.08	−5.81	3229.35	13383.00	1.60
135	濮阳市	24872.97	2.10	12900.12	28.80	1520.27	11972.85	1.60
136	孝感市	22762.00	6.00	11913.00	6.00	4133.00	10849.00	1.60
137	宿迁市	22422.94	24.94	11724.63	18.00	1147.23	10698.31	1.60
138	安阳市	21758.72	9.40	11297.09	5.40	1243.13	10461.63	1.60
139	普洱市	16691.39	13.55	7316.19	33.16	1391.55	9375.19	1.60
140	天门市	3869.83	20.30	1863.13	33.44	869.07	2006.69	1.60
141	阿里地区	2691.87	105.33	1206.41	1.32	37.63	1485.45	1.60
142	南通市	90534.33	11.52	51267.34	4.40	2976.21	39266.99	1.59
143	常德市	34610.18	3.11	18644.36	−3.77	7996.11	15965.83	1.59
144	丹东市	17612.28	4.79	8984.41	16.74	1338.52	8627.87	1.59
145	潜江市	11230.14	54.96	5524.80	10.73	1111.85	5705.34	1.59
146	海北州	3293.12	10.12	1946.01	−10.48	227.94	1347.11	1.59
147	南平市	23450.39	12.73	12096.82	−1.28	989.63	11353.57	1.58
148	玉林市	21612.20	13.05	11043.76	9.90	1176.61	10568.44	1.58
149	宣城市	16655.58	8.59	9213.90	16.05	826.79	7441.68	1.58
150	吉林市	46467.10	9.33	24180.17	−2.55	3142.22	22286.93	1.57
151	连云港市	45676.04	17.21	26119.65	70.35	3464.13	19556.39	1.57
152	昭通市	29423.19	−0.48	14337.11	6.39	5264.81	15086.08	1.57
153	中山市	30287.42	10.37	16059.44	−1.02	2293.07	14227.97	1.57
154	萍乡市	13348.76	4.83	6638.76	50.41	1458.00	6710.00	1.57
155	兴安盟	12483.42	5.48	6100.25	9.46	3413.50	6383.17	1.57
156	楚雄州	13530.40	25.29	7469.34	50.21	1277.75	6061.06	1.57
157	淄博市	65794.53	−7.14	33780.01	10.19	4043.66	32014.52	1.56

（续表）

序号	地方	业务收入（万元）	增长率（%）	业务支出（万元）	增长率（%）	管理费用（万元）	增值收益（万元）	增值收益率（%）
158	辽阳市	17825.82	12.26	9015.57	22.17	1306.60	8810.25	1.56
159	内江市	17433.08	3.93	8788.04	26.99	2428.44	8645.04	1.56
160	恩施州	20155.95	−5.96	10152.58	5.76	4170.19	10003.37	1.55
161	安康市	12054.81	3.31	6000.02	11.65	2273.46	6054.78	1.55
162	铜仁市	20214.82	21.84	10039.60	26.60	1793.39	10175.22	1.54
163	营口市	20390.71	14.06	10276.37	−1.69	890.68	10114.34	1.54
164	清远市	24841.80	22.63	13624.06	23.26	1825.20	11217.74	1.53
165	眉山市	17522.33	26.96	10394.39	46.04	3049.62	7127.94	1.53
166	齐齐哈尔市	28397.18	15.50	14354.68	4.22	1436.08	14042.50	1.52
167	衡水市	17459.78	18.54	9098.27	10.56	2311.69	8361.51	1.52
168	来宾市	8501.26	12.12	4366.70	3.83	956.61	4134.56	1.52
169	嘉兴市	70116.76	21.05	41574.38	30.62	3714.69	28542.38	1.51
170	锡林郭勒盟	14861.00	14.39	7598.00	−3.46	2114.00	7263.00	1.51
171	河池市	13722.57	10.32	6878.40	13.99	1485.56	6844.17	1.51
172	唐山市	98128.70	−0.10	54177.34	14.32	4384.76	43951.36	1.50
173	烟台市	76701.46	10.80	41746.93	1.13	4081.80	34954.53	1.50
174	阜阳市	34979.04	−3.01	20815.89	−2.61	980.82	14163.15	1.50
175	黔南州	21353.62	18.79	10763.15	2.53	1351.66	10590.47	1.50
176	陇南市	15160.41	11.00	7348.50	24.52	6515.22	7811.91	1.50
177	桂林市	34202.97	9.70	18141.33	3.12	1424.95	16061.65	1.49
178	滨州市	23483.56	17.35	12840.59	7.96	1809.64	10642.97	1.49
179	安顺市	14870.35	22.15	8825.53	34.75	1482.03	6044.82	1.49
180	镇江市	44528.79	17.87	27290.07	19.03	3483.17	17238.72	1.48
181	秦皇岛市	32287.33	7.38	17145.99	5.08	1401.77	15141.34	1.48
182	达州市	20841.14	4.22	10588.02	28.06	1366.73	10253.12	1.48
183	阿坝州	13700.94	13.14	7933.04	9.37	447.00	5767.90	1.48
184	乐山市	25756.52	8.51	13663.20	5.83	3467.18	12093.31	1.47
185	朝阳市	20612.54	11.75	11099.78	6.95	3020.75	9512.76	1.47
186	巴中市	13740.19	22.05	6883.79	27.94	981.32	6856.40	1.47
187	威海市	35785.69	14.60	19876.28	14.03	3470.93	15909.41	1.46
188	开封市	13229.40	14.46	6900.27	24.82	1394.26	6329.13	1.46
189	济宁市	69043.57	−3.71	38652.26	1.22	7343.44	30391.31	1.45
190	黔东南州	27692.70	8.27	15024.47	6.81	3732.83	12668.23	1.45
191	信阳市	19457.70	4.66	9168.75	25.93	2030.39	10288.95	1.45
192	乌兰察布市	13548.68	−3.22	6606.40	4.08	1612.20	6942.28	1.45
193	贵港市	12945.19	25.26	7374.55	73.09	1773.44	5570.64	1.45
194	满洲里市	3820.14	10.92	1996.48	15.89	412.82	1823.66	1.45
195	无锡市	145980.92	2.28	81017.45	−1.61	5425.18	64963.47	1.44

（续表）

序号	地方	业务收入（万元）	增长率（%）	业务支出（万元）	增长率（%）	管理费用（万元）	增值收益（万元）	增值收益率（%）
196	淮北市	29617.15	−2.94	14899.99	−9.11	1951.76	14717.16	1.44
197	娄底市	19693.43	−11.85	10839.28	8.96	2386.89	8854.15	1.44
198	景德镇市	11774.18	6.49	6395.58	10.27	1723.89	5378.59	1.44
199	湛江市	42108.75	9.63	23026.66	−11.41	1925.35	19082.09	1.43
200	酒泉市	12556.08	0.79	6602.33	3.62	3486.28	5953.76	1.43
201	鹤壁市	9825.72	4.22	5707.02	2.52	889.31	4118.70	1.43
202	邯郸市	42127.24	−0.74	23666.51	−0.75	4996.55	18460.73	1.42
203	哈密市	15657.58	−1.26	8284.36	−13.39	2396.64	7373.22	1.42
204	海西州	9406.03	14.50	5355.03	−19.29	780.00	4051.00	1.42
205	淮南市	45233.99	−7.00	25106.28	3.49	1871.15	20127.71	1.41
206	遵义市	39774.93	20.20	22670.54	10.74	2453.38	17104.39	1.41
207	庆阳市	13192.15	29.46	7156.51	11.39	1020.59	6035.64	1.40
208	武威市	11672.50	−2.20	6235.17	10.27	2770.71	5437.33	1.40
209	防城港市	5311.62	6.78	2863.37	91.37	886.06	2448.25	1.40
210	绍兴市	60686.26	9.10	36041.20	1.50	4084.22	24645.06	1.39
211	江门市	34174.27	24.93	19603.19	−6.11	1186.66	14571.08	1.39
212	三门峡市	18255.51	31.67	11100.11	33.91	878.63	7155.40	1.39
213	定西市	14136.08	11.20	7621.99	10.66	1515.77	6514.09	1.39
214	德宏州	9902.37	9.52	5072.89	17.19	1797.00	4829.48	1.39
215	甘南州	8290.83	16.20	4304.82	14.14	1139.78	3986.01	1.39
216	巴彦淖尔市	17749.09	5.05	9316.17	−9.63	1036.34	8432.93	1.38
217	平凉市	17817.11	20.32	12026.87	5.27	1080.43	5790.24	1.38
218	石嘴山市	7130.77	5.38	3827.61	25.48	974.54	3303.16	1.38
219	日喀则市	6999.26	4.59	6492.42	4.66	63.47	506.84	1.38
220	伊犁州	23775.97	13.10	13700.47	24.66	1784.00	10075.50	1.37
221	揭阳市	14464.44	11.50	7240.98	7.00	725.53	7223.46	1.37
222	周口市	14643.93	17.91	8053.59	3.45	1339.46	6590.34	1.37
223	徐州市	88754.00	5.60	45708.00	4.08	5295.75	43047.00	1.36
224	三明市	34347.11	15.94	22580.53	13.51	1259.71	11766.58	1.36
225	白山市	9100.43	−9.00	4885.45	−2.00	1048.36	4214.98	1.36
226	保定市	48343.77	3.30	26234.57	−5.48	4028.55	22109.20	1.35
227	惠州市	44549.03	8.01	25982.50	−3.68	1920.04	18566.53	1.35
228	廊坊市	33395.09	7.56	19006.50	20.72	2520.55	14388.60	1.35
229	黑河市	14222.90	4.24	7579.96	6.09	1113.72	6642.94	1.35
230	神农架林区	898.52	2.86	404.82	−36.84	160.00	493.71	1.34
231	临沂市	57479.38	29.61	38179.40	35.29	2030.07	19299.98	1.33
232	安庆市	32889.95	−8.31	20024.45	−2.38	1933.19	12865.50	1.33
233	巴音郭楞州	15119.62	9.91	7694.34	−26.15	1493.00	7425.28	1.33

（续表）

序号	地方	业务收入（万元）	增长率（%）	业务支出（万元）	增长率（%）	管理费用（万元）	增值收益（万元）	增值收益率（%）
234	绥化市	14476.27	14.61	7675.17	-0.38	6801.10	6801.10	1.33
235	铜陵市	15526.44	30.71	9165.88	27.24	619.55	6360.57	1.33
236	河源市	11010.95	10.54	6041.50	4.83	3710.76	4969.45	1.33
237	通辽市	28912.06	9.59	15456.86	-2.00	1931.83	13455.20	1.32
238	毕节市	22120.75	13.43	12094.58	9.23	2011.87	10026.17	1.32
239	六盘水市	16780.83	15.28	9775.55	27.69	1302.95	7005.28	1.32
240	海南州	3961.55	3.19	2269.54	206.99	217.35	1692.01	1.31
241	蚌埠市	26427.88	15.64	17838.89	39.55	1025.70	8588.99	1.30
242	梧州市	12573.55	12.06	7490.89	6.06	1273.81	5082.66	1.30
243	迪庆州	7608.95	16.75	3997.08	9.26	1143.87	3611.86	1.30
244	牡丹江市	16056.74	2.96	9198.83	10.98	2089.71	6857.91	1.27
245	塔城地区	8282.81	2.91	4723.57	19.04	1342.77	3559.24	1.27
246	鄂尔多斯市	31100.89	11.07	16704.42	3.61	2210.88	14396.47	1.26
247	松原市	23409.84	2.31	13235.15	12.00	2010.09	10174.69	1.26
248	黔西南州	15982.88	24.44	9585.01	52.28	1158.99	6397.87	1.25
249	赣州市	58659.16	14.19	40713.60	22.88	3119.10	17945.56	1.24
250	阳江市	12095.43	12.01	7155.48	-0.73	875.74	4939.94	1.24
251	舟山市	24276.00	23.74	16471.00	33.91	1899.00	7805.00	1.23
252	辽源市	5845.00	24.86	2924.00	22.23	2089.00	2921.00	1.23
253	平顶山市	37452.69	1.85	20963.12	1.89	2860.58	16489.58	1.22
254	漯河市	13295.98	13.71	8320.20	17.75	1974.90	4975.78	1.22
255	西双版纳州	10606.25	3.36	6443.31	53.78	739.19	4162.94	1.22
256	泉州市	74820.75	19.12	52875.99	27.09	1596.14	21944.76	1.21
257	固原市	7383.73	-4.06	4257.91	-5.05	1160.47	3125.82	1.21
258	延安市	17569.37	4.99	9896.93	20.32	1242.29	7672.44	1.20
259	池州市	9460.71	7.55	6172.34	-10.78	693.33	3288.37	1.20
260	锦州市	24106.91	11.71	14314.23	25.58	1366.69	9792.68	1.19
261	云浮市	12447.75	6.35	7531.96	1.36	1043.55	4915.79	1.19
262	崇左市	7131.09	24.88	4116.82	19.70	1208.40	3014.27	1.19
263	博尔塔拉州	3951.53	1.58	2245.28	12.31	485.93	1706.25	1.18
264	铁岭市	19094.07	-16.98	11189.25	-4.48	1497.26	7904.82	1.17
265	肇庆市	21191.32	4.44	13696.03	5.36	2302.11	7495.29	1.17
266	珠海市	26737.31	-5.16	16307.59	14.71	2909.48	10429.72	1.15
267	广安市	8495.50	37.75	5264.06	35.17	930.55	3231.44	1.15
268	玉树州	4159.81	-35.60	2515.94	4.91	507.80	1643.87	1.15
269	鸡西市	11079.46	5.71	6300.64	6.02	1441.87	4778.82	1.14
270	潮州市	10436.08	31.42	7266.78	30.64	446.02	3169.30	1.14
271	大理州	18148.23	14.52	11100.32	21.66	1709.70	7047.91	1.13

（续表）

序号	地方	业务收入（万元）	增长率（%）	业务支出（万元）	增长率（%）	管理费用（万元）	增值收益（万元）	增值收益率（%）
272	广元市	15464.97	0.06	8719.10	23.52	1485.61	6745.87	1.13
273	枣庄市	32002.54	0.16	20596.20	11.03	2365.27	11406.34	1.11
274	佛山市	74956.85	6.08	50186.44	8.89	2764.30	24770.40	1.10
275	鞍山市	35919.07	3.94	21772.01	−2.75	3159.35	14147.06	1.10
276	榆林市	21675.46	−6.50	13250.99	0.42	4198.00	8424.47	1.07
277	常州市	86119.73	10.51	58685.66	9.51	3305.33	27433.72	1.06
278	盐城市	48623.00	12.17	35623.00	27.75	3645.00	12999.00	1.06
279	伊春市	5865.91	−11.41	3438.70	17.68	593.50	2427.21	1.03
280	果洛州	715.38	162.25	133.63	−85.95	12.22	581.75	1.03
281	南阳市	31483.09	9.60	19638.55	14.10	4538.05	11844.54	1.02
282	盘锦市	25354.46	18.46	14692.55	−2.72	2236.98	10661.91	1.00
283	怒江州	3763.35	−2.01	2046.03	−10.76	71.58	1717.32	1.00
284	阿克苏地区	12380.57	11.53	7781.66	20.45	1446.07	4598.91	0.98
285	东莞市	74122.36	6.49	49116.17	3.57	3328.63	25006.19	0.97
286	梅州市	19699.63	11.47	13567.39	26.36	1406.41	6132.25	0.95
287	金昌市	9385.94	−18.02	5957.50	−1.04	970.46	3428.44	0.94
288	海东市	7172.61	8.66	4584.85	45.68	756.04	2587.76	0.92
289	乌海市	6416.02	−18.36	4130.35	23.80	746.98	2285.67	0.90
290	莱芜市	8002.53	−33.40	4814.30	−38.54	930.64	3188.23	0.89
291	阿拉善盟	6588.19	−11.87	4244.38	5.40	757.76	2343.81	0.86
292	鹤岗市	8116.84	−4.28	5256.34	−4.52	1069.49	2860.50	0.83
293	苏州市	235563.25	5.02	181449.60	26.56	11452.80	54113.65	0.80
294	七台河市	6151.67	5.00	3990.58	9.00	455.51	2161.08	0.80
295	黄南州	2636.88	−11.78	1845.28	4.30	267.48	791.60	0.75
296	临夏州	8475.40	40.54	6327.11	49.61	716.64	2148.28	0.73
297	克孜勒苏州	4822.04	5.27	3181.89	6.96	423.34	1640.15	0.72
298	双鸭山市	8969.90	−0.56	6584.56	4.98	803.02	2384.33	0.56
299	喀什地区	18962.11	−7.52	14156.49	26.60	1315.36	4805.62	0.56
300	汕尾市	4901.73	−37.93	3225.30	2.06	464.62	1676.43	0.52
301	林芝市	3215.10	64.33	2686.30	58.72	15.00	528.80	0.40
302	和田地区	7891.33	−26.68	6310.04	0.78	748.00	1581.29	0.38
303	山南市	3397.08	10.00	2873.21	10.00	60.60	523.87	0.28
304	昌都市	3918.42	−3.38	3285.75	47.72	37.68	632.67	0.28
305	那曲市	4681.70	55.25	4464.20	96.59	32.50	217.51	0.09

六、住房公积金综合管理指标比较

为综合评价我国城市住房公积金管理水平，需要建立科学合理并切合实际的指标体系。按照

2017 年住建部公布的全国住房公积金年度报告中披露的信息，通过选取各省（自治区和兵团）、城市（地区州盟）住房公积金余额、提取使用率、个人住房贷款率、个贷市场占有率、增值收益率几项显性指标，来综合衡量其管理水平、对职工购房需要的支持度、综合收益水平和社会影响力，从而反映出住房公积金事业的发展水平，反映出在当地住房保障和支持房地产业发展中发挥的能动作用。以下列表分别以各地资金存量规模（缴存余额）、综合发展指数高低排序。

（一）全国住房公积金综合管理指标

全国住房公积金缴存余额、提取使用率、个人住房贷款率、个贷市场占有率、增值收益率指标见表 2-6-1。综合比较中以提取使用率、个贷率、个贷市场占有率、增值收益率等四项指标为基本参照指标，我们把以上四项指标均在全国平均数以上的单位称为全优单位，公开披露数据不全的不在其列。

表 2-6-1　2017 年全国住房公积金综合管理指标表

缴存余额（亿元）	当年提取使用率（%）	个贷率（%）	个贷市场占有率（%）	增值收益率（%）
51620.74	67.98	87.27	17.06	1.57

（二）省、自治区和新疆生产建设兵团住房公积金综合管理指标比较

省、自治区和新疆生产建设兵团住房公积金管理效益情况数据见表 2-6-2。

从各项指标看，增值收益率达到或高于全国平均水平的省、自治区有 15 个，占全部省区的 53.57%；提取使用率达到或高于全国平均水平的省、自治区有 11 个，占全部省区的 39.29%；个贷率达到或高于全国平均水平的省、自治区有 9 个，占全部省区的 32.14%；个贷市场占有率达到或高于全国平均水平的省、自治区有 16 个，占全部省区的 57.14%。

当年提取使用率、个贷率和增值收益率三项指标均高于全国平均数以上的有三个省区，分别为安徽、广西、海南，没有四项指标全部在全国平均线以上的省份。

表 2-6-2　2017 年省、自治区和新疆生产建设兵团住房公积金综合管理指标表

序号	地区	缴存余额（亿元）	当年提取使用率（%）	个贷率（%）	个贷市场占有率（%）	增值收益率（%）
1	广东	4665.83	71.65	73.50	9.42	1.61
2	江苏	3850.16	73.70	97.41	13.41	1.32
3	山东	3099.63	68.37	83.53	16.03	1.54
4	浙江	2866.90	79.10	101.20	15.60	1.50
5	四川	2422.48	64.34	85.54	19.17	1.69
6	辽宁	2263.11	72.31	86.40	25.60	1.51
7	湖北	2024.75	61.93	80.96	17.30	1.57
8	河南	1907.77	55.10	80.90	14.60	1.50

（续表）

序号	地区	缴存余额（亿元）	当年提取使用率（%）	个贷率（%）	个贷市场占有率（%）	增值收益率（%）
9	河北	1778.10	57.15	75.26	13.97	1.50
10	湖南	1621.57	59.29	87.30	14.43	1.73
11	安徽	1513.11	80.88	101.26	15.74	1.59
12	福建	1375.06	69.98	99.89	12.62	1.46
13	云南	1297.34	63.65	85.24	27.89	1.63
14	黑龙江	1283.38	65.31	69.29	27.39	1.57
15	内蒙古自治区	1170.93	65.04	76.13	37.29	1.67
16	陕西	1148.40	55.11	76.01	17.30	1.53
17	江西	1038.74	58.10	97.33	24.56	1.70
18	吉林	1017.82	66.08	83.25	26.35	1.63
19	广西壮族自治区	995.93	68.88	88.28	15.47	1.65
20	新疆维吾尔自治区	970.87	63.68	73.37	63.90	1.53
21	山西	911.14	39.78	72.09	26.00	1.92
22	甘肃	882.17	60.58	74.98	34.35	1.63
23	贵州	865.91	55.26	97.10	25.20	1.35
24	海南	339.40	75.48	89.82	11.96	1.60
25	青海	288.73	72.77	57.92	43.25	1.56
26	宁夏回族自治区	264.56	78.26	81.94	29.04	1.53
27	西藏自治区	220.62	57.08	62.76	67.00	0.47
28	新疆生产建设兵团	112.64	60.21	33.56	—	1.92

（三）直辖市住房公积金综合管理指标比较

直辖市住房公积金综合管理指标见表 2-6-3。

达到全优单位的只有北京一家。上海当年提取率低于全国平均数 2.96 个百分点，天津增值收益率低于全国平均数 0.27 个百分点，重庆个贷市场占有率、增值收益率两项指标均低于全国平均数。但综合各项指标来看，4 个直辖市仍展现了较高的综合管理水平。

表 2-6-3　2017 年直辖市住房公积金综合管理指标表

序号	城市	缴存余额（亿元）	当年提取使用率（%）	个贷率（%）	个贷市场占有率（%）	增值收益率（%）
1	北京	3719.37	73.70	94.10	26.60	1.70
2	上海	3578.39	65.02	98.68	22.07	1.79
3	天津	1232.80	83.00	111.30	21.40	1.30
4	重庆	893.12	68.63	97.60	13.47	1.33

（四）副省级、省会城市住房公积金综合管理指标比较

副省级、省会城市住房公积金综合管理指标见表 2-6-4。

如果不考虑个贷市场占有率因素，其他三项指标均在全国平均数以上的城市有 3 个：大连、长春、乌鲁木齐。

表 2-6-4　2017 年副省级、省会城市住房公积金综合管理指标表

序号	城市	缴存余额（亿元）	当年提取使用率（%）	个贷率（%）	个贷市场占有率（%）	增值收益率（%）
1	广州	1473.96	82.25	80.23	15.68	1.60
2	深圳	1366.86	52.25	55.96	6.68	2.04
3	成都	1027.06	66.75	85.81	13.99	1.60
4	武汉	982.92	65.57	89.86	15.16	1.32
5	南京	932.88	71.09	92.16	10.78	1.48
6	杭州	910.30	85.00	95.20	14.50	1.40
7	西安	621.74	52.87	80.96	14.08	1.43
8	大连	616.24	80.10	99.20	23.50	1.65
9	济南	596.40	75.58	75.69	16.50	1.37
10	郑州	595.46	61.50	81.10	13.92	1.34
11	长沙	546.14	54.46	84.23	7.47	1.47
12	青岛	521.48	76.84	85.08	11.98	1.64
13	长春	518.89	68.25	91.22	23.28	1.64
14	哈尔滨	506.16	68.48	76.76	19.64	1.36
15	宁波	458.13	80.06	94.16	12.70	1.28
16	昆明	430.98	72.56	86.02	17.63	1.51
17	石家庄	410.10	52.80	63.72	12.11	1.47
18	福州	386.33	70.10	94.50	11.23	1.32
19	合肥	375.62	73.50	107.54	10.49	1.28
20	太原	374.30	38.17	76.79	20.72	1.67
21	南宁	328.14	68.92	86.21	11.96	1.76
22	兰州	321.66	69.64	83.96	29.44	1.88
23	南昌	319.19	66.54	97.50	5.38	1.70
24	乌鲁木齐	312.08	72.70	87.64	14.57	1.96
25	厦门	306.36	66.69	89.86	9.08	1.55
26	呼和浩特	290.04	65.28	67.55	35.88	2.11
27	贵阳	254.13	65.67	100.34	18.40	1.18
28	沈阳	234.24	74.21	93.43	23.45	1.48
29	银川	161.28	79.20	91.68	20.00	1.50
30	西宁	149.16	74.16	67.72	32.14	1.67
31	拉萨	31.47	59.74	73.63	31.09	0.21

（五）地市州盟住房公积金综合管理指标比较

地市州盟城市住房公积金综合管理指标具体数据见表 2-6-5。

在全国 305 个地市州盟中，4 项指标全部在全国平均数以上的共有 26 个，分别为温州市、金华市、洛阳市、扬州市、吉林市、湖州市、连云港市、泰州市、株洲市、芜湖市、汕头市、茂名市、丽水市、衡阳市、马鞍山市、衢州市、南平市、龙岩市、湘潭市、宿州市、百色市、丹东市、楚雄州、黄山市、资阳市、海北州，我们称之为全国地市州盟住房公积金综合发展指标全优单位。

表 2-6-5　2017 年地市州盟住房公积金综合管理指标表

序号	地方	缴存余额（亿元）	当年提取使用率（%）	个贷率（%）	个贷市场占有率（%）	增值收益率（%）
1	苏州市	728.54	73.85	95.23	7.60	0.80
2	无锡市	476.42	66.25	91.97	19.11	1.44
3	温州市	341.54	74.89	99.08	17.50	1.70
4	徐州市	316.24	76.43	76.16	21.32	1.36
5	唐山市	305.19	59.00	82.52	46.32	1.50
6	常州市	274.48	71.18	98.88	16.97	1.06
7	东莞市	273.02	68.45	54.41	4.27	0.97
8	南通市	255.78	81.84	110.50	—	1.59
9	大庆市	255.16	78.54	85.31	59.42	1.93
10	佛山市	245.02	73.22	92.89	7.26	1.10
11	烟台市	241.05	64.85	94.51	23.00	1.50
12	济宁市	217.37	68.86	94.39	66.91	1.45
13	淄博市	216.69	56.98	89.60	25.20	1.56
14	嘉兴市	202.87	69.29	97.36	12.81	1.51
15	台州市	196.75	68.34	105.70	17.01	1.62
16	金华市	193.56	75.03	109.53	17.61	1.74
17	泉州市	191.11	71.71	119.33	16.60	1.21
18	绍兴市	186.35	74.20	99.00	17.40	1.39
19	洛阳市	184.89	69.40	92.10	22.00	1.60
20	潍坊市	182.42	55.81	88.43	12.63	1.61
21	扬州市	180.62	81.30	105.30	19.40	1.60
22	保定市	177.70	50.76	72.48	11.19	1.35
23	沧州市	172.53	71.48	76.92	20.49	1.69
24	临沂市	165.56	48.66	89.75	11.17	1.33
25	东营市	161.03	111.26	57.54	23.18	1.91
26	赣州市	154.75	55.72	115.16	16.71	1.24
27	包头市	154.17	64.26	81.78	24.75	1.63
28	吉林市	148.29	70.53	93.38	34.00	1.57

（续表）

序号	地方	缴存余额（亿元）	当年提取使用率（%）	个贷率（%）	个贷市场占有率（%）	增值收益率（%）
29	惠州市	145.91	71.79	74.27	4.95	1.35
30	淮南市	142.52	98.77	72.34	33.32	1.41
31	平顶山市	142.25	65.72	62.84	32.01	1.22
32	邯郸市	140.77	48.08	83.09	31.64	1.42
33	湛江市	137.88	81.99	93.77	25.49	1.43
34	绵阳市	136.83	62.63	68.42	26.33	1.73
35	赤峰市	136.49	65.50	90.20	31.25	1.82
36	宜昌市	135.36	61.71	91.57	24.31	1.84
37	遵义市	134.65	49.18	106.06	25.98	1.41
38	湖州市	133.13	75.99	118.06	24.34	1.64
39	连云港市	130.36	75.76	107.35	17.10	1.57
40	泰州市	128.83	76.51	98.23	19.88	1.71
41	鞍山市	128.54	89.12	66.49	17.25	1.10
42	南阳市	127.89	40.30	57.20	15.50	1.02
43	盐城市	127.77	83.86	141.86	20.06	1.06
44	鄂尔多斯市	121.01	56.27	59.18	43.55	1.26
45	十堰市	120.84	62.50	49.82	23.99	1.75
46	镇江市	120.60	82.61	118.87	18.70	1.48
47	凉山州	118.14	59.33	59.02	53.98	2.37
48	曲靖市	117.70	61.99	79.59	35.63	1.94
49	株洲市	117.28	70.01	89.49	21.58	1.72
50	威海市	116.87	57.57	95.41	18.20	1.46
51	宜宾市	116.59	67.36	95.26	26.14	1.62
52	廊坊市	114.48	68.26	72.66	2.46	1.35
53	柳州市	114.29	76.86	85.39	12.59	1.77
54	桂林市	113.60	71.27	97.83	20.51	1.49
55	岳阳市	113.53	58.78	87.37	31.65	2.58
56	襄阳市	111.68	49.60	82.26	22.00	1.70
57	芜湖市	109.35	70.39	114.32	17.60	2.33
58	聊城市	109.20	56.65	74.45	18.69	1.71
59	红河州	108.55	61.05	79.38	36.33	1.72
60	通辽市	107.22	59.81	81.93	47.78	1.32
61	常德市	107.22	63.25	90.90	24.59	1.59
62	秦皇岛市	107.12	69.40	84.04	18.35	1.48
63	淮安市	106.33	74.89	102.01	13.30	2.01
64	江门市	106.22	93.86	97.69	11.10	1.39
65	枣庄市	105.41	72.61	84.07	26.45	1.11
66	淮北市	104.98	80.56	73.16	41.62	1.44

（续表）

序号	地方	缴存余额（亿元）	当年提取使用率（%）	个贷率（%）	个贷市场占有率（%）	增值收益率（%）
67	上饶市	104.76	32.20	92.08	18.36	1.70
68	张家口市	103.62	46.64	76.40	16.00	1.63
69	德阳市	102.04	73.46	82.80	31.90	1.65
70	汕头市	100.98	97.25	89.08	27.82	2.66
71	茂名市	99.29	81.84	93.63	21.20	1.70
72	邵阳市	99.28	48.00	87.00	36.00	1.80
73	齐齐哈尔市	99.09	51.73	81.04	27.69	1.52
74	珠海市	98.54	77.73	73.44	11.01	1.15
75	郴州市	97.93	51.42	76.09	22.35	1.75
76	阜阳市	97.90	75.67	129.30	18.98	1.50
77	中山市	97.67	66.06	56.63	3.65	1.57
78	安庆市	97.19	105.62	94.27	22.50	1.33
79	丽水市	96.49	84.00	127.60	36.50	1.87
80	昭通市	96.27	61.87	78.40	50.01	1.57
81	衡阳市	95.66	78.76	88.30	19.63	1.95
82	黔东南州	95.40	43.97	90.77	60.44	1.45
83	喀什地区	95.40	46.49	45.26	60.00	0.56
84	泰安市	95.10	72.72	84.26	13.84	1.70
85	黄冈市	95.07	59.34	71.46	34.50	2.22
86	菏泽市	95.07	42.21	82.19	14.06	1.81
87	漳州市	94.66	68.10	83.66	8.91	1.66
88	邢台市	93.50	57.91	78.20	12.25	1.60
89	盘锦市	92.86	39.83	48.73	11.34	1.00
90	承德市	92.37	57.42	74.43	16.08	1.75
91	三明市	91.11	73.06	117.74	28.48	1.36
92	榆林市	90.70	44.63	54.84	31.70	1.07
93	黄石市	90.68	64.17	82.24	32.60	1.62
94	呼伦贝尔市	90.10	53.18	79.51	54.12	2.04
95	九江市	89.89	61.18	94.17	15.61	1.85
96	延边州	89.71	70.03	72.94	32.16	1.75
97	马鞍山市	89.27	83.78	95.71	26.55	1.98
98	乐山市	87.79	61.58	90.34	24.85	1.47
99	永州市	87.74	52.63	86.38	32.79	1.67
100	抚顺市	87.65	80.29	85.51	42.70	1.90
101	荆州市	86.75	63.31	73.00	13.76	1.70
102	德州市	86.67	51.57	82.54	13.10	1.77
103	吉安市	85.77	46.52	111.40	21.08	1.73
104	锦州市	84.93	67.13	67.75	31.21	1.19

（续表）

序号	地方	缴存余额（亿元）	当年提取使用率（%）	个贷率（%）	个贷市场占有率（%）	增值收益率（%）
105	松原市	84.70	60.46	51.62	23.00	1.26
106	濮阳市	81.39	63.90	86.90	31.30	1.60
107	克拉玛依市	81.34	83.91	82.05	92.49	1.64
108	衢州市	81.28	78.46	127.08	25.29	1.70
109	怀化市	80.49	56.75	91.97	24.24	1.90
110	伊犁州	79.09	53.85	91.81	36.90	1.37
111	商丘市	79.08	32.29	83.90	31.72	1.94
112	韶关市	78.91	84.62	91.71	16.55	2.18
113	宝鸡市	78.20	57.71	70.90	32.23	1.68
114	南充市	77.95	61.33	92.08	17.75	1.84
115	新乡市	77.81	45.40	93.40	13.40	2.00
116	焦作市	77.56	57.96	102.41	33.33	1.62
117	滨州市	77.06	48.72	86.71	24.20	1.49
118	荆门市	77.00	56.19	79.87	31.57	1.86
119	宜春市	76.61	68.78	94.50	15.00	1.96
120	宁德市	76.44	70.67	98.31	16.52	1.61
121	南平市	76.43	70.97	93.59	17.88	1.58
122	清远市	76.34	76.58	94.94	10.87	1.53
123	临汾市	76.23	37.48	80.03	36.00	1.90
124	龙岩市	76.18	80.07	120.62	22.17	1.76
125	达州市	75.83	57.86	76.66	19.86	1.48
126	毕节市	75.72	57.44	91.92	48.52	1.32
127	六安市	75.65	79.89	102.95	12.90	1.92
128	孝感市	75.00	48.00	74.00	21.00	1.60
129	葫芦岛市	74.99	50.83	81.21	32.30	1.64
130	驻马店市	74.61	38.42	75.93	16.15	1.90
131	咸阳市	74.57	64.50	81.96	12.16	1.90
132	昌吉州	73.93	62.98	91.95	11.32	1.66
133	黔南州	73.82	55.92	103.94	42.88	1.50
134	泸州市	73.17	54.37	122.14	21.45	2.81
135	日照市	72.93	63.72	91.78	17.04	1.85
136	攀枝花市	72.24	80.04	72.76	58.01	2.07
137	铜仁市	71.96	48.11	84.74	52.37	1.54
138	宿迁市	71.28	60.02	104.42	9.21	1.60
139	铁岭市	71.15	58.44	54.45	25.00	1.17
140	信阳市	71.08	36.11	80.89	14.44	1.45
141	恩施州	70.30	58.16	71.96	22.00	1.55
142	益阳市	70.09	61.73	103.51	37.69	1.64

（续表）

序号	地方	缴存余额（亿元）	当年提取使用率（%）	个贷率（%）	个贷市场占有率（%）	增值收益率（%）
143	安阳市	69.99	51.11	83.90	13.60	1.60
144	玉林市	69.93	65.37	93.13	18.66	1.58
145	莆田市	69.73	65.94	105.16	13.44	1.77
146	营口市	69.10	58.82	92.07	24.89	1.54
147	玉溪市	68.91	62.86	98.18	45.13	1.63
148	大同市	68.68	43.48	69.37	53.00	1.67
149	延安市	68.28	57.07	70.21	58.28	1.20
150	蚌埠市	68.18	81.19	119.41	15.95	1.30
151	朝阳市	68.04	67.67	84.32	35.78	1.47
152	梅州市	68.02	69.17	87.09	63.66	0.95
153	晋城市	67.52	70.21	60.89	38.01	1.98
154	大理州	67.24	59.46	83.60	28.69	1.13
155	滁州市	66.59	93.26	123.18	14.67	1.88
156	舟山市	66.43	79.07	121.34	18.24	1.23
157	广元市	65.60	42.78	63.00	36.08	1.13
158	肇庆市	65.40	90.99	107.16	3.75	1.17
159	娄底市	64.57	67.27	84.57	33.00	1.44
160	抚州市	64.54	45.00	86.60	14.18	2.10
161	湘潭市	64.23	78.42	100.67	25.79	1.74
162	长治市	64.06	38.11	69.32	42.46	1.78
163	平凉市	63.73	39.72	82.91	46.40	1.38
164	巴彦淖尔市	62.59	82.14	87.33	49.93	1.38
165	宿州市	62.26	78.56	101.81	17.22	1.96
166	运城市	62.24	34.94	77.06	25.08	2.07
167	巴音郭楞州	61.36	53.93	62.53	26.03	1.33
168	本溪市	61.33	59.23	72.12	32.96	1.62
169	辽阳市	60.95	47.29	45.35	22.95	1.56
170	许昌市	60.89	61.40	98.60	20.00	2.10
171	衡水市	60.72	43.48	86.08	15.83	1.52
172	渭南市	59.64	57.70	59.36	17.44	1.91
173	亳州市	59.07	77.45	96.07	16.40	2.16
174	甘孜州	59.05	55.75	96.86	95.85	1.65
175	文山州	58.77	59.87	86.50	30.66	2.05
176	百色市	58.62	68.18	90.98	27.36	1.65
177	自贡市	58.50	62.94	102.16	23.72	1.95
178	内江市	58.36	61.05	94.52	19.62	1.56
179	保山市	57.39	56.53	108.15	77.70	2.07
180	佳木斯市	57.35	58.67	72.29	47.00	1.67

（续表）

序号	地方	缴存余额（亿元）	当年提取使用率（%）	个贷率（%）	个贷市场占有率（%）	增值收益率（%）
181	普洱市	56.98	59.03	91.80	51.37	1.60
182	六盘水市	56.83	53.66	83.86	34.43	1.32
183	牡丹江市	56.15	74.31	74.62	26.00	1.27
184	黔西南州	56.10	42.98	98.40	41.45	1.25
185	汉中市	55.97	70.22	85.09	33.28	2.43
186	丹东市	55.93	70.53	94.25	25.45	1.59
187	揭阳市	55.76	60.94	70.72	21.82	1.37
188	绥化市	55.70	42.76	51.27	29.75	1.33
189	咸宁市	54.48	57.44	68.90	21.54	2.19
190	哈密市	54.37	68.45	45.74	47.88	1.42
191	三门峡市	54.03	69.18	72.13	53.58	1.39
192	湘西州	53.47	46.87	86.53	44.26	1.97
193	周口市	53.08	42.17	84.38	41.06	1.37
194	铜陵市	52.35	56.15	84.91	29.35	1.33
195	阿克苏地区	52.11	54.65	56.03	40.45	0.98
196	黑河市	52.07	44.80	49.95	39.55	1.35
197	巴中市	52.02	45.23	81.34	39.10	1.47
198	晋中市	51.85	28.12	78.05	25.14	2.12
199	陇南市	51.13	26.55	69.47	47.00	1.50
200	乌兰察布市	50.83	67.74	65.10	27.28	1.45
201	白银市	50.80	70.00	71.00	42.00	1.83
202	天水市	50.40	52.59	88.31	34.45	1.81
203	临沧市	49.88	40.11	74.54	59.67	1.86
204	定西市	49.35	55.88	76.06	38.06	1.39
205	眉山市	49.21	73.01	120.93	22.11	1.53
206	通化市	48.42	48.42	85.85	41.35	1.87
207	河池市	48.03	64.49	85.24	30.18	1.51
208	锡林郭勒盟	47.99	71.46	95.44	67.00	1.51
209	庆阳市	47.70	40.88	84.38	43.27	1.40
210	开封市	47.42	38.42	81.95	10.84	1.46
211	宣城市	46.94	103.87	110.86	13.33	1.58
212	双鸭山市	45.84	43.38	20.57	49.24	0.56
213	和田地区	45.13	50.27	40.77	68.20	0.38
214	漯河市	45.02	39.94	81.07	19.48	1.22
215	梧州市	44.92	62.23	79.01	17.13	1.30
216	鸡西市	44.39	55.28	46.83	37.88	1.14
217	四平市	44.20	34.54	83.98	28.99	2.04
218	酒泉市	44.13	75.92	60.12	33.37	1.43

（续表）

序号	地方	缴存余额（亿元）	当年提取使用率（%）	个贷率（%）	个贷市场占有率（%）	增值收益率（%）
219	兴安盟	44.08	65.47	87.93	53.25	1.57
220	安顺市	43.62	59.36	105.22	39.21	1.49
221	遂宁市	43.54	58.21	95.91	22.53	1.65
222	吕梁市	43.37	23.34	48.90	34.21	1.79
223	萍乡市	42.83	49.67	71.09	28.79	1.57
224	云浮市	42.49	79.55	88.65	17.71	1.19
225	阿坝州	42.12	60.03	69.96	98.00	1.48
226	安康市	42.06	54.30	79.09	42.27	1.55
227	阳江市	41.84	74.21	88.03	9.53	1.24
228	日喀则市	41.74	38.73	86.15	86.00	1.38
229	楚雄州	41.42	72.43	103.33	43.48	1.57
230	武威市	40.51	62.00	76.29	38.45	1.40
231	贵港市	40.00	70.40	86.09	14.90	1.45
232	景德镇市	39.52	61.93	88.24	19.56	1.44
233	河源市	39.50	75.54	81.26	8.37	1.33
234	西双版纳州	39.44	54.42	76.01	30.22	1.22
235	莱芜市	39.32	59.51	49.03	19.69	0.89
236	钦州市	39.02	64.67	95.10	18.31	1.90
237	雅安市	37.98	74.21	80.95	38.84	1.79
238	张掖市	37.94	67.58	80.13	30.50	2.81
239	金昌市	37.58	63.46	26.88	23.86	0.94
240	潜江市	37.12	70.23	39.63	11.75	1.59
241	黄山市	37.01	94.25	96.76	19.72	2.04
242	资阳市	36.64	78.34	99.73	39.60	2.16
243	朔州市	36.38	67.52	67.21	50.51	2.15
244	阜新市	36.22	63.42	83.21	65.84	1.97
245	鹤岗市	35.61	69.68	32.21	38.97	0.83
246	德宏州	34.71	39.94	85.74	40.93	1.39
247	北海市	33.82	62.54	87.16	9.07	1.70
248	忻州市	33.57	30.48	75.24	47.14	3.40
249	阳泉市	32.93	28.07	48.22	26.47	2.87
250	商洛市	32.72	51.42	67.46	48.45	1.82
251	白山市	32.58	88.00	23.00	38.00	1.36
252	广安市	31.81	55.83	82.43	9.48	1.15
253	吴忠市	31.70	75.79	64.92	31.54	1.64
254	贺州市	31.11	49.23	82.31	46.00	2.06
255	新余市	30.83	71.58	82.20	14.64	2.35
256	甘南州	30.70	63.14	83.44	85.45	1.39

（续表）

序号	地方	缴存余额（亿元）	当年提取使用率（%）	个贷率（%）	个贷市场占有率（%）	增值收益率（%）
257	鹤壁市	30.68	54.76	94.24	21.21	1.43
258	海西州	30.68	60.57	42.24	90.05	1.42
259	塔城地区	30.52	56.77	65.66	46.76	1.27
260	潮州市	30.30	56.09	73.21	37.74	1.14
261	鹰潭市	30.06	55.32	86.26	42.47	1.92
262	临夏州	29.26	50.21	74.36	35.21	0.73
263	鄂州市	29.26	73.54	72.50	14.30	2.35
264	海东市	29.24	68.04	46.55	37.34	0.92
265	来宾市	28.49	81.96	84.20	32.32	1.52
266	池州市	28.23	83.07	91.60	15.15	1.20
267	崇左市	27.53	65.91	98.44	23.81	1.19
268	白城市	27.52	71.13	84.76	35.01	1.94
269	嘉峪关市	27.28	62.41	27.75	20.28	1.90
270	固原市	27.25	79.03	71.06	36.39	1.21
271	七台河市	27.23	73.04	11.83	21.70	0.80
272	阿勒泰地区	27.19	66.30	82.68	41.30	2.12
273	迪庆州	27.11	35.22	63.95	91.70	1.30
274	随州市	27.10	49.15	85.13	16.04	1.89
275	阿拉善盟	27.03	106.78	53.27	94.98	0.86
276	丽江市	26.51	60.10	87.59	28.81	1.86
277	乌海市	26.41	71.91	70.09	34.72	0.90
278	伊春市	25.87	44.15	58.76	66.43	1.03
279	那曲市	25.64	42.79	49.88	—	0.09
280	济源市	25.21	31.95	72.80	30.96	1.61
281	克孜勒苏州	24.84	49.23	44.89	81.11	0.72
282	石嘴山市	24.83	83.00	52.21	34.00	1.38
283	昌都市	23.94	78.95	44.07	89.00	0.28
284	张家界市	23.93	61.00	85.17	18.23	2.61
285	辽源市	23.50	44.40	71.40	39.00	1.23
286	汕尾市	21.92	69.67	52.38	53.88	0.52
287	山南市	20.60	60.53	68.64	91.00	0.28
288	中卫市	19.50	67.49	82.15	27.25	1.76
289	铜川市	18.74	83.44	63.20	35.89	1.65
290	防城港市	18.41	77.86	81.43	10.37	1.40
291	吐鲁番市	17.90	54.87	70.60	58.00	1.91
292	大兴安岭	17.70	38.00	17.48	46.86	1.64
293	博尔塔拉州	15.61	59.08	71.54	57.65	1.18
294	怒江州	15.52	55.42	68.24	46.70	1.00

（续表）

序号	地方	缴存余额（亿元）	当年提取使用率（%）	个贷率（%）	个贷市场占有率（%）	增值收益率（%）
295	玉树州	14.78	72.81	87.00	97.00	1.15
296	林芝市	14.27	67.14	45.20	70.53	0.40
297	仙桃市	14.02	56.07	36.52	10.00	1.84
298	天门市	13.64	43.33	58.21	14.52	1.60
299	海南州	13.42	77.21	62.07	84.48	1.31
300	满洲里市	12.98	85.60	77.16	47.75	1.45
301	阿里地区	10.76	41.94	75.00	85.00	1.60
302	黄南州	10.55	55.39	48.90	96.56	0.75
303	海北州	8.84	81.09	90.84	74.00	1.59
304	果洛州	6.24	62.15	24.20	6.32	1.03
305	神农架林区	3.98	42.60	58.20	72.15	1.34

（六）地市州盟住房公积金综合发展指数

根据国家对住房公积金事业发展的总体要求和发展优先度，我们赋予了综合发展指标的权重，即个人住房贷款率为 0.35，增值收益率为 0.35，当年提取使用率为 0.20，个贷市场占有率为 0.10。其中个贷市场占有率指标与个贷率指标有一定关联和叠加性，属于奖励性指标。以上四项指标分别与权重相乘累加得出各地综合发展指数，并按指数高低进行排序。没有提供个贷市场占有率的地方以其他三项指标计算综合发展指数。具体评价结果见表 2-6-6。

表 2-6-6　2017 年地市州盟住房公积金综合发展指数表

序号	地方	缴存余额（亿元）	当年提取使用率（%）	个贷率（%）	个贷市场占有率（%）	增值收益率（%）	综合发展指数
1	盐城市	127.77	83.86	141.86	20.06	1.06	68.80
2	丽水市	96.49	84.00	127.60	36.50	1.87	65.76
3	滁州市	66.59	93.26	123.18	14.67	1.88	63.89
4	衢州市	81.28	78.46	127.08	25.29	1.70	63.29
5	阜阳市	97.90	75.67	129.30	18.98	1.50	62.81
6	宣城市	46.94	103.87	110.86	13.33	1.58	61.46
7	龙岩市	76.18	80.07	120.62	22.17	1.76	61.06
8	舟山市	66.43	79.07	121.34	18.24	1.23	60.54
9	镇江市	120.60	82.61	118.87	18.70	1.48	60.51
10	蚌埠市	68.18	81.19	119.41	15.95	1.30	60.08
11	眉山市	49.21	73.01	120.93	22.11	1.53	59.67
12	湖州市	133.13	75.99	118.06	24.34	1.64	59.53
13	三明市	91.11	73.06	117.74	28.48	1.36	59.15
14	泉州市	191.11	71.71	119.33	16.60	1.21	58.19

（续表）

序号	地方	缴存余额（亿元）	当年提取使用率（%）	个贷率（%）	个贷市场占有率（%）	增值收益率（%）	综合发展指数
15	保山市	57.39	56.53	108.15	77.70	2.07	57.65
16	安庆市	97.19	105.62	94.27	22.50	1.33	56.83
17	泸州市	73.17	54.37	122.14	21.45	2.81	56.75
18	芜湖市	109.35	70.39	114.32	17.60	2.33	56.67
19	肇庆市	65.40	90.99	107.16	3.75	1.17	56.49
20	海北州	8.84	81.09	90.84	74.00	1.59	55.97
21	金华市	193.56	75.03	109.53	17.61	1.74	55.71
22	扬州市	180.62	81.30	105.30	19.40	1.60	55.62
23	南通市	255.78	81.84	110.50	—	1.59	55.60
24	楚雄州	41.42	72.43	103.33	43.48	1.57	55.55
25	黄山市	37.01	94.25	96.76	19.72	2.04	55.40
26	克拉玛依市	81.34	83.91	82.05	92.49	1.64	55.32
27	资阳市	36.64	78.34	99.73	39.60	2.16	55.29
28	甘孜州	59.05	55.75	96.86	95.85	1.65	55.21
29	玉树州	14.78	72.81	87.00	97.00	1.15	55.11
30	连云港市	130.36	75.76	107.35	17.10	1.57	54.98
31	锡林郭勒盟	47.99	71.46	95.44	67.00	1.51	54.92
32	江门市	106.22	93.86	97.69	11.10	1.39	54.56
33	汕头市	100.98	97.25	89.08	27.82	2.66	54.34
34	湘潭市	64.23	78.42	100.67	25.79	1.74	54.11
35	济宁市	217.37	68.86	94.39	66.91	1.45	54.01
36	六安市	75.65	79.89	102.95	12.90	1.92	53.97
37	宿州市	62.26	78.56	101.81	17.22	1.96	53.75
38	马鞍山市	89.27	83.78	95.71	26.55	1.98	53.60
39	赣州市	154.75	55.72	115.16	16.71	1.24	53.56
40	安顺市	43.62	59.36	105.22	39.21	1.49	53.14
41	台州市	196.75	68.34	105.70	17.01	1.62	52.93
42	益阳市	70.09	61.73	103.51	37.69	1.64	52.92
43	淮安市	106.33	74.89	102.01	13.30	2.01	52.72
44	巴彦淖尔市	62.59	82.14	87.33	49.93	1.38	52.47
45	黔南州	73.82	55.92	103.94	42.88	1.50	52.38
46	泰州市	128.83	76.51	98.23	19.88	1.71	52.27
47	湛江市	137.88	81.99	93.77	25.49	1.43	52.27
48	大庆市	255.16	78.54	85.31	59.42	1.93	52.18
49	玉溪市	68.91	62.86	98.18	45.13	1.63	52.02
50	温州市	341.54	74.89	99.08	17.50	1.70	52.00
51	莆田市	69.73	65.94	105.16	13.44	1.77	51.96
52	茂名市	99.29	81.84	93.63	21.20	1.70	51.85
53	绍兴市	186.35	74.20	99.00	17.40	1.39	51.72
54	亳州市	59.07	77.45	96.07	16.40	2.16	51.51

（续表）

序号	地方	缴存余额（亿元）	当年提取使用率（%）	个贷率（%）	个贷市场占有率（%）	增值收益率（%）	综合发展指数
55	韶关市	78.91	84.62	91.71	16.55	2.18	51.44
56	自贡市	58.50	62.94	102.16	23.72	1.95	51.40
57	焦作市	77.56	57.96	102.41	33.33	1.62	51.34
58	桂林市	113.60	71.27	97.83	20.51	1.49	51.07
59	梅州市	68.02	69.17	87.09	63.66	0.95	51.01
60	吉安市	85.77	46.52	111.40	21.08	1.73	51.01
61	抚顺市	87.65	80.29	85.51	42.70	1.90	50.92
62	常州市	274.48	71.18	98.88	16.97	1.06	50.91
63	甘南州	30.70	63.14	83.44	85.45	1.39	50.86
64	宁德市	76.44	70.67	98.31	16.52	1.61	50.76
65	吉林市	148.29	70.53	93.38	34.00	1.57	50.74
66	池州市	28.23	83.07	91.60	15.15	1.20	50.61
67	崇左市	27.53	65.91	98.44	23.81	1.19	50.43
68	丹东市	55.93	70.53	94.25	25.45	1.59	50.20
69	清远市	76.34	76.58	94.94	10.87	1.53	50.17
70	遵义市	134.65	49.18	106.06	25.98	1.41	50.05
71	宿迁市	71.28	60.02	104.42	9.21	1.60	50.03
72	宜宾市	116.59	67.36	95.26	26.14	1.62	49.99
73	阿拉善盟	27.03	106.78	53.27	94.98	0.86	49.80
74	兴安盟	44.08	65.47	87.93	53.25	1.57	49.74
75	嘉兴市	202.87	69.29	97.36	12.81	1.51	49.74
76	普洱市	56.98	59.03	91.80	51.37	1.60	49.63
77	来宾市	28.49	81.96	84.20	32.32	1.52	49.63
78	许昌市	60.89	61.40	98.60	20.00	2.10	49.53
79	满洲里市	12.98	85.60	77.16	47.75	1.45	49.41
80	衡阳市	95.66	78.76	88.30	19.63	1.95	49.30
81	南平市	76.43	70.97	93.59	17.88	1.58	49.29
82	苏州市	728.54	73.85	95.23	7.60	0.80	49.14
83	云浮市	42.49	79.55	88.65	17.71	1.19	49.13
84	阜新市	36.22	63.42	83.21	65.84	1.97	49.08
85	宜春市	76.61	68.78	94.50	15.00	1.96	49.02
86	毕节市	75.72	57.44	91.92	48.52	1.32	48.97
87	淮南市	142.52	98.77	72.34	33.32	1.41	48.90
88	洛阳市	184.89	69.40	92.10	22.00	1.60	48.88
89	烟台市	241.05	64.85	94.51	23.00	1.50	48.87
90	百色市	58.62	68.18	90.98	27.36	1.65	48.79
91	钦州市	39.02	64.67	95.10	18.31	1.90	48.72
92	赤峰市	136.49	65.50	90.20	31.25	1.82	48.43
93	佛山市	245.02	73.22	92.89	7.26	1.10	48.27
94	玉林市	69.93	65.37	93.13	18.66	1.58	48.09

（续表）

序号	地方	缴存余额（亿元）	当年提取使用率（%）	个贷率（%）	个贷市场占有率（%）	增值收益率（%）	综合发展指数
95	株洲市	117.28	70.01	89.49	21.58	1.72	48.08
96	白城市	27.52	71.13	84.76	35.01	1.94	48.07
97	遂宁市	43.54	58.21	95.91	22.53	1.65	48.04
98	汉中市	55.97	70.22	85.09	33.28	2.43	48.00
99	攀枝花市	72.24	80.04	72.76	58.01	2.07	48.00
100	无锡市	476.42	66.25	91.97	19.11	1.44	47.85
101	内江市	58.36	61.05	94.52	19.62	1.56	47.80
102	雅安市	37.98	74.21	80.95	38.84	1.79	47.69
103	黔西南州	56.10	42.98	98.40	41.45	1.25	47.62
104	常德市	107.22	63.25	90.90	24.59	1.59	47.48
105	宜昌市	135.36	61.71	91.57	24.31	1.84	47.47
106	德阳市	102.04	73.46	82.80	31.90	1.65	47.44
107	九江市	89.89	61.18	94.17	15.61	1.85	47.40
108	威海市	116.87	57.57	95.41	18.20	1.46	47.24
109	日照市	72.93	63.72	91.78	17.04	1.85	47.22
110	朝阳市	68.04	67.67	84.32	35.78	1.47	47.14
111	柳州市	114.29	76.86	85.39	12.59	1.77	47.14
112	黔东南州	95.40	43.97	90.77	60.44	1.45	47.12
113	伊犁州	79.09	53.85	91.81	36.90	1.37	47.07
114	阿勒泰地区	27.19	66.30	82.68	41.30	2.12	47.07
115	阳江市	41.84	74.21	88.03	9.53	1.24	47.04
116	营口市	69.10	58.82	92.07	24.89	1.54	47.02
117	日喀则市	41.74	38.73	86.15	86.00	1.38	46.98
118	枣庄市	105.41	72.61	84.07	26.45	1.11	46.98
119	乐山市	87.79	61.58	90.34	24.85	1.47	46.93
120	南充市	77.95	61.33	92.08	17.75	1.84	46.91
121	濮阳市	81.39	63.90	86.90	31.30	1.60	46.89
122	娄底市	64.57	67.27	84.57	33.00	1.44	46.86
123	阿坝州	42.12	60.03	69.96	98.00	1.48	46.81
124	怀化市	80.49	56.75	91.97	24.24	1.90	46.63
125	鹤壁市	30.68	54.76	94.24	21.21	1.43	46.56
126	昌吉州	73.93	62.98	91.95	11.32	1.66	46.49
127	岳阳市	113.53	58.78	87.37	31.65	2.58	46.40
128	淮北市	104.98	80.56	73.16	41.62	1.44	46.38
129	河池市	48.03	64.49	85.24	30.18	1.51	46.28
130	贵港市	40.00	70.40	86.09	14.90	1.45	46.21
131	丽江市	26.51	60.10	87.59	28.81	1.86	46.21
132	鹰潭市	30.06	55.32	86.26	42.47	1.92	46.17
133	海南州	13.42	77.21	62.07	84.48	1.31	46.07
134	文山州	58.77	59.87	86.50	30.66	2.05	46.03

（续表）

序号	地方	缴存余额（亿元）	当年提取使用率（%）	个贷率（%）	个贷市场占有率（%）	增值收益率（%）	综合发展指数
135	泰安市	95.10	72.72	84.26	13.84	1.70	46.01
136	通辽市	107.22	59.81	81.93	47.78	1.32	45.88
137	唐山市	305.19	59.00	82.52	46.32	1.50	45.84
138	淄博市	216.69	56.98	89.60	25.20	1.56	45.82
139	景德镇市	39.52	61.93	88.24	19.56	1.44	45.73
140	秦皇岛市	107.12	69.40	84.04	18.35	1.48	45.65
141	防城港市	18.41	77.86	81.43	10.37	1.40	45.60
142	张掖市	37.94	67.58	80.13	30.50	2.81	45.60
143	中卫市	19.50	67.49	82.15	27.25	1.76	45.59
144	天水市	50.40	52.59	88.31	34.45	1.81	45.51
145	黄石市	90.68	64.17	82.24	32.60	1.62	45.45
146	东营市	161.03	111.26	57.54	23.18	1.91	45.38
147	新余市	30.83	71.58	82.20	14.64	2.35	45.37
148	昭通市	96.27	61.87	78.40	50.01	1.57	45.36
149	山南市	20.60	60.53	68.64	91.00	0.28	45.33
150	铜仁市	71.96	48.11	84.74	52.37	1.54	45.06
151	三门峡市	54.03	69.18	72.13	53.58	1.39	44.93
152	河源市	39.50	75.54	81.26	8.37	1.33	44.85
153	湘西州	53.47	46.87	86.53	44.26	1.97	44.78
154	张家界市	23.93	61.00	85.17	18.23	2.61	44.75
155	固原市	27.25	79.03	71.06	36.39	1.21	44.74
156	永州市	87.74	52.63	86.38	32.79	1.67	44.62
157	呼伦贝尔市	90.10	53.18	79.51	54.12	2.04	44.59
158	徐州市	316.24	76.43	76.16	21.32	1.36	44.55
159	通化市	48.42	48.42	85.85	41.35	1.87	44.52
160	包头市	154.17	64.26	81.78	24.75	1.63	44.52
161	北海市	33.82	62.54	87.16	9.07	1.70	44.52
162	曲靖市	117.70	61.99	79.59	35.63	1.94	44.50
163	大理州	67.24	59.46	83.60	28.69	1.13	44.42
164	漳州市	94.66	68.10	83.66	8.91	1.66	44.37
165	铜陵市	52.35	56.15	84.91	29.35	1.33	44.35
166	邵阳市	99.28	48.00	87.00	36.00	1.80	44.28
167	红河州	108.55	61.05	79.38	36.33	1.72	44.23
168	牡丹江市	56.15	74.31	74.62	26.00	1.27	44.02
169	六盘水市	56.83	53.66	83.86	34.43	1.32	43.99
170	贺州市	31.11	49.23	82.31	46.00	2.06	43.98
171	潍坊市	182.42	55.81	88.43	12.63	1.61	43.94
172	沧州市	172.53	71.48	76.92	20.49	1.69	43.86
173	新乡市	77.81	45.40	93.40	13.40	2.00	43.81
174	阿里地区	10.76	41.94	75.00	85.00	1.60	43.70

（续表）

序号	地方	缴存余额（亿元）	当年提取使用率（%）	个贷率（%）	个贷市场占有率（%）	增值收益率（%）	综合发展指数
175	白银市	50.80	70.00	71.00	42.00	1.83	43.69
176	咸阳市	74.57	64.50	81.96	12.16	1.90	43.47
177	武威市	40.51	62.00	76.29	38.45	1.40	43.44
178	延边州	89.71	70.03	72.94	32.16	1.75	43.36
179	安康市	42.06	54.30	79.09	42.27	1.55	43.31
180	鞍山市	128.54	89.12	66.49	17.25	1.10	43.21
181	滨州市	77.06	48.72	86.71	24.20	1.49	43.03
182	博尔塔拉州	15.61	59.08	71.54	57.65	1.18	43.03
183	荆门市	77.00	56.19	79.87	31.57	1.86	43.00
184	铜川市	18.74	83.44	63.20	35.89	1.65	42.97
185	朔州市	36.38	67.52	67.21	50.51	2.15	42.83
186	珠海市	98.54	77.73	73.44	11.01	1.15	42.75
187	临沂市	165.56	48.66	89.75	11.17	1.33	42.73
188	乌海市	26.41	71.91	70.09	34.72	0.90	42.70
189	德宏州	34.71	39.94	85.74	40.93	1.39	42.58
190	周口市	53.08	42.17	84.38	41.06	1.37	42.55
191	庆阳市	47.70	40.88	84.38	43.27	1.40	42.53
192	葫芦岛市	74.99	50.83	81.21	32.30	1.64	42.39
193	邯郸市	140.77	48.08	83.09	31.64	1.42	42.36
194	鄂州市	29.26	73.54	72.50	14.30	2.35	42.34
195	佳木斯市	57.35	58.67	72.29	47.00	1.67	42.32
196	梧州市	44.92	62.23	79.01	17.13	1.30	42.27
197	延安市	68.28	57.07	70.21	58.28	1.20	42.24
198	吐鲁番市	17.90	54.87	70.60	58.00	1.91	42.15
199	定西市	49.35	55.88	76.06	38.06	1.39	42.09
200	平凉市	63.73	39.72	82.91	46.40	1.38	42.09
201	齐齐哈尔市	99.09	51.73	81.04	27.69	1.52	42.01
202	巴中市	52.02	45.23	81.34	39.10	1.47	41.94
203	随州市	27.10	49.15	85.13	16.04	1.89	41.89
204	吴忠市	31.70	75.79	64.92	31.54	1.64	41.61
205	安阳市	69.99	51.11	83.90	13.60	1.60	41.51
206	襄阳市	111.68	49.60	82.26	22.00	1.70	41.51
207	抚州市	64.54	45.00	86.60	14.18	2.10	41.46
208	广安市	31.81	55.83	82.43	9.48	1.15	41.37
209	惠州市	145.91	71.79	74.27	4.95	1.35	41.32
210	德州市	86.67	51.57	82.54	13.10	1.77	41.13
211	黄冈市	95.07	59.34	71.46	34.50	2.22	41.11
212	上饶市	104.76	32.20	92.08	18.36	1.70	41.10
213	潮州市	30.30	56.09	73.21	37.74	1.14	41.01
214	本溪市	61.33	59.23	72.12	32.96	1.62	40.95

（续表）

序号	地方	缴存余额（亿元）	当年提取使用率（%）	个贷率（%）	个贷市场占有率（%）	增值收益率（%）	综合发展指数
215	衡水市	60.72	43.48	86.08	15.83	1.52	40.94
216	西双版纳州	39.44	54.42	76.01	30.22	1.22	40.94
217	达州市	75.83	57.86	76.66	19.86	1.48	40.91
218	邢台市	93.50	57.91	78.20	12.25	1.60	40.74
219	临沧市	49.88	40.11	74.54	59.67	1.86	40.73
220	锦州市	84.93	67.13	67.75	31.21	1.19	40.68
221	昌都市	23.94	78.95	44.07	89.00	0.28	40.21
222	荆州市	86.75	63.31	73.00	13.76	1.70	40.18
223	宝鸡市	78.20	57.71	70.90	32.23	1.68	40.17
224	酒泉市	44.13	75.92	60.12	33.37	1.43	40.06
225	怒江州	15.52	55.42	68.24	46.70	1.00	39.99
226	四平市	44.20	34.54	83.98	28.99	2.04	39.91
227	聊城市	109.20	56.65	74.45	18.69	1.71	39.86
228	晋城市	67.52	70.21	60.89	38.01	1.98	39.85
229	临夏州	29.26	50.21	74.36	35.21	0.73	39.84
230	廊坊市	114.48	68.26	72.66	2.46	1.35	39.80
231	临汾市	76.23	37.48	80.03	36.00	1.90	39.77
232	郴州市	97.93	51.42	76.09	22.35	1.75	39.76
233	承德市	92.37	57.42	74.43	16.08	1.75	39.76
234	绵阳市	136.83	62.63	68.42	26.33	1.73	39.71
235	商丘市	79.08	32.29	83.90	31.72	1.94	39.67
236	揭阳市	55.76	60.94	70.72	21.82	1.37	39.60
237	乌兰察布市	50.83	67.74	65.10	27.28	1.45	39.57
238	恩施州	70.30	58.16	71.96	22.00	1.55	39.56
239	塔城地区	30.52	56.77	65.66	46.76	1.27	39.46
240	商洛市	32.72	51.42	67.46	48.45	1.82	39.38
241	菏泽市	95.07	42.21	82.19	14.06	1.81	39.25
242	迪庆州	27.11	35.22	63.95	91.70	1.30	39.05
243	大同市	68.68	43.48	69.37	53.00	1.67	38.86
244	平顶山市	142.25	65.72	62.84	32.01	1.22	38.77
245	石嘴山市	24.83	83.00	52.21	34.00	1.38	38.76
246	凉山州	118.14	59.33	59.02	53.98	2.37	38.75
247	漯河市	45.02	39.94	81.07	19.48	1.22	38.74
248	咸宁市	54.48	57.44	68.90	21.54	2.19	38.52
249	忻州市	33.57	30.48	75.24	47.14	3.40	38.33
250	萍乡市	42.83	49.67	71.09	28.79	1.57	38.24
251	张家口市	103.62	46.64	76.40	16.00	1.63	38.24
252	辽源市	23.50	44.40	71.40	39.00	1.23	38.20
253	孝感市	75.00	48.00	74.00	21.00	1.60	38.16
254	黄南州	10.55	55.39	48.90	96.56	0.75	38.11

（续表）

序号	地方	缴存余额（亿元）	当年提取使用率（%）	个贷率（%）	个贷市场占有率（%）	增值收益率（%）	综合发展指数
255	开封市	47.42	38.42	81.95	10.84	1.46	37.96
256	汕尾市	21.92	69.67	52.38	53.88	0.52	37.84
257	信阳市	71.08	36.11	80.89	14.44	1.45	37.49
258	运城市	62.24	34.94	77.06	25.08	2.07	37.19
259	保定市	177.70	50.76	72.48	11.19	1.35	37.11
260	鄂尔多斯市	121.01	56.27	59.18	43.55	1.26	36.76
261	长治市	64.06	38.11	69.32	42.46	1.78	36.75
262	神农架林区	3.98	42.60	58.20	72.15	1.34	36.57
263	驻马店市	74.61	38.42	75.93	16.15	1.90	36.54
264	林芝市	14.27	67.14	45.20	70.53	0.40	36.44
265	海西州	30.68	60.57	42.24	90.05	1.42	36.40
266	伊春市	25.87	44.15	58.76	66.43	1.03	36.40
267	晋中市	51.85	28.12	78.05	25.14	2.12	36.20
268	巴音郭楞州	61.36	53.93	62.53	26.03	1.33	35.74
269	济源市	25.21	31.95	72.80	30.96	1.61	35.53
270	哈密市	54.37	68.45	45.74	47.88	1.42	34.98
271	阿克苏地区	52.11	54.65	56.03	40.45	0.98	34.93
272	陇南市	51.13	26.55	69.47	47.00	1.50	34.85
273	渭南市	59.64	57.70	59.36	17.44	1.91	34.73
274	广元市	65.60	42.78	63.00	36.08	1.13	34.61
275	海东市	29.24	68.04	46.55	37.34	0.92	33.96
276	中山市	97.67	66.06	56.63	3.65	1.57	33.95
277	克孜勒苏州	24.84	49.23	44.89	81.11	0.72	33.92
278	铁岭市	71.15	58.44	54.45	25.00	1.17	33.66
279	东莞市	273.02	68.45	54.41	4.27	0.97	33.50
280	十堰市	120.84	62.50	49.82	23.99	1.75	32.95
281	松原市	84.70	60.46	51.62	23.00	1.26	32.90
282	榆林市	90.70	44.63	54.84	31.70	1.07	31.66
283	鸡西市	44.39	55.28	46.83	37.88	1.14	31.63
284	莱芜市	39.32	59.51	49.03	19.69	0.89	31.34
285	喀什地区	95.40	46.49	45.26	60.00	0.56	31.34
286	和田地区	45.13	50.27	40.77	68.20	0.38	31.28
287	天门市	13.64	43.33	58.21	14.52	1.60	31.05
288	黑河市	52.07	44.80	49.95	39.55	1.35	30.87
289	南阳市	127.89	40.30	57.20	15.50	1.02	29.99
290	绥化市	55.70	42.76	51.27	29.75	1.33	29.94
291	白山市	32.58	88.00	23.00	38.00	1.36	29.93
292	潜江市	37.12	70.23	39.63	11.75	1.59	29.65
293	鹤岗市	35.61	69.68	32.21	38.97	0.83	29.40
294	辽阳市	60.95	47.29	45.35	22.95	1.56	28.17

（续表）

序号	地方	缴存余额（亿元）	当年提取使用率（%）	个贷率（%）	个贷市场占有率（%）	增值收益率（%）	综合发展指数
295	盘锦市	92.86	39.83	48.73	11.34	1.00	26.51
296	阳泉市	32.93	28.07	48.22	26.47	2.87	26.14
297	那曲市	25.64	42.79	49.88	—	0.09	26.05
298	吕梁市	43.37	23.34	48.90	34.21	1.79	25.83
299	仙桃市	14.02	56.07	36.52	10.00	1.84	25.64
300	嘉峪关市	27.28	62.41	27.75	20.28	1.90	24.89
301	金昌市	37.58	63.46	26.88	23.86	0.94	24.82
302	果洛州	6.24	62.15	24.20	6.32	1.03	21.89
303	七台河市	27.23	73.04	11.83	21.70	0.80	21.20
304	双鸭山市	45.84	43.38	20.57	49.24	0.56	21.00
305	大兴安岭	17.70	38.00	17.48	46.86	1.64	18.98

第三部分

2018年度全国住房公积金发展评价报告

一、住房公积金发展评价指标体系

本研究报告基础数据均来源于中华人民共和国住房和城乡建设部网站，以及各省、自治区、新疆生产建设兵团、设区市（地区州盟）在各自住房公积金官方网站或地市政务公开网站公布的《2018 住房公积金年度报告》。课题以省域（包括自治区和新疆生产建设兵团，下同）和设区城市（包括直辖市、副省级城市和省会城市、地级市和地区州盟等行政区域）为研究对象，通过比较研究法对住房公积金各项基础数据进行分类研究，按发展指标排序对比，并进行管理经营水平分析，从而全面准确反映我国住房公积金事业发展现状，为管理决策提供参考。

我国住房公积金管理体制，为全国和省自治区设监督管理机构，设区市（包括地区州盟）设管理决策机构（住房公积金管理委员会）和管理运营机构（住房公积金管理中心），地市以下实行垂直管理，即以设区市（包括地区州盟）为基本管理单位。因此本课题在对省域住房公积金综合管理指标作普遍性分析的基础上，重点对城市和地级行政区域住房公积金管理现状进行比较研究。由于海南省住房公积金实行了统一管理体制，统计数字按全省口径统一上报，故城市中不含海南省各城市。新疆生产建设兵团统一设立 1 个住房公积金管理中心，纳入了省域统计。因此，本课题统计研究对象为全国性 1 个，省级 28 个（不含台、港、澳），直辖市 4 个，副省级城市和省会城市 31 个，地市州盟 305 个，共计 369 个。

根据我国住房公积金事业发展实际和《全国住房公积金年度报告》披露的基本内容，住房公积金发展指标评价体系设置 4 个一级指标，17 个二级指标，具体见表 3-1-1。按照省和自治区（含新疆生产建设兵团）、直辖市、副省级城市和省会城市、地市州盟 4 种管理类型进行分类比较研究，最后给出管理指标排序和评价。所有数字均保留到小数点后两位。

表 3-1-1　住房公积金发展评价指标体系

一级指标	二级指标	单位
缴存指标	实缴单位数	万个
	实缴职工数	万人
	本年缴存额	亿元
	缴存总额	亿元
	缴存余额	亿元
提取指标	本年提取额	亿元
	全部提取额	亿元
贷款指标	当年发放贷款额	亿元
	累计发放贷款额	亿元
	贷款余额	亿元
	个贷率	%
	个贷市场占有率	%
效益指标	业务收入	亿元
	业务支出	亿元
	管理费用	万元
	增值收益	亿元
	增值收益率	%

二、住房公积金缴存指标比较

住房公积金缴存指标分为 5 个二级指标：实缴单位数、实缴职工数、本年缴存额、缴存总额和缴存余额。缴存总额反映了该地方自建立住房公积金制度以来，单位和职工累计缴存的资金数额；而缴存余额则反映了该地方账面留置的住房公积金总额，是一个地方资金规模大小的客观反映。列表以缴存余额排序。

（一）全国住房公积金缴存情况

全国住房公积金缴存比较见表 3-2-1。

全年住房公积金实缴单位 291.59 万个，实缴职工 14436.41 万人，分别比上年增长 11.15% 和 5.09%。全年净增实缴单位 29.26 万个，净增实缴职工 699.19 万人。

全年住房公积金缴存额 21054.65 亿元，比上年增长 12.43%。年末缴存总额 145899.77 亿元，扣除提取后的缴存余额为 57934.88 亿元，分别比上年末增长 16.86% 和 12.23%。

表 3-2-1　2018 年全国住房公积金缴存比较表

年度	实缴单位数（万个）	实缴职工数（万人）	本年缴存额（亿元）	缴存总额（亿元）	缴存余额（亿元）
2017	262.33	13737.22	18726.74	124845.12	51620.74
2018	291.59	14436.41	21054.65	145899.77	57934.88
年增长率（%）	11.15	5.09	12.43	16.86	12.23

（二）省、自治区和新疆生产建设兵团住房公积金缴存比较

省、自治区和新疆生产建设兵团住房公积金缴存情况见表 3-2-2。

在 28 个省级单位中，本年缴存额超千亿元的有 4 个：广东、江苏、浙江、山东；在 700 亿～1000 亿元之间的有 4 个，分别为四川、湖北、辽宁、河南；在 500 亿～700 亿元之间的有 4 个；在 400 亿～500 亿元之间的有 3 个；在 300 亿～400 亿元之间的有 7 个；在 200 亿～300 亿元之间的 1 个；在 100 亿～200 亿元之间的有 2 个；100 亿元以下的有 3 个。从缴存总额上看，广东省超过了 15000 亿元，江苏省超过了 11000 亿元，浙江省、山东省超过了 8000 亿元，在 3000 亿～8000 亿元之间的有 11 个；在 2000 亿～3000 亿元之间的有 7 个；在 1000 亿～2000 亿元的有 1 个；千亿元以下的有 5 个省区和单位。从缴存余额上看，广东省超 5000 亿元，江苏省超 4000 亿元，6 个省规模超 2000 亿元，13 个省规模超千亿元，其余省区和单位规模在 1000 亿元以下。

表3-2-2　2018年省、自治区和新疆生产建设兵团住房公积金缴存情况表

序号	地区	实缴单位数（万个）	实缴职工数（万人）	本年缴存额（亿元）	缴存总额（亿元）	缴存余额（亿元）
1	广东	37.46	1910.83	2292.04	15262.45	5271.39
2	江苏	30.42	1321.58	1779.81	11793.06	4340.59
3	山东	14.80	938.76	1197.21	8054.97	3448.70
4	浙江	22.77	800.60	1388.80	9379.90	3176.00
5	四川	11.57	662.60	987.84	6405.58	2754.70
6	辽宁	9.11	489.69	715.66	6407.37	2414.72
7	湖北	7.03	470.11	762.66	4796.68	2307.10
8	河南	7.60	654.43	701.39	4562.08	2210.23
9	河北	5.93	488.18	593.26	4447.28	1984.40
10	湖南	6.78	434.44	603.29	3797.75	1862.63
11	安徽	6.02	428.88	603.67	4790.90	1625.65
12	福建	11.52	403.99	591.53	4122.35	1554.61
13	云南	5.06	269.54	498.69	3446.07	1418.16
14	黑龙江	3.94	287.37	396.50	3231.80	1379.18
15	陕西	5.56	386.42	462.97	3240.17	1335.91
16	内蒙古自治区	4.02	235.99	357.64	2682.00	1274.27
17	江西	4.70	267.98	392.23	2363.86	1184.31
18	广西壮族自治区	5.28	290.18	424.54	2927.72	1112.15
19	吉林	3.89	247.30	322.31	2485.74	1111.25
20	新疆维吾尔自治区	3.22	208.21	371.23	2723.67	1102.57
21	山西	4.85	354.69	383.07	2748.46	1088.45
22	贵州	4.25	251.20	359.07	2055.12	994.83
23	甘肃	3.11	185.04	267.53	1953.76	958.86
24	海南	2.55	104.52	121.91	826.83	389.65
25	青海	0.90	52.82	106.65	762.97	310.61
26	宁夏回族自治区	0.97	62.72	97.17	786.14	292.71
27	西藏自治区	0.44	31.92	91.82	499.15	254.24
28	新疆生产建设兵团	0.37	23.79	38.08	250.87	125.40

（三）直辖市住房公积金缴存比较

直辖市住房公积金缴存情况见表3-2-3。

在实缴单位数上，上海、天津要远高于北京和重庆，但实缴人数并没有与两市拉开明显差距，表明了上海、天津两市中小企业建制较多的现实。同样，在本年缴存额上，上海反而比北京少600多亿元，天津仅比重庆多100多亿元，反映了两市人均缴存水平偏低的现实。

表 3-2-3 2018 年直辖市住房公积金缴存情况表

序号	城市	实缴单位数（万个）	实缴职工数（万人）	本年缴存额（亿元）	缴存总额（亿元）	缴存余额（亿元）
1	北京	18.32	778.87	1980.10	13096.37	4244.08
2	上海	39.31	861.21	1305.20	9554.03	4094.62
3	天津	6.37	274.60	480.00	3961.40	1337.80
4	重庆	3.48	257.91	379.90	2483.24	975.10

（四）副省级、省会城市住房公积金缴存比较

副省级、省会城市住房公积金缴存情况见表 3-2-4。

在 31 个副省级城市和省会城市中（不含海口市），广州市和深圳市继续领跑在第一方阵，缴存余额、本年缴存额超过直辖市中的天津、重庆。在 31 个城市中，缴存余额超千亿元的有 6 个城市，比去年增加 3 个；缴存余额在 800 亿～1000 亿元之间的有 1 个；缴存余额在 600 亿～800 亿元之间的有 5 个；在 400 亿～600 亿元之间的有 8 个；在 200 亿～400 亿元之间的有 8 个；在 200 亿元以下的有 3 个。从缴存总额上看，超过千亿元的有 19 个城市；在 500 亿～1000 亿元之间的有 10 个。从本年缴存额看，超 700 亿元的只有广州市一家，在 600 亿～700 亿元之间的只有深圳市一家；在 300 亿～600 亿元之间的有 4 个；在 200 亿～300 亿元之间的有 8 个；在 100 亿～200 亿元之间的有 13 个城市，其余城市本年缴存额低于 100 亿元。

表 3-2-4 2018 年副省级、省会城市住房公积金缴存情况表

序号	城市	实缴单位数（万个）	实缴职工数（万人）	本年缴存额（亿元）	缴存总额（亿元）	缴存余额（亿元）
1	广州	9.04	461.53	763.39	5929.24	1623.54
2	深圳	15.58	648.86	636.80	3112.23	1598.66
3	成都	5.35	338.90	451.64	2957.12	1179.69
4	武汉	2.72	220.47	375.30	2460.21	1116.97
5	南京	4.92	238.28	406.12	2752.62	1065.42
6	杭州	8.48	278.90	518.60	3333.70	1015.50
7	沈阳	2.60	139.87	250.49	2144.48	808.84
8	西安	2.05	201.52	249.89	1762.43	724.17
9	郑州	1.70	193.02	234.55	1572.21	676.59
10	济南	2.28	143.08	228.17	1602.14	654.92
11	大连	3.65	132.01	203.30	1905.29	630.86
12	长沙	1.93	154.19	204.20	1272.77	630.64
13	青岛	4.54	163.35	213.11	1620.41	567.84
14	长春	1.49	118.72	167.54	1331.23	563.35
15	哈尔滨	1.35	116.02	182.37	1476.14	539.61
16	宁波	3.55	147.45	232.81	1629.47	508.87

（续表）

序号	城市	实缴单位数（万个）	实缴职工数（万人）	本年缴存额（亿元）	缴存总额（亿元）	缴存余额（亿元）
17	石家庄	1.14	94.14	135.01	934.58	452.98
18	昆明	1.56	101.82	186.61	1317.18	446.86
19	福州	2.23	100.88	170.74	1190.11	442.72
20	合肥	1.43	127.57	184.08	1310.46	423.36
21	太原	0.99	90.11	119.36	906.05	371.77
22	南宁	1.27	88.77	140.66	954.47	365.80
23	南昌	0.99	75.98	134.55	861.79	354.66
24	厦门	3.63	114.86	150.40	982.41	354.00
25	兰州	0.85	68.72	100.11	826.96	341.54
26	乌鲁木齐	0.77	59.53	114.85	884.37	339.20
27	呼和浩特	0.67	54.30	96.71	771.33	320.80
28	贵阳	1.60	94.61	111.05	672.57	290.16
29	西宁	0.38	33.39	66.73	486.35	188.55
30	银川	0.54	39.17	61.34	514.72	179.13
31	拉萨	0.07	5.55	12.25	67.19	34.50

（五）地市州盟住房公积金缴存比较

地市州盟住房公积金缴存情况见表3-2-5。

在305个地市州盟中，苏州各项指标远超其他城市。缴存余额过百亿的城市由去年70个升至94个，缴存总额过300亿元的城市由去年42个升至56个。在缴存余额上，苏州最高达到853.19亿元，高于多数副省级城市和省会城市；在500亿～600亿元之间的有1个，为无锡市；在200亿～400亿元之间的有20个。在缴存总额上，苏州超2000亿元；超1000亿元的有1个市：无锡；在500亿～1000亿元之间的城市有18个；低于100亿元的城市有82个。

缴存余额在100亿元以下的地市州盟从去年的235个减少至211个。其中缴存余额在50亿元以下的有87个；缴存余额在30亿元以下的有32个；缴存余额在10亿元以下的有3个，反映了我国各城市经济发展水平的差异。

表3-2-5　2018年地市州盟住房公积金缴存情况表

序号	地方	实缴单位数（个）	实缴职工数（万人）	本年缴存额（亿元）	缴存总额（亿元）	缴存余额（亿元）
1	苏州市	91649	378.25	444.34	2679.64	853.19
2	无锡市	52431	158.52	199.43	1344.68	534.24
3	温州市	20549	66.52	116.57	853.37	365.04
4	徐州市	7416	60.13	103.24	819.82	336.85
5	唐山市	6277	69.91	87.17	718.61	333.33

（续表）

序号	地方	实缴单位数（个）	实缴职工数（万人）	本年缴存额（亿元）	缴存总额（亿元）	缴存余额（亿元）
6	东莞市	41621	171.12	126.70	856.46	314.95
7	常州市	27885	93.20	121.61	808.13	308.62
8	南通市	19025	85.65	116.08	811.24	281.35
9	佛山市	13358	151.83	136.85	934.54	279.45
10	大庆市	3668	44.73	72.43	768.62	263.66
11	烟台市	10337	82.48	92.84	606.34	263.02
12	淄博市	7305	59.08	62.71	442.31	236.36
13	济宁市	9034	57.00	76.60	519.69	231.70
14	嘉兴市	19435	63.98	98.76	665.42	225.79
15	台州市	11739	47.42	86.30	557.65	222.18
16	临沂市	6103	60.92	89.40	412.84	218.37
17	泉州市	20488	48.70	79.87	573.11	214.66
18	金华市	13055	46.45	80.01	549.99	214.66
19	绍兴市	11571	51.75	86.67	592.35	208.78
20	潍坊市	7459	65.03	69.78	457.71	205.98
21	洛阳市	6682	55.38	66.59	478.85	203.57
22	保定市	6433	60.00	64.35	452.57	201.39
23	扬州市	11335	57.50	76.60	538.50	198.60
24	沧州市	7492	52.71	59.85	488.95	190.46
25	赣州市	7563	39.02	47.40	291.22	172.89
26	包头市	3591	30.78	44.63	329.83	167.03
27	惠州市	6819	63.60	72.59	467.84	165.58
28	邯郸市	4644	41.77	44.68	347.67	163.35
29	遵义市	4854	36.20	59.47	326.09	158.80
30	吉林市	5383	33.79	48.14	395.60	156.99
31	平顶山市	3642	38.68	36.40	299.38	155.35
32	湛江市	8059	35.35	55.87	411.88	154.55
33	绵阳市	4916	31.34	49.52	333.25	153.71
34	南阳市	5004	41.96	40.88	244.58	152.87
35	宜昌市	5585	34.35	56.24	362.17	151.19
36	湖州市	1657	42.74	55.37	399.36	148.41
37	赤峰市	4164	27.37	38.83	286.63	148.21
38	东营市	3259	37.89	57.39	572.76	146.74
39	连云港市	7388	37.13	53.48	357.59	144.51
40	淮南市	3421	26.56	39.15	452.10	143.85
41	泰州市	6029	40.27	52.51	343.64	143.34
42	盐城市	12145	55.76	67.18	428.58	141.72
43	十堰市	3989	24.91	41.04	274.02	138.13

（续表）

序号	地方	实缴单位数（个）	实缴职工数（万人）	本年缴存额（亿元）	缴存总额（亿元）	缴存余额（亿元）
44	鞍山市	3698	29.13	36.85	418.38	137.10
45	株洲市	3490	27.27	42.47	300.28	135.00
46	威海市	5623	36.44	39.46	264.61	132.59
47	岳阳市	4575	26.84	36.95	248.49	132.31
48	鄂尔多斯市	4195	23.31	33.05	221.80	132.04
49	襄阳市	4798	31.25	44.12	260.75	131.69
50	曲靖市	3568	23.74	42.36	310.58	131.25
51	凉山州	3836	19.72	37.09	260.65	130.76
52	镇江市	9516	36.30	51.29	389.94	130.34
53	廊坊市	4369	39.22	46.84	326.23	128.23
54	宜宾市	4612	24.27	41.33	286.69	126.08
55	柳州市	4076	33.31	49.12	395.70	125.26
56	桂林市	5633	29.96	41.13	321.77	125.20
57	上饶市	4779	22.15	33.07	192.68	123.26
58	张家口市	4664	28.64	36.15	281.65	122.45
59	聊城市	4366	38.61	32.19	202.96	122.21
60	芜湖市	4098	43.14	48.20	356.71	121.22
61	淮安市	5893	52.37	55.32	356.79	120.10
62	常德市	4770	28.49	39.09	260.04	119.23
63	喀什地区	2723	21.09	38.59	224.06	118.89
64	泰安市	4946	44.76	48.60	280.98	117.86
65	红河州	4130	19.20	35.22	277.31	117.04
66	中山市	7130	46.70	50.76	324.48	116.82
67	菏泽市	4099	31.62	35.64	179.25	115.47
68	秦皇岛市	3423	29.66	34.06	303.58	114.97
69	邵阳市	4303	21.31	33.98	190.61	114.66
70	通辽市	3360	18.83	25.84	191.35	114.39
71	衡阳市	3989	31.16	42.99	247.42	113.47
72	枣庄市	3196	26.83	37.72	256.13	113.37
73	江门市	7014	37.65	49.42	416.12	112.87
74	黄冈市	4549	21.69	37.78	199.69	112.87
75	盘锦市	1909	23.95	35.37	334.02	112.61
76	德阳市	3332	22.73	34.68	286.76	111.31
77	汕头市	4531	27.74	40.34	307.59	110.96
78	郴州市	4171	22.46	33.41	211.68	110.29
79	黔东南州	4601	14.79	34.86	185.79	109.23
80	榆林市	5530	27.60	40.94	239.89	109.13
81	珠海市	6809	67.99	75.65	576.40	108.68

（续表）

序号	地方	实缴单位数（个）	实缴职工数（万人）	本年缴存额（亿元）	缴存总额（亿元）	缴存余额（亿元）
82	漳州市	6610	27.19	40.90	277.16	108.02
83	齐齐哈尔市	3746	21.55	29.24	197.69	107.87
84	茂名市	4606	25.49	38.56	272.47	107.71
85	阜阳市	4066	27.24	33.22	231.15	106.58
86	淮北市	1237	19.31	28.01	316.31	104.99
87	邢台市	3592	30.43	32.57	234.68	104.37
88	丽水市	6058	19.76	39.16	281.84	103.88
89	安庆市	3689	20.75	36.25	286.30	103.87
90	承德市	3734	21.88	31.73	226.95	102.86
91	九江市	5510	31.54	35.07	218.23	102.32
92	永州市	4858	25.05	31.08	182.05	100.95
93	德州市	5538	37.60	35.21	174.02	100.87
94	昭通市	2511	15.20	25.83	190.71	100.07
95	三明市	7240	24.51	34.29	269.13	99.80
96	商丘市	3360	30.09	29.93	158.13	99.46
97	荆州市	3973	22.74	34.24	201.68	99.43
98	吉安市	6180	21.45	29.22	175.80	99.11
99	黄石市	2810	18.36	25.44	178.96	98.30
100	呼伦贝尔市	5198	20.75	33.73	252.47	98.04
101	延边州	3941	20.73	26.87	187.71	97.73
102	乐山市	4958	22.40	33.64	239.46	97.04
103	马鞍山市	2713	21.53	36.16	318.75	95.96
104	临汾市	5628	28.52	30.83	183.61	93.24
105	松原市	3215	16.24	24.02	198.92	92.29
106	濮阳市	2921	26.84	31.12	250.92	91.85
107	抚顺市	2052	18.57	24.98	248.90	91.30
108	新乡市	3361	28.77	27.18	169.23	91.05
109	宜春市	4010	26.59	35.24	186.88	90.86
110	焦作市	3948	27.45	25.36	174.90	90.66
111	衢州市	4931	20.88	44.17	299.65	90.66
112	怀化市	5673	21.83	26.99	170.83	90.25
113	锦州市	3194	18.39	21.07	175.74	90.17
114	克拉玛依市	1320	16.50	35.10	357.80	89.17
115	滨州市	3919	22.61	28.95	153.13	89.07
116	南充市	4752	22.45	35.99	213.36	88.73
117	孝感市	3322	19.00	28.51	159.61	88.32
118	宝鸡市	4402	27.96	27.21	232.22	87.31
119	伊犁州	2893	17.14	25.65	183.92	87.14

（续表）

序号	地方	实缴单位数（个）	实缴职工数（万人）	本年缴存额（亿元）	缴存总额（亿元）	缴存余额（亿元）
120	清远市	3121	24.08	38.95	260.70	86.64
121	荆门市	3391	17.28	26.78	170.87	86.63
122	信阳市	4955	25.37	29.83	144.09	86.62
123	达州市	3767	18.15	31.25	181.28	85.82
124	韶关市	4462	22.42	35.83	284.59	85.41
125	咸阳市	5433	36.98	27.71	204.87	85.27
126	日照市	3605	21.59	33.11	184.77	85.23
127	毕节市	2911	22.71	29.97	165.92	84.86
128	泸州市	3600	23.56	35.50	209.85	84.24
129	黔南州	3703	18.31	31.17	168.14	83.52
130	宁德市	4521	24.68	29.52	193.28	83.36
131	南平市	4374	19.25	25.82	202.08	82.99
132	驻马店市	3688	25.30	27.38	145.96	82.81
133	宿迁市	4273	28.32	29.91	161.83	82.29
134	葫芦岛市	1155	16.19	19.15	150.28	82.24
135	大同市	3441	29.45	33.44	273.63	82.13
136	晋城市	2586	27.54	25.52	200.94	81.90
137	昌吉州	2810	15.43	24.45	171.45	81.58
138	恩施州	3001	14.00	29.86	149.27	81.25
139	莆田市	4870	20.00	25.40	177.00	81.08
140	龙岩市	5635	22.11	30.79	237.29	80.01
141	六安市	2862	20.06	29.07	201.63	79.80
142	攀枝花市	1795	14.46	23.16	198.67	79.79
143	玉林市	3872	19.82	28.09	177.61	79.58
144	益阳市	2714	20.74	28.88	173.31	79.28
145	铜仁市	2850	16.64	26.97	138.35	79.28
146	延安市	5092	20.34	30.17	229.22	78.89
147	抚州市	3523	14.58	25.27	118.60	78.21
148	大理州	3208	14.87	28.26	183.43	77.92
149	铁岭市	2860	16.10	18.18	165.68	77.01
150	运城市	4138	25.57	26.26	159.59	76.72
151	玉溪市	3500	13.16	28.98	217.35	76.46
152	娄底市	2687	18.34	24.38	154.21	75.90
153	梅州市	3843	24.16	30.94	189.97	75.57
154	营口市	2612	16.75	19.87	146.49	75.51
155	广元市	2815	13.55	20.50	122.91	75.07
156	朝阳市	2575	16.62	18.56	137.34	74.47
157	安阳市	3068	21.17	26.17	184.81	74.07

（续表）

序号	地方	实缴单位数（个）	实缴职工数（万人）	本年缴存额（亿元）	缴存总额（亿元）	缴存余额（亿元）
158	长治市	4378	27.05	25.00	198.87	74.06
159	蚌埠市	2854	18.80	24.02	204.30	72.82
160	巴音郭楞州	2418	15.40	24.46	181.43	72.72
161	舟山市	3482	14.71	30.41	217.10	72.28
162	渭南市	3614	23.91	26.65	187.64	70.84
163	滁州市	4380	24.29	30.64	225.11	70.57
164	巴彦淖尔市	2431	14.07	18.84	140.06	70.36
165	辽阳市	1896	15.88	20.39	163.70	70.34
166	许昌市	2652	20.79	25.51	144.09	70.29
167	衡水市	3332	19.82	20.85	131.82	70.21
168	肇庆市	3952	24.92	34.65	221.24	69.54
169	平凉市	2047	9.76	15.99	108.00	69.33
170	湘潭市	2142	17.09	27.03	203.41	69.31
171	周口市	3705	30.83	22.09	108.89	68.15
172	宿州市	2695	15.74	22.37	160.86	68.14
173	百色市	3647	17.17	28.07	179.21	67.63
174	文山州	2756	12.82	22.77	142.03	67.24
175	内江市	2076	13.37	21.76	129.26	66.96
176	普洱市	2544	9.89	20.85	127.66	66.87
177	甘孜州	2089	7.73	19.72	124.35	66.73
178	黔西南州	2229	13.67	21.52	123.78	66.60
179	汉中市	3603	17.27	20.58	149.31	66.24
180	本溪市	2071	19.26	18.06	186.62	65.86
181	自贡市	2525	13.47	22.09	142.80	65.45
182	六盘水市	1477	15.68	21.94	152.88	65.23
183	亳州市	2575	14.46	23.46	158.23	64.44
184	保山市	2304	11.23	18.73	112.39	64.26
185	三门峡市	2467	17.78	18.98	137.96	63.95
186	揭阳市	1833	15.29	20.99	146.14	63.93
187	晋中市	3621	21.26	21.61	135.51	63.67
188	阿克苏地区	2692	13.71	23.94	151.22	63.10
189	咸宁市	2343	14.91	20.32	104.56	62.85
190	绥化市	3011	15.81	15.30	100.37	62.78
191	牡丹江市	2737	13.15	17.23	124.67	62.27
192	湘西州	2992	12.58	20.02	111.96	62.05
193	佳木斯市	2601	12.35	15.96	116.30	61.24
194	哈密市	1327	9.08	17.44	141.60	59.33
195	临沧市	2262	10.48	17.13	98.07	59.29

（续表）

序号	地方	实缴单位数（个）	实缴职工数（万人）	本年缴存额（亿元）	缴存总额（亿元）	缴存余额（亿元）
196	丹东市	2721	14.34	17.16	136.92	58.64
197	巴中市	3264	11.79	16.70	89.53	58.58
198	天水市	2463	13.55	19.77	110.55	58.50
199	开封市	2890	22.11	17.52	96.81	58.10
200	眉山市	2952	13.88	24.91	135.33	57.55
201	黑河市	1890	9.23	11.96	86.55	57.20
202	吕梁市	6461	42.39	20.69	127.72	56.85
203	和田地区	1609	11.35	20.09	114.82	56.00
204	乌兰察布市	2435	11.87	14.38	97.24	55.80
205	定西市	1849	10.81	15.12	86.06	55.77
206	通化市	3035	15.88	14.08	97.31	55.44
207	白银市	1362	11.33	13.62	109.70	55.22
208	河池市	3095	15.10	23.91	144.63	55.00
209	陇南市	2449	10.46	13.26	74.98	54.66
210	铜陵市	2673	14.45	20.24	170.47	53.80
211	庆阳市	2380	11.75	13.59	86.56	53.62
212	四平市	2790	15.76	15.34	87.96	53.06
213	锡林郭勒盟	2987	10.84	16.37	118.33	53.00
214	漯河市	2311	16.52	14.96	83.15	52.70
215	安顺市	2186	12.01	19.43	114.52	51.35
216	遂宁市	2201	12.41	18.68	94.34	51.31
217	日喀则市	256	4.45	16.73	77.26	50.46
218	双鸭山市	1387	10.00	10.51	75.60	50.03
219	梧州市	3140	13.72	17.30	121.98	49.94
220	阿坝州	2041	8.09	18.37	104.46	49.63
221	鸡西市	1472	12.60	11.46	78.58	49.22
222	酒泉市	2010	7.66	13.60	109.66	47.60
223	宣城市	3763	16.68	21.91	179.95	47.57
224	萍乡市	1746	10.65	15.60	86.26	47.44
225	莱芜市	1100	9.88	16.34	124.91	47.12
226	楚雄州	2448	11.39	21.66	155.38	46.69
227	安康市	2868	12.40	13.08	91.49	46.46
228	云浮市	2542	13.62	19.24	123.94	46.40
229	景德镇市	1551	10.61	14.50	86.29	45.95
230	武威市	1539	7.94	12.44	81.82	45.79
231	忻州市	3867	16.76	19.15	123.90	45.44
232	兴安盟	2012	11.69	15.36	104.32	45.41
233	阳江市	2720	1.70	17.89	117.24	45.28

（续表）

序号	地方	实缴单位数（个）	实缴职工数（万人）	本年缴存额（亿元）	缴存总额（亿元）	缴存余额（亿元）
234	钦州市	2530	13.52	17.57	104.05	44.22
235	贵港市	2879	14.29	18.01	110.87	44.11
236	河源市	2644	15.04	20.36	134.78	44.09
237	西双版纳州	1606	6.48	11.64	77.38	43.44
238	朔州市	2195	11.59	15.14	120.57	43.05
239	广安市	2887	11.95	21.03	100.89	42.92
240	资阳市	1619	9.59	14.19	88.93	42.38
241	阳泉市	1659	17.50	14.81	134.07	41.91
242	张掖市	1873	6.51	10.98	72.94	41.19
243	金昌市	690	6.14	9.00	92.08	40.97
244	雅安市	2124	8.79	16.09	105.69	40.94
245	德宏州	1237	5.84	11.47	69.24	40.27
246	潜江市	754	7.12	10.64	85.75	39.84
247	商洛市	2217	8.41	13.83	70.91	39.80
248	阜新市	1878	12.60	12.22	93.50	39.77
249	黄山市	2981	10.14	14.79	123.58	38.37
250	鹤岗市	925	5.25	6.57	58.26	37.98
251	北海市	2077	9.80	12.86	92.28	37.75
252	新余市	1090	9.12	12.78	80.55	36.59
253	贺州市	2531	9.01	13.37	77.51	35.10
254	吴忠市	1238	6.32	10.51	82.32	35.03
255	白山市	1973	9.60	9.76	79.94	35.01
256	鹤壁市	1840	11.95	10.42	82.87	34.91
257	潮州市	1913	9.66	13.88	101.61	34.64
258	塔城地区	1663	7.37	11.18	86.21	34.47
259	临夏州	1884	8.61	11.05	57.83	33.97
260	海西州	1164	6.70	9.55	71.35	33.16
261	鹰潭市	1237	6.29	9.54	65.56	33.02
262	甘南州	1547	5.83	10.14	64.39	32.49
263	鄂州市	895	7.02	10.34	69.61	32.25
264	迪庆州	787	3.04	8.19	43.13	31.99
265	海东市	1132	4.74	10.92	75.37	31.40
266	随州市	1962	8.09	10.67	54.17	31.30
267	七台河市	857	8.30	7.96	51.68	31.16
268	来宾市	2218	9.70	13.53	99.55	31.08
269	阿勒泰地区	2089	6.35	10.87	76.01	31.02
270	崇左市	2577	9.92	12.17	86.25	30.71

（续表）

序号	地方	实缴单位数（个）	实缴职工数（万人）	本年缴存额（亿元）	缴存总额（亿元）	缴存余额（亿元）
271	丽江市	1487	7.10	12.11	79.63	30.56
272	白城市	2364	10.47	9.14	59.63	30.50
273	池州市	1907	8.16	12.10	94.99	30.31
274	克孜勒苏州	970	5.20	9.25	53.75	29.93
275	伊春市	2102	11.96	8.44	51.99	29.77
276	昌都市	710	4.42	12.44	57.51	29.54
277	固原市	1140	5.32	9.68	70.83	29.50
278	张家界市	2189	7.10	11.83	70.67	29.28
279	那曲市	194	3.29	10.62	52.76	29.21
280	乌海市	847	5.27	7.62	59.85	28.65
281	嘉峪关市	498	5.91	8.82	69.93	28.21
282	济源市	1234	11.06	6.27	42.41	28.04
283	石嘴山市	1025	5.44	8.11	67.88	27.02
284	辽源市	1242	6.11	7.41	47.44	26.88
285	阿拉善盟	1440	3.90	7.49	68.12	26.40
286	汕尾市	1400	9.86	12.39	73.00	26.12
287	山南市	951	3.39	7.50	49.25	23.02
288	吐鲁番市	1037	6.07	8.73	53.09	22.29
289	中卫市	901	6.47	7.53	50.39	22.03
290	大兴安岭地区	1253	5.65	6.01	36.71	20.82
291	防城港市	1852	6.08	8.74	61.84	20.75
292	铜川市	1894	7.68	9.64	53.22	20.64
293	怒江州	699	3.28	6.88	44.57	17.97
294	博尔塔拉州	887	3.99	6.54	43.93	17.72
295	林芝市	611	2.58	6.96	39.57	16.98
296	玉树州	578	1.47	4.83	30.92	16.00
297	天门市	615	3.14	4.86	27.15	15.70
298	仙桃市	778	4.78	5.41	31.19	15.64
299	满洲里市	850	3.01	4.79	40.65	14.13
300	海南州	730	2.17	4.91	35.59	14.07
301	阿里地区	140	1.47	4.63	25.13	12.36
302	黄南州	623	1.41	3.15	21.98	11.63
303	海北州	591	1.55	3.73	25.20	9.65
304	果洛州	285	1.39	2.82	16.20	6.15
305	神农架林区	258	0.70	1.71	7.46	4.75

三、住房公积金提取使用指标比较

提取使用指标分 2 个二级指标：本年提取额和提取总额（历年全部提取额）。本年提取额是职工当年因购房、偿还房贷、退休等原因提取出去的住房公积金总额，占本年缴存额比例是指本年归集的资金有多少被职工提取使用，反映了当地住房公积金提取使用政策的松紧度；提取总额是指该地方自建立住房公积金制度以来，职工累计提取出去资金的数额。列表以本年提取额占本年缴存额比例（提取使用率）排序。

（一）全国住房公积金提取使用情况

全国住房公积金提取使用情况见表 3-3-1。

全年住房公积金提取额 14740.51 亿元，占全年缴存额的 70.01%，比上年增加 2.03 个百分点。年末住房公积金提取总额 87964.89 亿元，占缴存总额的 60.29%，比上年增加 1.64 个百分点。

表 3-3-1　2018 年全国住房公积金提取使用情况表

本年提取额（亿元）	占本年缴存额比例（%）	比上年增长（%）	全部提取额（亿元）	占缴存总额比例（%）
14740.51	70.01	15.80	87964.89	60.29

（二）省、自治区和新疆生产建设兵团住房公积金提取使用比较

省、自治区和新疆生产建设兵团住房公积金提取使用情况见表 3-3-2。

28 个省级行政区域内，住房公积金提取使用率在全国平均数以上的有 14 个，最高的安徽省为 81.35%，高出 11.34 个百分点；低于全国平均数的有 14 个，全国没有本年提取率低于 50% 的省，说明全国大多数省份在提取使用上仍然处于较宽松状态。当年提取额增长超过 20% 的省份从去年的 4 个省增加到 10 个省，最高为山西 45.11%；同比减少的有 2 个省，分别为海南、宁夏。

表 3-3-2　2018 年省、自治区和新疆生产建设兵团住房公积金提取使用情况表

序号	地区	本年提取额（亿元）	占本年缴存额比例（%）	比上年增长（%）	全部提取额（亿元）	占缴存总额比例（%）
1	安徽	491.10	81.35	11.15	3165.29	66.07
2	青海	84.77	79.48	22.86	452.36	59.29
3	辽宁	564.02	78.80	11.00	3992.63	62.31
4	浙江	1079.60	77.70	14.60	6203.90	66.14
5	黑龙江	300.69	75.84	22.47	1852.62	57.32
6	云南	377.87	75.77	27.58	2027.91	58.85
7	广东	1686.48	73.58	15.66	9991.06	65.46
8	广西壮族自治区	308.32	72.62	18.53	1815.57	62.01
9	江苏	1289.39	72.45	11.96	7452.47	63.19

（续表）

序号	地区	本年提取额（亿元）	占本年缴存额比例（%）	比上年增长（%）	全部提取额（亿元）	占缴存总额比例（%）
10	甘肃	190.84	71.33	26.07	994.90	50.92
11	内蒙古自治区	254.30	71.11	13.22	1407.74	52.49
12	吉林	228.89	71.01	16.25	1374.49	55.30
13	宁夏回族自治区	69.02	71.00	-7.40	493.43	62.77
14	山东	848.15	70.84	19.06	4606.27	57.19
15	福建	411.98	69.65	12.40	2567.73	62.29
16	新疆生产建设兵团	25.32	66.49	18.40	125.47	50.01
17	四川	655.62	66.37	16.06	3650.88	57.00
18	河北	386.96	65.23	24.03	2462.88	55.38
19	新疆维吾尔自治区	239.53	64.52	11.60	1621.10	59.52
20	贵州	231.05	64.35	32.33	1060.29	51.59
21	西藏自治区	58.22	63.41	38.39	244.91	49.07
22	湖北	480.32	62.98	16.30	2489.58	51.90
23	江西	246.66	62.87	22.34	1179.55	49.90
24	湖南	362.23	60.04	15.18	1935.12	50.95
25	陕西	275.47	59.50	24.92	1904.26	58.77
26	海南	71.66	58.78	-14.33	437.18	52.87
27	河南	398.93	56.65	19.37	2351.86	51.55
28	山西	205.77	53.72	45.11	1660.01	60.40

（三）直辖市住房公积金提取使用比较

直辖市住房公积金提取使用情况见表 3-3-3。

4 个直辖市提取使用情况基本平稳，没有大起大落。本年提取率均高于 60%，其中重庆市最高，达到了 78.42%。重庆市当年提取额增长也最快，达到了 28.56%。

表 3-3-3　2018 年直辖市住房公积金提取使用情况表

序号	城市	本年提取额（亿元）	占本年缴存额比例（%）	比上年增长（%）	全部提取额（亿元）	占缴存总额比例（%）
1	重庆	297.93	78.42	28.56	1508.15	60.73
2	天津	375.00	78.10	3.50	2623.60	66.23
3	北京	1455.39	73.50	15.30	8852.29	67.59
4	上海	788.96	60.45	7.04	5459.41	57.14

（四）副省级、省会城市住房公积金提取使用比较

副省级、省会城市住房公积金提取使用情况见表 3-3-4。

从表中可以看出，在 31 个副省级城市和省会城市中，当年提取使用率超过 90% 的城市有 2 个，

分别为大连、昆明；在 80% ～ 90% 之间的城市有 3 个；在 70% ～ 80% 之间的城市有 13 个；在 60% ～ 70% 之间的城市有 11 个；在 50% ～ 60% 之间的城市有 2 个，全部达到 50% 以上。

累计总提取率高于 70% 的城市有 1 个：广州，低于 50% 的城市由 4 个降到 2 个。总的来看提取水平更加平稳、合理。

表 3-3-4　2018 年副省级、省会城市住房公积金提取使用情况表

序号	城市	本年提取额（亿元）	占本年缴存额比例（%）	比上年增长（%）	全部提取额（亿元）	占缴存总额比例（%）
1	大连	188.68	92.81	7.60	1274.43	66.89
2	昆明	170.73	91.49	43.66	870.32	66.07
3	哈尔滨	148.92	81.66	23.64	936.52	63.44
4	广州	613.80	80.41	10.02	4305.69	72.62
5	兰州	80.23	80.14	24.37	485.42	58.70
6	杭州	413.40	79.70	12.40	2318.2	69.54
7	西宁	53.16	79.66	19.89	297.80	61.23
8	沈阳	196.79	78.56	13.22	1335.64	62.28
9	青岛	166.75	78.25	11.22	1052.56	64.96
10	宁波	182.07	78.21	11.03	1120.60	68.77
11	乌鲁木齐	87.74	76.40	13.71	545.17	61.65
12	拉萨	9.23	75.35	52.06	32.69	48.65
13	济南	169.65	74.35	12.84	947.22	59.12
14	合肥	136.34	74.07	18.03	887.11	67.69
15	南昌	99.08	73.64	25.77	507.13	58.85
16	长春	123.09	73.47	16.03	767.88	57.68
17	南宁	103.00	73.23	24.81	588.67	61.68
18	银川	43.49	70.90	-8.80	335.59	65.20
19	厦门	102.76	68.32	18.98	628.41	63.97
20	石家庄	92.13	68.24	43.30	481.60	51.53
21	呼和浩特	65.93	68.17	13.09	450.53	58.41
22	贵阳	75.02	67.56	17.37	382.14	56.82
23	南京	273.60	67.37	10.70	1687.20	61.29
24	福州	114.35	66.97	8.27	747.39	62.80
25	成都	299.01	66.21	13.04	1777.42	60.11
26	郑州	153.42	65.40	23.99	895.61	56.97
27	武汉	241.26	64.28	12.47	1343.25	54.60
28	深圳	404.99	63.60	36.74	1513.57	48.63
29	太原	72.07	60.38	63.02	534.28	58.97
30	西安	147.47	59.01	30.78	1038.26	58.91
31	长沙	119.69	58.61	24.68	642.13	50.45

（五）地市州盟住房公积金提取使用比较

地市州盟住房公积金提取使用情况见表 3-3-5。

在全国 305 个地市州盟中，提取使用率超过 100% 的单位由去年的 4 个减到了 3 个，山东省东营市连续两年全国最高，为 111.26% 和 124.9%；在 90% ～ 100% 之间的有 6 个，和去年持平；在 80% ～ 90% 之间的由去年的 24 个增到了 30 个；当年提取率高于 80% 同时总提取率高于 70% 的由去年的 3 个增加到 4 个，分别为东营市、宣城市、珠海市、江门市。同时，当年提取使用率低于 40% 的城市由 22 个减少至 8 个。

在总提取使用率上（全部提取额占缴存总额的比例），超过 80% 的为珠海市；在 70% ～ 80% 的地市州盟有 5 个；在 60% ～ 70% 的地市州盟由 67 个增至 88 个；低于 30% 的地市州盟有 3 个。对于总提取率超过 60% 的地方，我们认为处于过高状态，容易带来流动性不足问题，挤压信贷资金空间；而对于总提取率低于 30% 的地方，我们认为处于提取政策连续走低状态。

表 3-3-5　2018 年地市州盟住房公积金提取使用情况表

序号	地方	本年提取额（亿元）	占本年缴存额比例（%）	比上年增长（%）	全部提取额（亿元）	占缴存总额比例（%）
1	东营市	71.68	124.90	16.60	426.02	74.38
2	阿拉善盟	8.13	108.48	14.65	41.73	61.26
3	果洛州	2.91	103.19	109.35	10.05	62.04
4	淮北市	28.00	99.96	16.86	211.32	66.81
5	宣城市	21.28	97.12	7.10	132.38	73.56
6	淮南市	37.82	96.60	2.26	308.26	68.18
7	铜陵市	18.78	92.79	22.11	116.67	68.44
8	兴安盟	14.03	91.35	37.82	58.91	56.47
9	黄山市	13.43	90.80	8.39	85.21	68.95
10	嘉峪关市	7.89	89.46	56.86	41.72	59.66
11	大庆市	63.92	88.25	17.35	504.95	65.70
12	肇庆市	30.50	88.02	12.30	151.70	68.57
13	龙岩市	26.96	87.58	19.43	157.29	66.29
14	滁州市	26.66	87.01	5.92	154.55	68.66
15	海南州	4.26	86.76	28.31	21.52	60.47
16	珠海市	65.51	86.59	27.19	467.72	81.15
17	江门市	42.76	86.54	−4.34	303.25	72.88
18	六安市	24.92	85.72	24.72	121.83	60.42
19	抚顺市	21.33	85.39	11.85	157.60	63.32
20	昭通市	22.00	85.17	25.29	90.64	47.53
21	丹东市	14.45	84.21	20.72	78.28	57.17
22	池州市	10.03	82.89	12.95	64.69	68.10
23	甘南州	8.35	82.34	32.96	31.91	49.56

（续表）

序号	地方	本年提取额（亿元）	占本年缴存额比例（%）	比上年增长（%）	全部提取额（亿元）	占缴存总额比例（%）
24	吉林市	39.44	81.94	21.37	238.61	60.32
25	韶关市	29.33	81.87	9.44	199.18	69.99
26	雅安市	13.12	81.57	21.03	64.74	61.25
27	安庆市	29.56	81.54	−17.22	182.43	63.72
28	马鞍山市	29.47	81.50	9.47	222.79	69.89
29	济宁市	62.28	81.31	37.91	288.00	55.42
30	湘潭市	21.94	81.17	14.75	134.09	65.92
31	丽水市	31.78	81.10	10.70	177.96	63.14
32	镇江市	41.55	81.01	5.78	259.60	66.57
33	来宾市	10.94	80.84	5.55	68.47	68.78
34	舟山市	24.57	80.80	10.83	144.83	66.71
35	阳江市	14.45	80.76	11.84	71.96	61.38
36	蚌埠市	19.38	80.68	8.57	131.48	64.36
37	铜川市	7.74	80.29	55.11	32.58	61.22
38	海东市	8.76	80.22	29.01	43.97	58.34
39	徐州市	82.63	80.04	14.05	482.97	58.91
40	温州市	93.08	79.85	18.63	488.33	57.22
41	扬州市	61.10	79.80	16.50	339.90	63.12
42	云浮市	15.33	79.69	26.65	77.54	62.56
43	盐城市	53.24	79.25	−0.30	286.87	66.93
44	枣庄市	29.76	78.90	25.31	142.76	55.74
45	衢州市	34.79	78.76	18.62	208.99	69.74
46	海北州	2.92	78.28	15.42	15.55	61.71
47	茂名市	30.14	78.16	9.12	164.76	60.47
48	南通市	90.51	77.97	7.38	529.89	65.32
49	克拉玛依市	27.28	77.72	−0.01	268.63	75.08
50	柳州市	38.15	77.67	9.00	270.44	68.34
51	河源市	15.77	77.47	10.93	90.69	67.29
52	贵港市	13.90	77.15	22.73	66.76	60.21
53	亳州市	18.09	77.11	14.28	93.80	59.28
54	宜宾市	31.84	77.04	21.20	160.61	56.02
55	秦皇岛市	26.21	76.95	18.65	188.62	62.13
56	固原市	7.44	76.86	−6.56	41.33	58.35
57	嘉兴市	75.84	76.79	25.48	439.64	66.07
58	鞍山市	28.21	76.55	−14.12	281.28	67.23
59	宁德市	22.60	76.55	25.44	109.92	56.87
60	呼伦贝尔市	25.79	76.48	18.96	154.43	61.17
61	烟台市	70.87	76.34	30.78	343.32	56.62

（续表）

序号	地方	本年提取额（亿元）	占本年缴存额比例（%）	比上年增长（%）	全部提取额（亿元）	占缴存总额比例（%）
62	满洲里市	3.64	75.99	-6.76	26.52	65.24
63	红河州	26.73	75.89	24.73	160.27	57.79
64	楚雄州	16.39	75.67	6.76	108.69	69.95
65	佳木斯市	12.07	75.63	33.22	55.06	47.34
66	梅州市	23.39	75.61	23.94	114.41	60.23
67	芜湖市	36.32	75.35	22.91	235.49	66.02
68	汕头市	30.37	75.28	-16.49	196.63	63.93
69	白山市	7.34	75.20	-15.24	44.93	56.20
70	锦州市	15.83	75.13	17.43	85.57	48.69
71	淮安市	41.54	75.09	—	236.69	66.34
72	本溪市	13.53	74.92	27.76	120.76	64.71
73	佛山市	102.42	74.84	13.76	655.10	70.10
74	玉树州	3.61	74.74	20.33	14.92	48.25
75	三明市	25.61	74.69	11.35	169.33	62.92
76	南平市	19.26	74.59	4.90	119.09	58.93
77	酒泉市	10.14	74.56	12.04	62.06	56.59
78	潜江市	7.92	74.44	22.98	45.91	53.54
79	绍兴市	64.24	74.10	20.60	383.58	65.87
80	海西州	7.07	74.03	19.22	38.18	53.51
81	玉溪市	21.44	73.98	27.81	140.89	64.82
82	崇左市	8.99	73.90	14.32	55.54	64.39
83	阜阳市	24.53	73.84	13.46	124.56	53.89
84	宿州市	16.49	73.71	1.60	92.72	57.64
85	金华市	58.91	73.63	14.34	335.33	60.97
86	清远市	28.65	73.56	7.62	174.06	66.77
87	连云港市	39.33	73.54	6.53	213.08	59.59
88	陇南市	9.73	73.37	195.74	20.32	27.10
89	德阳市	25.41	73.27	7.99	175.45	61.18
90	防城港市	6.41	73.25	9.31	41.09	66.45
91	惠州市	52.92	72.90	15.30	302.26	64.61
92	铜仁市	19.65	72.78	65.65	59.07	42.70
93	毕节市	21.74	72.54	51.91	81.06	48.85
94	乐山市	24.39	72.50	26.06	142.42	59.48
95	湖州市	40.09	72.40	9.42	250.95	62.84
96	泰州市	38.01	72.39	8.14	200.31	58.29
97	石嘴山市	5.92	72.30	-10.17	40.86	60.19
98	通辽市	18.67	72.26	18.50	76.96	40.22
99	洛阳市	47.92	72.00	15.60	275.28	57.49

（续表）

序号	地方	本年提取额（亿元）	占本年缴存额比例（%）	比上年增长（%）	全部提取额（亿元）	占缴存总额比例（%）
100	苏州市	319.69	71.95	10.57	1826.46	68.16
101	常州市	87.47	71.93	15.30	499.51	61.81
102	宜昌市	40.41	71.85	28.04	210.99	58.26
103	桂林市	29.54	71.80	10.88	196.56	61.09
104	哈密市	12.47	71.50	15.14	82.26	58.09
105	包头市	31.78	71.20	26.71	162.80	49.36
106	鄂州市	7.35	71.08	15.93	37.35	53.66
107	无锡市	141.61	71.01	25.69	810.44	60.27
108	梧州市	12.28	70.98	24.98	72.03	59.05
109	阜新市	8.67	70.95	9.89	53.73	57.47
110	河池市	16.93	70.84	23.99	89.62	61.97
111	廊坊市	33.09	70.64	9.75	198.00	60.69
112	台州市	60.86	70.53	21.59	335.47	60.16
113	泉州市	56.33	70.53	10.26	358.45	62.54
114	乌海市	5.38	70.52	6.11	31.20	52.13
115	萍乡市	10.99	70.45	63.30	38.81	44.99
116	张掖市	7.73	70.44	8.89	31.75	43.53
117	钦州市	12.37	70.37	27.90	59.83	57.50
118	贺州市	9.39	70.20	54.91	42.41	54.72
119	湛江市	39.20	70.16	-4.07	257.33	62.48
120	延边州	18.86	70.16	7.42	89.98	47.94
121	仙桃市	3.79	70.06	41.40	15.54	49.82
122	黄石市	17.82	70.05	18.98	80.67	45.08
123	南充市	25.21	70.05	27.07	124.63	58.41
124	沧州市	41.92	70.04	0.56	298.48	61.05
125	齐齐哈尔市	20.46	69.97	51.78	89.82	45.43
126	赤峰市	27.11	69.82	6.36	138.43	48.30
127	黄南州	2.08	69.57	35.95	10.36	47.13
128	北海市	8.93	69.44	26.04	54.52	59.08
129	锡林郭勒盟	11.36	69.37	-0.44	65.33	55.21
130	常德市	27.07	69.27	19.88	140.81	54.15
131	鹰潭市	6.58	68.97	26.54	32.55	49.65
132	黔南州	21.47	68.88	41.52	84.62	50.33
133	泸州市	24.44	68.85	43.34	125.61	59.86
134	潮州市	9.55	68.78	33.37	66.98	65.92
135	昌吉州	16.80	68.71	20.00	89.87	52.42
136	淄博市	43.04	68.63	29.60	205.95	46.56
137	伊犁州	17.59	68.58	30.98	96.78	52.62

（续表）

序号	地方	本年提取额（亿元）	占本年缴存额比例（%）	比上年增长（%）	全部提取额（亿元）	占缴存总额比例（%）
138	自贡市	15.14	68.53	20.73	77.35	54.17
139	松原市	16.44	68.44	31.31	106.63	53.60
140	吴忠市	7.17	68.22	−2.98	47.29	57.45
141	益阳市	19.69	68.18	23.90	94.03	54.26
142	达州市	21.26	68.03	30.90	95.46	52.66
143	曲靖市	28.81	68.01	2.38	179.33	57.74
144	百色市	19.06	67.90	14.38	111.58	62.26
145	铁岭市	12.33	67.82	22.81	88.66	53.51
146	营口市	13.46	67.74	31.45	70.98	48.45
147	博尔塔拉州	4.43	67.74	22.71	26.21	59.66
148	山南市	5.08	67.73	11.16	26.23	53.26
149	唐山市	59.03	67.72	29.42	385.27	53.61
150	承德市	21.44	67.57	24.53	124.29	54.77
151	攀枝花市	15.62	67.44	−1.64	118.88	59.84
152	白城市	6.16	67.42	6.42	29.13	48.85
153	漳州市	27.55	67.36	14.74	169.15	61.03
154	白银市	9.21	67.00	3.00	54.49	8.40
155	东莞市	84.77	66.90	13.71	541.51	63.23
156	鄂尔多斯市	22.01	66.61	33.80	89.76	40.47
157	邢台市	21.69	66.60	22.13	130.30	55.52
158	丽江市	8.06	66.56	10.11	49.07	61.62
159	眉山市	16.57	66.53	9.33	77.78	57.47
160	宝鸡市	18.10	66.52	21.15	144.91	62.40
161	安康市	8.69	66.44	22.05	45.03	49.22
162	濮阳市	20.66	66.40	11.90	159.07	63.39
163	中卫市	5.00	66.40	2.05	28.36	56.28
164	那曲市	7.05	66.38	99.72	23.55	44.64
165	潍坊市	46.22	66.24	33.35	251.72	55.00
166	汕尾市	8.19	66.09	12.06	46.87	64.21
167	凉山州	24.47	65.97	14.52	129.89	49.83
168	绵阳市	32.63	65.91	11.36	179.53	53.87
169	西双版纳州	7.65	65.72	28.14	33.95	43.87
170	玉林市	18.45	65.67	11.88	98.03	55.19
171	阿里地区	3.03	65.44	71.19	12.77	50.82
172	乌兰察布市	9.41	65.42	−2.39	41.44	42.62
173	朝阳市	12.13	65.36	1.68	62.87	45.78
174	平凉市	10.39	64.98	73.70	38.67	35.81
175	延安市	19.56	64.83	46.41	150.33	65.58

（续表）

序号	地方	本年提取额（亿元）	占本年缴存额比例（%）	比上年增长（%）	全部提取额（亿元）	占缴存总额比例（%）
176	塔城地区	7.23	64.67	11.92	51.74	60.02
177	阿勒泰地区	7.03	64.67	7.33	44.99	59.19
178	九江市	22.64	64.56	19.60	115.91	53.11
179	牡丹江市	11.11	64.48	-9.82	62.41	50.06
180	怒江州	4.43	64.38	21.77	26.60	59.68
181	平顶山市	23.31	64.03	17.31	144.03	48.11
182	荆门市	17.13	63.97	24.58	84.23	49.29
183	怀化市	17.25	63.92	20.80	80.58	47.17
184	鹤岗市	4.19	63.77	8.55	20.27	34.79
185	恩施州	18.91	63.33	23.51	68.02	45.57
186	保山市	11.86	63.32	23.28	48.13	42.82
187	许昌市	16.11	63.20	17.00	73.80	51.22
188	保定市	40.66	63.19	38.87	251.19	55.50
189	宿迁市	18.90	63.19	20.20	79.54	49.15
190	荆州市	21.57	63.00	12.99	102.27	50.71
191	郴州市	21.04	62.98	31.83	101.39	47.90
192	日照市	20.81	62.86	15.89	99.55	53.88
193	文山州	14.29	62.76	15.80	74.79	52.66
194	金昌市	5.61	62.33	4.28	51.11	55.51
195	中山市	31.61	62.28	15.30	207.66	64.00
196	大理州	17.57	62.17	14.31	105.51	57.52
197	葫芦岛市	11.90	62.14	29.63	68.04	45.28
198	赣州市	29.26	61.73	19.97	118.32	40.63
199	六盘水市	13.54	61.71	16.12	87.66	57.34
200	咸阳市	17.02	61.39	-2.12	119.60	58.38
201	揭阳市	12.82	61.08	7.19	82.21	56.25
202	甘孜州	12.04	61.07	21.15	57.62	46.34
203	林芝市	4.25	61.06	-0.94	22.59	57.09
204	巴中市	10.14	60.74	44.85	30.95	34.57
205	随州市	6.47	60.64	39.14	22.88	42.24
206	内江市	13.16	60.48	29.90	62.30	48.20
207	黔东南州	21.03	60.33	69.6	76.57	41.21
208	安顺市	11.71	60.25	17.59	63.17	55.16
209	威海市	23.74	60.16	17.52	132.03	49.90
210	双鸭山市	6.32	60.13	36.79	25.57	33.82
211	长治市	15.00	60.00	58.39	124.81	62.76
212	德州市	21.06	59.81	41.34	73.16	42.04
213	大同市	19.99	59.79	28.73	191.50	69.99

（续表）

序号	地方	本年提取额（亿元）	占本年缴存额比例（%）	比上年增长（%）	全部提取额（亿元）	占缴存总额比例（%）
214	资阳市	8.46	59.59	-17.26	46.56	52.34
215	聊城市	19.18	59.58	20.48	80.75	39.79
216	宜春市	20.99	59.56	7.53	96.02	51.38
217	鹤壁市	6.20	59.49	31.68	47.97	57.89
218	遵义市	35.33	59.41	33.67	167.29	51.30
219	阿坝州	10.86	59.12	11.02	54.83	52.49
220	天水市	11.67	59.03	13.74	52.04	47.07
221	咸宁市	11.95	58.81	20.70	41.71	39.89
222	巴彦淖尔市	11.07	58.74	-24.07	69.70	49.76
223	衡阳市	25.19	58.59	-2.54	133.95	54.14
224	滨州市	16.94	58.51	47.95	64.06	41.83
225	神农架林区	1.00	58.50	85.19	2.71	36.33
226	遂宁市	10.91	58.43	22.63	43.04	45.62
227	株洲市	24.74	58.26	-9.83	165.28	55.04
228	渭南市	15.45	57.97	22.04	116.80	62.25
229	鸡西市	6.63	57.88	5.50	29.36	37.36
230	十堰市	23.75	57.87	8.70	135.89	49.59
231	武威市	7.16	57.60	-2.00	36.03	44.04
232	定西市	8.70	57.51	7.62	30.28	35.18
233	永州市	17.87	57.50	24.10	81.11	44.55
234	临夏州	6.34	57.38	32.35	23.86	41.26
235	黑河市	6.84	57.19	41.77	29.36	33.92
236	湘西州	11.44	57.14	40.20	49.92	44.59
237	庆阳市	7.67	56.44	43.10	32.93	38.04
238	天门市	2.74	56.38	40.51	11.57	42.62
239	朔州市	8.47	55.94	-20.08	77.52	64.29
240	景德镇市	8.07	55.68	1.28	40.34	46.75
241	莆田市	14.04	55.28	-7.02	95.91	54.19
242	安阳市	14.40	55.00	32.60	110.74	59.92
243	邵阳市	18.60	55.00	28.00	75.95	39.85
244	张家界市	6.49	55.00	7.80	41.39	58.57
245	榆林市	22.51	54.98	35.20	130.76	54.51
246	昌都市	6.84	54.98	0.74	27.97	48.64
247	济源市	3.44	54.86	72.00	14.37	33.88
248	新余市	7.01	54.85	-11.15	43.95	54.56
249	襄阳市	24.11	54.65	30.82	129.06	49.50
250	衡水市	11.36	54.48	36.95	61.61	46.74
251	辽源市	4.03	54.41	26.00	20.55	43.32

（续表）

序号	地方	本年提取额（亿元）	占本年缴存额比例（%）	比上年增长（%）	全部提取额（亿元）	占缴存总额比例（%）
252	吉安市	15.87	54.31	21.95	76.70	43.63
253	阿克苏地区	12.95	54.09	11.35	88.12	58.27
254	巴音郭楞州	13.20	53.97	3.61	108.71	59.92
255	辽阳市	11.00	53.95	30.02	93.36	57.03
256	广元市	11.03	53.80	34.76	47.84	38.92
257	伊春市	4.54	53.79	29.34	22.23	42.76
258	绥化市	8.21	53.66	31.78	37.59	37.45
259	娄底市	13.05	53.54	−3.22	78.31	50.78
260	泰安市	25.84	53.17	5.81	163.12	58.05
261	黄冈市	19.98	52.88	6.84	86.82	43.48
262	普洱市	10.96	52.57	−6.08	60.80	47.63
263	莱芜市	8.53	52.20	−4.37	77.79	62.28
264	孝感市	14.73	52.00	23.00	71.29	44.67
265	德宏州	5.91	51.52	41.72	28.97	41.84
266	黔西南州	11.03	51.25	30.31	57.18	46.19
267	新乡市	13.95	51.00	27.30	78.18	46.20
268	七台河市	4.03	51.00	5.50	20.52	39.71
269	通化市	7.06	50.14	12.06	41.86	43.02
270	汉中市	10.31	50.10	−27.85	83.07	55.64
271	驻马店市	13.68	49.96	41.76	63.15	43.27
272	吐鲁番市	4.33	49.60	11.31	30.80	58.01
273	邯郸市	22.10	49.45	18.51	184.32	53.02
274	岳阳市	18.17	49.17	−12.43	116.18	46.75
275	商洛市	6.75	48.81	42.11	31.11	43.87
276	漯河市	7.28	48.66	39.46	30.45	36.62
277	焦作市	12.26	48.34	−12.30	84.24	48.16
278	大兴安岭地区	2.90	48.25	38.76	15.89	43.29
279	张家口市	17.33	47.94	2.24	159.20	56.52
280	信阳市	14.29	47.91	64.09	57.48	39.89
281	日喀则市	8.01	47.88	80.00	26.80	34.69
282	三门峡市	9.07	47.79	−25.17	74.01	53.65
283	广安市	9.91	47.13	11.86	57.96	57.45
284	抚州市	11.59	45.99	29.50	40.38	34.05
285	和田地区	9.22	45.89	21.96	58.83	51.24
286	晋中市	9.79	45.30	58.16	71.84	53.01
287	临沧市	7.71	45.03	24.88	38.78	39.54
288	临汾市	13.83	44.86	47.60	90.37	49.22
289	运城市	11.78	44.86	54.59	82.87	51.93

（续表）

序号	地方	本年提取额（亿元）	占本年缴存额比例（%）	比上年增长（%）	全部提取额（亿元）	占缴存总额比例（%）
290	克孜勒苏州	4.15	44.86	7.79	23.81	44.30
291	盘锦市	15.62	44.16	16.38	221.41	66.29
292	上饶市	14.57	44.06	43.83	69.42	36.03
293	晋城市	11.14	43.65	−38.45	119.04	59.24
294	菏泽市	15.24	42.76	25.02	63.78	35.58
295	四平市	6.48	42.24	50.70	34.90	39.68
296	临沂市	36.59	40.93	8.51	194.48	47.11
297	迪庆州	3.30	40.30	−39.24	11.15	25.85
298	阳泉市	5.83	39.39	29.56	92.17	68.75
299	喀什地区	15.11	39.16	−1.69	105.17	46.94
300	开封市	6.84	38.93	30.49	38.70	39.98
301	南阳市	15.89	38.87	18.32	91.70	37.49
302	忻州市	7.28	38.02	49.49	78.46	63.33
303	吕梁市	7.21	34.85	48.66	70.87	55.49
304	商丘市	9.53	31.84	18.83	58.67	37.10
305	周口市	7.01	31.72	−10.29	40.74	37.41

四、住房公积金贷款指标比较

住房公积金贷款指标评价设置了 5 个二级指标：当年发放个人住房贷款数、累计发放贷款数、贷款余额、个贷率和个人住房贷款市场占有率。其中贷款余额是指该地方住房公积金管理机构发放个人住房贷款账面总规模；个贷率是指贷款余额与缴存余额的比率，反映了一个地方住房公积金住房信贷能力的高低；个人住房贷款市场占有率是指住房公积金当年新增贷款余额占该地方全社会新增个人住房贷款余额的比例，反映了住房公积金在当地个人住房贷款中所占的市场份额。列表以个贷率指标排序。

（一）全国住房公积金贷款情况

全国住房公积金贷款情况见表 3-4-1。

2018 年全国发放个人住房贷款 252.58 万笔，比上年减少 0.86%；发放金额 10218.53 亿元，比上年增长 7.17%；全年收回个人住房贷款 5422.52 亿元，比上年增长 7.96%；全年个人住房贷款新增余额 4796.01 亿元。市场占有率为 16.19%。

截至 2018 年年末，累计发放个人住房贷款 3334.82 万笔、85821.32 亿元，分别比上年年末增长 8.18%、13.52%。年末个人住房贷款余额 49845.78 亿元，个人住房贷款率（以下简称“个贷率”）86.04%，比上年年末降低 1.23 个百分点。

表 3-4-1 2018 年全国住房公积金贷款情况表

当年发放贷款额（亿元）	同比增加（%）	累计发放贷款额（亿元）	贷款余额（亿元）	个贷率（%）	比上年增加百分点	个贷市场占有率（%）
10218.53	7.17	85821.32	49845.78	86.04	-1.23	16.19

（二）省、自治区和新疆生产建设兵团住房公积金贷款比较

省、自治区和新疆生产建设兵团住房公积金贷款情况见表 3-4-2。

从当年贷款发放数上看，超过 600 亿元的为江苏、广东、山东三省；浙江省超过 500 亿元；湖南省、四川省超过 400 亿元；河南省、湖北省、辽宁省超过 300 亿元；有 10 个省、区当年放贷额在 200 亿～300 亿元之间；4 个省区当年放贷额在 100 亿～200 亿元之间；100 亿元以下的有 5 个省区单位。

从当年发放贷款增长率看，当年发放贷款增长率在 20% 以上的有 4 个，分别为陕西省、青海省、江苏省、新疆建设兵团。而当年发放贷款增长率同比减少的省区由 18 个降为 10 个，海南省降幅较大，同比降低 41.52%，4 个省区降幅在 10% 以上，其余均为个位数。

从累计发放贷款数上看，超过 1000 亿元的达 23 个：江苏省超过 7000 亿元，广东省超过了 6000 亿元，浙江省超过 5000 亿元，山东省超过 4000 亿元；湖北省、四川省、辽宁省超过 3000 亿元；安徽省、河南省、湖南省、福建省、河北省、云南省超过 2000 亿元。

从贷款余额看，超过 4000 亿元规模的有 1 个，为江苏省；在 3000 亿～4000 亿元之间的有 2 个，分别为广东省、浙江省；在 2000 亿～3000 亿元之间的有 3 个，分别为山东省、四川省和辽宁省；在 1000 亿～2000 亿元之间的有 10 个，分别为湖北省、河南省、湖南省、安徽省、福建省、河北省、云南省、江西省、陕西省、内蒙古自治区。

从个贷率指标看，2018 年全国个贷率最高的安徽省为 99.51%。在全国平均数 86.04% 以上的省份有 9 个，分别为安徽省、浙江省、贵州省、江苏省、福建省、江西省、湖南省、辽宁省和广西壮族自治区；在 80% ～ 86.04% 之间的有 6 个；在 70% ～ 80% 之间的有 9 个；在 60% ～ 70% 之间的有 3 个；新疆生产建设兵团个贷率在最低，为 37.85%。

从个贷市场占有率看，在有数据的 27 个省区单位中，16 个省区在全国平均数以上。西藏自治区市场占有率为 69%，新疆、甘肃、内蒙古、青海四省区占比 30% 以上。

表 3-4-2 2018 年省、自治区和新疆生产建设兵团住房公积金贷款情况表

序号	地区	当年发放贷款额（亿元）	同比增加（%）	累计发放贷款额（亿元）	贷款余额（亿元）	同比增长（%）	个贷率（%）	比上年增加百分点	个贷市场占有率（%）
1	安徽	295.20	2.83	2780.76	1617.63	5.58	99.51	-1.75	13.72
2	浙江	561.50	-9.80	5617.50	3123.80	7.60	98.40	-2.80	13.50
3	贵州	228.53	14.91	1461.87	961.39	14.35	96.64	-0.46	23.60
4	江苏	948.00	26.76	7902.31	4173.49	11.27	96.15	-1.26	12.75
5	福建	269.08	10.47	2572.98	1481.90	7.89	95.32	-4.57	12.28

（续表）

序号	地区	当年发放贷款额（亿元）	同比增加（%）	累计发放贷款额（亿元）	贷款余额（亿元）	同比增长（%）	个贷率（%）	比上年增加百分点	个贷市场占有率（%）
6	江西	174.12	-18.40	1706.65	1066.05	5.45	90.01	-7.32	19.42
7	湖南	427.12	13.27	2639.11	1672.82	18.18	89.81	2.52	13.94
8	辽宁	387.92	-7.60	3770.44	2088.12	6.80	86.50	0.10	24.10
9	广西壮族自治区	163.20	-27.42	1443.64	959.25	9.10	86.25	-2.03	10.06
10	云南	289.05	-11.98	2299.41	1212.71	9.65	85.51	0.27	24.80
11	吉林	204.00	2.61	1527.35	949.05	12.00	85.40	2.15	25.00
12	宁夏回族自治区	66.88	-0.06	517.55	245.29	13.20	83.80	1.86	28.60
13	山东	616.57	-6.42	4847.01	2875.76	11.07	83.39	-0.14	15.52
14	四川	472.48	1.69	3552.41	2291.96	10.65	83.20	-2.35	17.82
15	海南	46.51	-41.52	449.79	322.13	5.67	82.67	-7.15	9.13
16	内蒙古自治区	269.06	1.21	1946.43	1012.17	13.54	79.43	3.30	36.55
17	陕西	289.68	20.31	1569.70	1058.86	21.30	79.26	3.25	20.53
18	甘肃	195.89	7.15	1283.93	747.82	13.04	77.99	3.01	32.22
19	湖北	360.42	2.50	3020.73	1793.36	9.40	77.73	-3.23	18.45
20	河南	310.55	2.10	2664.26	1699.33	10.11	76.88	-4.00	12.57
21	河北	248.48	11.77	2313.78	1440.86	7.68	72.61	-2.65	11.51
22	广东	750.81	13.54	6042.37	3825.57	11.55	72.57	-0.93	9.12
23	山西	214.06	19.54	1189.83	785.01	19.51	72.12	0.03	24.47
24	黑龙江	238.25	-8.37	1868.35	993.15	11.68	72.01	2.72	26.40
25	青海	82.40	23.35	457.33	215.25	28.71	69.30	11.38	42.78
26	新疆维吾尔自治区	158.80	4.39	1457.61	757.73	6.37	68.72	-4.65	30.29
27	西藏自治区	56.58	-1.94	283.15	171.63	23.95	67.51	4.75	69.00
28	新疆生产建设兵团	15.88	27.08	86.82	47.47	25.55	37.85	4.29	—

（三）直辖市住房公积金贷款比较

直辖市住房公积金贷款情况见表 3-4-3。

从当年发放额来看，北京市当年发放额 831.33 亿元，仅次于全国居首的江苏省而高于第二名的广东省；上海当年发放额 729.68 亿元，仅次于广东省而高于山东省。

从当年贷款发放额增减幅度看，北京市增幅较大，同比增加 55.20%，重庆市下降了 31.35%，反映了房地产市场波动的地域性差别。

从个贷率来看，4 个直辖市个贷率指标均在 95% 以上，反映了较高的资金使用率。其中，天津市个贷率比上年下降 11.8 个百分点，减幅较大。

从个贷市场占有率上看，4 个直辖市均有小幅下降，上海市、北京市仍占有 20% 以上的市场份额，天津市从 2017 年的 21.4% 降至 18.9%，重庆市从 2017 年的 13.47% 降至 12.20%。

表 3-4-3 2018 年直辖市住房公积金贷款情况表

序号	城市	当年发放贷款额（亿元）	同比增加（%）	累计发放贷款额（亿元）	贷款余额（亿元）	同比增长（%）	个贷率（%）	比上年增加百分点	个贷市场占有率（%）
1	天津	125.90	4.80	2969.90	1331.30	-3.00	99.50	-11.80	18.90
2	重庆	194.64	-31.35	1627.36	1133.39	8.16	99.13	1.53	12.20
3	上海	729.68	24.46	7788.78	3921.96	11.07	95.78	-2.90	23.08
4	北京	831.33	55.20	6358.66	4036.30	15.30	95.10	1.00	28.90

（四）副省级、省会城市住房公积金贷款比较

副省级、省会城市住房公积金贷款情况见表 3-4-4。南宁市数据系南宁市住房公积金管理中心与广西省直住房公积金管理中心数据合并计算后取值。

从当年发放个贷量上看，超 200 亿元的城市有 2 个，分别为深圳市、南京市，超过了直辖市中的重庆和天津；在 150 亿～200 亿元之间的有 3 个，分别为杭州市、西安市、广州市；在 100 亿～150 亿元之间的有 7 个，分别为成都市、武汉市、长沙市、沈阳市、大连市、哈尔滨市、宁波市；在 80 亿～100 亿元之间的有 1 个，为长春市；在 50 亿～80 亿元之间的有 11 个，分别为济南市、太原市、厦门市、合肥市、福州市、乌鲁木齐市、兰州市、呼和浩特市、贵阳市、西宁市、郑州市；在 50 亿元以下的有 7 个，分别为昆明市、银川市、石家庄市、青岛市、南宁市、南昌市、拉萨市。

从个贷累计发放额上看，超 2000 亿元的城市 1 个，为广州市；在 1500 亿～2000 亿元之间的城市有 3 个，分别为南京市、杭州市、武汉市；在 1000 亿～1500 亿元之间的城市有 4 个，分别为成都市、沈阳市、大连市、深圳市；在 800 亿～1000 亿元之间的城市有 7 个，分别为宁波市、西安市、济南市、长沙市、郑州市、青岛市、长春市；在 500 亿～800 亿元之间的城市有 6 个，分别为哈尔滨市、合肥市、福州市、昆明市、厦门市、南昌市；在 200 亿～500 亿元之间的城市有 9 个，分别为乌鲁木齐市、兰州市、太原市、石家庄市、南宁市、贵阳市、呼和浩特市、银川市、西宁市；拉萨市最少，只有 50.33 亿元。

从贷款余额上看，超过千亿元的城市 1 个，为广州市；在 900 亿～1000 亿元之间城市有 5 个，分别为南京市、杭州市、深圳市、成都市、武汉市；在 800 亿～900 亿元之间的城市无；在 700 亿～800 亿元之间的城市有 1 个，为沈阳市；在 500 亿～700 亿元之间的城市有 5 个，分别为大连市、西安市、长沙市、长春市、郑州市；在 300 亿～500 亿元之间的城市有 10 个，分别为宁波市、济南市、哈尔滨市、青岛市、合肥市、福州市、昆明市、厦门市、太原市、乌鲁木齐市；在 100 亿～300 亿元之间的城市有 8 个，分别为兰州市、南昌市、南宁市、贵阳市、石家庄市、呼和浩特市、银川市、西宁市；在 100 亿元以下的有 1 个，为拉萨市。

从个贷率来看，在 31 个入统副省级城市和省会城市中，在 100% 以上的有 2 个，分别为大连市和合肥市；在 90%～100% 之间的有 8 个，分别为贵阳市、杭州市、宁波市、银川市、长春市、沈阳市、厦门市、南京市；在 80%～90% 之间的有 11 个，分别为福州市、乌鲁木齐市、长沙市、兰州市、西安市、太原市、拉萨市、南昌市、昆明市、武汉市、哈尔滨市；在 70%～80% 之间的有 8 个，分别为青岛市、广州市、成都市、郑州市、济南市、南宁市、西宁市、呼和浩特市；在

60% ～ 70% 之间的有 1 个，为石家庄市；在 50% ～ 60% 之间的有 1 个，为深圳市。深圳市 2018 年较 2017 年当年放贷量增长了 39.54%，追赶速度很快。但由于建立住房公积金管理机构时间较晚，而缴交人数量和缴存额又很大，因此个贷率在省会和副省级城市中最低。

从个人贷款市场占有率上看，占有四分之一以上市场份额的城市有 4 个，分别为西宁、呼和浩特、银川、兰州；占有 20% ～ 25% 市场份额的城市有 3 个，分别为长春、沈阳、乌鲁木齐；占有 15% ～ 20% 市场份额的城市有 6 个，分别为哈尔滨、太原、大连、贵阳、武汉、济南；占有 10% ～ 15% 市场份额的城市有 15 个，分别为郑州、广州、西安、长沙、杭州、昆明、成都、南京、石家庄、宁波、福州、厦门、南宁、青岛、合肥；占有 10% 以下的有 2 个，分别为深圳、南昌。

表 3-4-4　2018 年副省级、省会城市住房公积金贷款情况表

序号	城市	当年发放贷款额（亿元）	同比增加（%）	累计发放贷款额（亿元）	贷款余额（亿元）	同比增长（%）	个贷率（%）	比上年增加百分点	个贷市场占有率（%）
1	大连	120.87	3.61	1190.23	654.25	7.03	103.71	4.51	16.21
2	合肥	72.09	96.16	735.22	425.30	5.29	100.46	−7.08	10.08
3	贵阳	54.24	2.44	427.55	281.26	10.30	96.93	−3.41	16.15
4	杭州	180.90	9.10	1694.20	961.80	11.00	94.70	−0.50	13.90
5	宁波	102.00	9.66	878.67	478.70	10.97	94.07	−0.09	11.27
6	银川	45.01	3.60	344.14	167.62	13.40	93.60	1.90	27.70
7	长春	96.21	−10.00	800.22	518.44	9.53	92.03	0.81	21.17
8	沈阳	121.88	−25.34	1348.77	737.56	4.54	91.18	−2.25	20.80
9	厦门	74.10	231.54	572.22	321.42	16.75	90.80	0.94	10.50
10	南京	215.87	85.52	1824.23	962.27	11.93	90.32	−1.84	12.55
11	福州	65.74	11.65	628.70	394.70	8.11	89.15	−5.35	11.26
12	乌鲁木齐	63.29	6.85	497.70	300.21	9.77	88.51	0.87	20.78
13	长沙	138.83	24.72	819.50	554.75	20.60	87.96	3.73	13.94
14	兰州	61.18	8.17	466.19	295.48	9.41	86.51	2.55	26.81
15	西安	170.93	27.70	864.70	625.65	24.29	86.40	5.44	14.11
16	太原	77.59	20.82	441.72	320.67	16.58	86.25	1.48	18.24
17	拉萨	11.12	29.91	50.33	29.66	28.01	85.97	12.34	—
18	南昌	22.63	−34.23	530.71	295.40	−5.08	83.29	−14.21	3.26
19	昆明	45.54	−49.45	622.03	372.11	0.37	83.27	−2.75	13.63
20	武汉	140.35	14.63	1654.89	922.53	4.44	82.59	−7.27	15.69
21	哈尔滨	107.64	−19.12	761.67	442.52	13.90	82.01	5.25	18.49
22	成都	143.59	17.09	1456.40	932.15	5.77	79.02	−6.79	13.46
23	南宁	28.60	−57.19	432.31	286.60	2.13	78.35	−6.88	10.37
24	青岛	40.20	−27.97	801.33	439.20	−1.01	77.35	−7.73	10.30
25	郑州	50.87	−7.89	815.98	510.55	5.72	75.46	−5.64	14.71
26	广州	156.73	−19.77	2207.64	1210.50	2.36	74.56	−5.67	14.30
27	西宁	52.85	19.06	262.02	139.20	32.86	73.83	13.96	34.96

（续表）

序号	城市	当年发放贷款额（亿元）	同比增加（%）	累计发放贷款额（亿元）	贷款余额（亿元）	同比增长（%）	个贷率（%）	比上年增加百分点	个贷市场占有率（%）
28	济南	78.70	−6.48	830.75	477.28	5.72	72.88	−2.81	15.10
29	呼和浩特	58.38	−12.79	381.72	231.09	17.95	72.04	4.49	32.37
30	石家庄	41.40	80.39	438.45	277.60	6.23	61.28	−2.44	11.41
31	深圳	253.59	39.54	1169.53	956.38	25.02	59.82	3.86	7.38

（五）地市州盟住房公积金贷款比较

地市州盟住房公积金贷款情况见表3-4-5。

按当年发放额来看，当年发放额超过100亿元的城市有2个，分别为苏州市和无锡市；在90亿～100亿元之间的有1个，常州市；在70亿～80亿元之间的有2个；在60亿～70亿元之间的有1个；在50亿～60亿元之间的有4个；在40亿～50亿元之间的有6个；在30亿～40亿元之间的有15个；在20亿～30亿元之间的有54个；在10亿～20亿元之间的有120个；10亿元以下的有100个。

按当年发放贷款额增减幅度来看，同比负增长的，有148个，占入统地方的48.52%，其中负增长在20%以上的，有68个，占22.30%；同比下降超过50%的，有6个。当年发放额负增长超过20%的68个城市中，按省区分布：安徽省6个，福建省、江西省、河南省、四川省、浙江省、广西壮族自治区各5个，黑龙江省、江苏省、广东省各4个，西藏自治区、新疆维吾尔自治区各3个，云南省、湖北省、河北省、宁夏回族自治区各2个，山东省、贵州省、陕西省、辽宁省、山西省、内蒙古自治区各1个。

按贷款余额来看，贷款余额在700亿元以上的城市1个，苏州市；在600亿～700亿元的无；在500亿～600亿元之间的城市有1个，无锡市；400亿～500亿元的，无；300亿～400亿元的3个，常州市、温州市、南通市；在200亿～300亿元之间的有11个，分别为唐山市、烟台市、泉州市、徐州市、佛山市、大庆市、台州市、济宁市、金华市、淄博市、绍兴市；在100亿～200亿元之间的有49个；在50亿～100亿元之间的有121个；在50亿元以下的有119个。

按个贷率来看，2018年个贷率超过100%的地市有31个。其中：超过120%的，有5个，分别是滁州市、衢州市、盐城市、阜阳市、舟山市，个贷率最高值为128.28%。个贷率在110%～120%的有11个；个贷率在100%～110%的有15个；个贷率在95%～100%的有31个；个贷率在90%～95%的有41个；个贷率在85%～90%的有44个；个贷率在80%～85%的有39个；个贷率在70%～80%的有47个；个贷率在60%～70%的有24个；个贷率在50%～60%的有23个；个贷率在30%～50%的有18个；个贷率低于30%的有7个。黑龙江省七台河市仍为最低。

按个贷率增幅来看，同比增加的地市州盟有156个，占51.15%；同比下降的有149个，占48.85%。

表 3-4-5　2018 年地市州盟住房公积金贷款情况表

序号	地方	当年发放贷款额（亿元）	同比增加（%）	累计发放贷款额（亿元）	贷款余额（亿元）	同比增长（%）	个贷率（%）	比上年增加百分点	个贷市场占有率（%）
1	滁州市	19.94	-5.14	145.00	90.53	10.38	128.28	5.10	11.62
2	衢州市	25.05	-25.29	222.04	114.53	10.88	126.33	-0.75	17.48
3	盐城市	21.98	-55.00	316.60	177.35	-2.16	125.14	-16.72	15.20
4	阜阳市	18.13	-30.51	187.07	132.06	4.33	123.91	-5.39	15.07
5	舟山市	18.51	-34.06	155.87	88.14	9.35	121.94	0.60	13.87
6	宣城市	14.31	-8.09	111.00	57.01	9.55	119.84	8.98	11.53
7	丽水市	20.30	-36.00	221.47	123.30	0.20	118.70	-8.90	20.60
8	蚌埠市	12.79	-34.24	132.41	85.07	4.48	116.82	-2.59	13.18
9	泉州市	48.23	-25.33	412.02	249.16	9.26	116.07	-3.26	14.81
10	南通市	74.42	25.94	606.16	322.08	13.95	114.48	3.98	17.21
11	湘潭市	28.41	32.63	134.30	78.59	21.54	113.38	12.71	23.72
12	龙岩市	13.99	-28.75	184.04	90.41	-1.61	113.01	-7.61	17.54
13	镇江市	22.78	-45.50	285.79	146.83	2.42	112.65	-6.22	17.64
14	肇庆市	14.92	-17.34	114.84	78.31	11.74	112.61	5.45	10.98
15	黔南州	25.27	14.15	132.66	92.76	20.89	111.07	7.13	47.73
16	湖州市	24.32	-26.01	300.24	163.67	4.14	110.28	-7.78	18.66
17	眉山市	11.63	-38.64	93.45	62.94	5.77	109.38	-11.55	17.82
18	芜湖市	28.17	5.47	237.20	131.57	5.25	108.54	-5.78	14.42
19	益阳市	24.03	11.52	144.99	85.89	18.38	108.33	4.82	34.82
20	泸州市	9.38	-67.17	118.49	90.84	1.64	107.83	-14.31	17.21
21	赣州市	21.99	-28.60	270.41	183.33	2.87	106.04	-9.12	1.73
22	吉安市	18.62	-31.17	147.96	104.31	9.18	105.25	-6.16	7.34
23	崇左市	7.66	-11.58	44.54	32.31	19.23	105.21	6.79	22.65
24	常州市	94.76	31.85	620.92	322.21	18.72	104.40	5.52	20.56
25	保山市	11.70	-49.42	104.93	66.84	7.68	104.02	-4.13	38.78
26	遵义市	38.13	5.27	241.47	163.86	14.73	103.19	-2.87	23.87
27	自贡市	15.80	-6.96	109.86	66.84	11.83	102.11	-0.05	20.36
28	丹东市	13.96	14.52	105.50	59.87	13.56	102.10	7.85	25.52
29	台州市	42.99	-18.02	397.80	226.48	8.91	101.93	-3.77	15.38
30	海北州	3.58	-5.04	21.31	9.75	21.42	101.04	10.20	85.90
31	三明市	6.24	-73.97	192.49	100.07	-6.72	100.27	-17.47	23.85
32	泰州市	37.02	9.98	274.08	143.22	13.17	99.92	1.69	10.94
33	宿迁市	17.53	-22.62	123.61	81.99	10.16	99.63	-4.79	6.14
34	黔西南州	18.40	8.20	100.51	66.26	20.00	99.50	1.10	32.13
35	雅安市	13.33	26.19	53.22	40.64	32.20	99.27	18.32	37.82
36	金华市	28.17	-47.29	396.42	213.06	0.50	99.25	-10.28	14.48
37	宿州市	11.88	-30.89	100.48	67.55	6.55	99.13	-2.68	14.49

（续表）

序号	地方	当年发放贷款额（亿元）	同比增加（%）	累计发放贷款额（亿元）	贷款余额（亿元）	同比增长（%）	个贷率（%）	比上年增加百分点	个贷市场占有率（%）
38	无锡市	158.18	60.07	1017.69	528.64	20.64	98.95	6.98	19.90
39	锡林郭勒盟	13.77	−2.80	97.54	52.40	14.40	98.85	3.41	65.57
40	玉溪市	17.95	−13.37	140.77	75.54	11.66	98.80	0.62	40.61
41	吉林市	33.75	30.51	243.39	155.10	12.00	98.80	5.42	32.70
42	常德市	31.96	34.17	180.89	117.80	20.87	98.80	7.90	21.50
43	宁德市	21.21	−21.09	168.76	82.36	9.60	98.79	0.48	14.81
44	温州市	56.64	−11.07	614.86	359.88	6.35	98.59	−0.49	16.36
45	黄山市	7.40	−24.80	69.51	37.82	5.61	98.57	1.81	15.93
46	兴安盟	16.89	40.40	101.84	44.65	15.20	98.32	10.40	49.27
47	扬州市	31.30	−12.00	372.00	195.20	2.80	98.30	−7.00	12.80
48	六安市	9.59	−37.97	119.99	78.12	0.32	97.89	−5.06	10.27
49	钦州市	9.33	7.04	57.17	43.28	16.65	97.87	2.77	17.12
50	内江市	16.49	24.91	86.51	65.38	18.53	97.64	3.12	19.60
51	资阳市	9.67	−18.20	62.89	41.35	13.14	97.57	−2.16	23.13
52	许昌市	16.28	−0.70	109.26	68.46	14.00	97.40	−1.20	15.20
53	毕节市	29.01	55.13	143.57	82.42	18.42	97.11	5.19	44.32
54	济宁市	51.51	11.93	370.14	224.93	9.63	97.08	2.69	37.88
55	南平市	17.97	2.69	135.95	80.55	12.61	97.06	3.47	17.67
56	黔东南州	28.80	41.18	151.77	105.86	22.25	96.91	6.14	56.70
57	玉林市	17.13	1.58	101.14	76.98	18.20	96.73	3.60	15.66
58	茂名市	20.62	−9.85	160.72	103.63	11.47	96.21	2.58	18.01
59	烟台市	45.21	−12.94	369.14	252.92	11.02	96.16	1.65	21.92
60	绍兴市	39.29	−5.90	353.96	200.60	8.70	96.10	−2.90	13.34
61	焦作市	15.55	−27.91	136.43	86.93	9.44	95.89	−6.52	29.98
62	淮安市	26.20	−8.87	226.31	114.92	6.46	95.68	−6.33	10.47
63	宜宾市	25.71	−15.98	206.95	119.72	7.79	94.95	−0.31	22.84
64	韶关市	16.07	−15.43	120.41	81.06	12.01	94.91	3.20	18.44
65	安庆市	21.02	−7.44	189.32	98.40	7.40	94.73	0.46	20.61
66	营口市	15.54	−11.30	116.50	71.47	12.34	94.65	2.58	35.78
67	安顺市	7.60	−11.82	75.35	48.50	5.66	94.45	−10.77	35.95
68	呼伦贝尔市	34.01	52.72	182.74	92.54	29.17	94.39	14.88	59.31
69	连云港市	18.39	−49.51	292.60	136.38	−2.54	94.37	−12.98	5.94
70	甘孜州	14.11	−7.69	119.86	62.71	9.64	93.98	−2.88	95.74
71	阳江市	9.77	22.88	63.35	42.52	15.43	93.89	5.86	7.92
72	潮州市	12.61	91.00	40.82	32.42	46.15	93.60	20.39	24.98
73	威海市	25.00	−26.88	208.04	123.73	10.96	93.32	−2.09	16.70
74	云浮市	10.16	37.05	63.91	43.29	14.90	93.28	4.63	15.49

（续表）

序号	地方	当年发放贷款额（亿元）	同比增加（%）	累计发放贷款额（亿元）	贷款余额（亿元）	同比增长（%）	个贷率（%）	比上年增加百分点	个贷市场占有率（%）
75	通化市	15.45	-1.85	90.64	51.70	24.37	93.25	7.40	55.89
76	天水市	15.87	-5.37	72.88	54.54	22.53	93.23	4.92	45.01
77	桂林市	17.94	-44.87	196.43	116.43	4.76	92.99	-4.84	17.41
78	苏州市	183.38	69.47	1438.77	793.17	14.33	92.97	-2.26	9.19
79	怀化市	19.27	17.29	135.71	83.89	13.32	92.94	0.97	21.35
80	江门市	13.31	-30.73	179.77	104.80	0.99	92.84	-4.85	9.25
81	楚雄州	6.56	-48.99	78.71	43.34	1.26	92.83	-10.50	3.37
82	昌吉州	17.59	20.73	142.80	75.62	11.24	92.69	0.74	31.26
83	铜陵市	11.85	-21.78	83.64	49.72	11.86	92.42	7.51	27.89
84	贺州市	9.85	43.42	48.52	32.37	26.37	92.22	9.91	32.87
85	池州市	6.00	75.59	52.66	27.94	8.04	92.18	0.58	13.32
86	菏泽市	35.67	10.50	126.64	106.09	35.77	91.88	9.69	16.62
87	日照市	19.52	1.26	119.37	78.23	16.87	91.79	0.01	15.75
88	黄石市	25.04	0.11	140.73	90.16	20.89	91.72	9.48	29.10
89	大庆市	56.41	13.11	511.45	241.19	10.82	91.48	6.17	57.92
90	马鞍山市	16.48	0.55	176.03	87.67	2.61	91.36	-4.35	22.28
91	永州市	25.32	15.09	145.12	91.97	21.35	91.10	4.72	28.54
92	亳州市	9.16	-19.15	89.44	56.68	3.40	91.06	-5.01	12.60
93	潍坊市	46.18	7.65	284.48	186.96	15.90	90.77	2.34	12.89
94	萍乡市	15.98	52.06	59.01	42.99	41.18	90.61	19.52	37.64
95	衡阳市	29.47	-7.67	165.62	102.77	21.66	90.58	2.28	21.47
96	普洱市	16.40	-5.26	121.99	60.53	15.74	90.53	-1.27	66.13
97	来宾市	6.86	16.16	41.90	28.09	17.09	90.38	6.18	23.87
98	昭通市	29.48	-15.34	159.24	90.39	19.80	90.33	11.93	50.77
99	白城市	7.91	18.37	50.29	27.51	17.95	90.22	5.45	35.21
100	濮阳市	22.50	11.30	132.89	82.85	17.10	90.20	3.30	28.60
101	乐山市	21.05	30.67	148.48	87.52	10.35	90.19	-0.15	22.58
102	宜春市	18.10	-7.56	124.51	81.82	13.03	90.06	-4.44	12.08
103	随州市	8.57	2.76	39.36	28.19	22.19	90.06	4.93	13.00
104	河池市	13.01	27.22	70.92	49.48	20.88	89.97	4.74	30.75
105	鹰潭市	7.74	10.57	46.95	29.64	14.31	89.76	3.50	23.90
106	百色市	11.87	-35.02	80.85	60.60	13.62	89.60	-1.38	26.46
107	文山州	24.77	28.61	148.76	60.20	18.41	89.53	3.03	23.75
108	淄博市	36.80	-18.29	320.30	211.46	8.91	89.47	-0.13	25.50
109	赤峰市	34.87	-6.43	276.77	132.42	7.56	89.35	-0.85	26.59
110	新乡市	15.10	-14.40	106.70	81.33	11.90	89.30	-4.10	12.00
111	滨州市	21.48	-7.45	128.60	79.34	18.74	89.08	2.37	20.25

（续表）

序号	地方	当年发放贷款额（亿元）	同比增加（%）	累计发放贷款额（亿元）	贷款余额（亿元）	同比增长（%）	个贷率（%）	比上年增加百分点	个贷市场占有率（%）
112	湛江市	22.04	−20.77	217.12	136.70	5.73	88.45	−5.32	20.62
113	枣庄市	24.52	16.71	166.65	100.28	13.16	88.45	4.38	24.75
114	达州市	23.98	21.11	97.71	75.78	30.36	88.31	11.64	16.49
115	巴中市	14.75	23.37	71.64	51.70	22.16	88.25	6.91	26.88
116	佛山市	40.81	45.30	396.77	246.04	8.11	88.04	−4.85	6.43
117	丽江市	9.75	15.52	67.01	26.88	15.76	87.96	0.37	31.47
118	汕头市	16.42	−36.26	133.02	97.04	7.88	87.46	−1.62	19.88
119	清远市	11.39	−36.27	120.59	75.74	4.50	87.42	−7.52	9.45
120	漯河市	15.75	107.51	76.54	46.03	26.11	87.34	6.27	18.41
121	周口市	18.83	30.79	74.89	59.51	32.86	87.32	2.94	41.33
122	株洲市	25.31	0.89	204.98	117.85	12.29	87.30	−2.19	17.99
123	洛阳市	29.51	2.60	304.72	177.49	4.30	87.20	−4.90	20.50
124	德州市	28.87	16.36	135.59	87.89	22.85	87.14	4.60	12.83
125	柳州市	19.46	−23.84	171.62	108.65	11.33	86.74	1.35	12.09
126	遂宁市	9.16	−35.78	71.13	44.47	6.49	86.68	−9.23	15.49
127	包头市	33.34	−4.06	225.94	144.75	14.80	86.66	4.88	24.50
128	葫芦岛市	18.62	28.59	119.13	71.20	16.91	86.57	5.36	32.60
129	甘南州	10.85	−1.73	64.97	27.99	9.29	86.17	2.73	85.46
130	红河州	36.84	30.45	246.44	100.84	17.02	86.16	6.78	40.67
131	巴彦淖尔市	14.78	−28.94	122.46	60.63	10.92	86.16	−1.17	37.10
132	抚州市	18.79	−6.70	99.51	67.38	20.49	86.15	−0.50	13.95
133	邵阳市	23.04	6.00	156.81	98.86	14.00	86.00	−1.00	38.20
134	梅州市	13.53	9.31	108.97	64.99	9.71	86.00	−3.01	10.12
135	铜仁市	17.07	36.85	105.48	67.98	11.48	85.89	0.65	37.00
136	秦皇岛市	18.38	63.81	165.35	98.64	9.58	85.80	1.76	14.37
137	嘉兴市	23.37	−11.90	381.95	193.73	−1.92	85.80	−11.56	10.45
138	玉树州	4.25	1.92	34.39	13.71	6.61	85.69	−1.31	100.00
139	九江市	16.13	−25.36	165.91	87.67	3.57	85.68	−8.49	9.27
140	上饶市	18.95	−20.94	151.29	105.54	9.41	85.64	−6.73	16.43
141	海南州	5.74	51.85	27.47	12.05	44.66	85.64	23.57	85.78
142	唐山市	63.36	26.10	455.85	285.25	13.27	85.58	3.06	42.76
143	恩施州	27.95	27.74	117.67	69.50	37.38	85.54	13.58	25.82
144	四平市	13.72	40.43	78.47	45.35	22.17	85.47	1.49	30.94
145	岳阳市	25.07	−19.90	167.50	113.07	13.99	85.46	−1.91	26.72
146	大理州	18.53	30.31	113.80	66.35	18.04	85.15	1.55	29.28
147	北海市	5.59	−24.76	49.85	32.10	8.89	85.02	−2.14	8.93
148	德宏州	8.65	11.03	59.68	34.13	14.68	84.75	−0.99	41.05

（续表）

序号	地方	当年发放贷款额（亿元）	同比增加（%）	累计发放贷款额（亿元）	贷款余额（亿元）	同比增长（%）	个贷率（%）	比上年增加百分点	个贷市场占有率（%）
149	临沂市	72.74	-16.90	394.00	184.83	24.39	84.64	-5.11	10.01
150	景德镇市	8.03	-33.91	63.06	38.85	11.39	84.55	-3.00	8.39
151	汉中市	15.90	5.09	84.30	55.95	17.49	84.47	-0.62	31.89
152	咸阳市	16.92	2.24	101.19	71.91	17.65	84.33	2.37	15.85
153	宜昌市	18.60	-33.81	202.79	127.40	2.78	84.26	-7.31	19.66
154	齐齐哈尔市	20.65	-2.91	141.95	90.83	13.11	84.20	3.16	31.38
155	南充市	11.10	-30.54	114.95	74.50	3.79	83.96	-8.12	12.79
156	晋中市	17.79	11.68	74.40	53.39	31.92	83.86	5.81	22.31
157	防城港市	3.94	-1.90	25.79	17.37	15.86	83.71	2.28	10.03
158	娄底市	16.26	6.03	116.22	63.39	16.09	83.52	-1.05	29.79
159	揭阳市	17.80	40.49	68.05	53.40	35.39	83.52	12.80	28.20
160	德阳市	19.40	-1.71	143.73	92.96	10.02	83.51	0.71	27.27
161	湘西州	11.10	7.87	87.08	51.53	11.37	83.05	-3.48	35.23
162	宝鸡市	22.67	20.71	95.74	72.45	30.68	82.98	12.08	24.66
163	广安市	12.48	43.79	46.76	35.57	35.66	82.87	0.43	13.42
164	抚顺市	10.47	-17.56	144.46	75.56	0.81	82.76	-2.75	49.00
165	漳州市	20.70	232.26	162.90	89.22	12.67	82.60	-1.06	8.55
166	日喀则市	10.70	-20.86	66.02	41.68	15.90	82.60	-3.55	64.52
167	伊犁州	11.21	-4.60	133.11	71.97	-0.88	82.59	-9.22	40.37
168	莆田市	0.03	-98.90	106.92	66.92	-8.74	82.54	-22.62	10.72
169	张家界市	6.19	-10.00	37.41	24.14	18.45	82.45	-2.70	20.39
170	牡丹江市	15.42	8.36	82.63	51.26	22.34	82.32	7.70	27.54
171	阜新市	6.90	15.19	64.56	32.71	8.52	82.25	-0.96	40.66
172	大同市	25.00	73.51	87.73	67.50	41.68	82.20	12.83	35.72
173	荆门市	18.14	2.32	113.00	71.14	15.67	82.12	2.25	30.05
174	阿勒泰地区	6.97	-8.89	55.25	25.41	13.03	81.91	-0.77	34.61
175	泰安市	26.35	15.37	165.96	96.29	20.17	81.70	2.56	13.30
176	安康市	10.55	18.94	77.28	37.86	13.83	81.49	2.40	29.23
177	张掖市	8.01	-16.43	73.22	33.51	10.21	81.35	1.22	31.53
178	庆阳市	8.73	-4.38	74.96	43.54	8.17	81.20	-3.18	40.34
179	衡水市	13.02	-7.73	95.43	56.91	8.88	81.06	-5.02	13.88
180	朝阳市	11.15	9.10	107.52	60.29	5.09	80.96	-3.36	36.63
181	通辽市	20.77	5.43	202.29	92.56	5.37	80.92	-1.01	47.66
182	聊城市	30.20	-0.40	185.58	98.88	21.62	80.91	6.46	24.00
183	曲靖市	28.31	23.14	214.59	106.13	13.29	80.86	1.27	36.81
184	中卫市	4.81	-21.79	34.31	17.80	11.11	80.80	-1.35	28.35
185	郴州市	22.86	50.69	142.96	88.31	18.52	80.07	3.98	27.20

（续表）

序号	地方	当年发放贷款额（亿元）	同比增加（%）	累计发放贷款额（亿元）	贷款余额（亿元）	同比增长（%）	个贷率（%）	比上年增加百分点	个贷市场占有率（%）
186	鹤壁市	3.95	−43.38	57.59	27.94	−3.39	80.04	−14.20	16.82
187	贵港市	4.18	−30.51	52.64	35.28	2.47	79.97	−6.12	9.72
188	满洲里市	3.22	31.03	28.30	11.29	12.69	79.87	2.71	48.70
189	邢台市	18.20	−3.50	125.85	83.21	13.80	79.73	1.53	12.47
190	新余市	6.87	−13.04	47.32	29.11	14.88	79.56	−2.64	14.73
191	梧州市	7.79	0.81	69.96	39.72	11.89	79.52	0.51	14.47
192	长治市	19.31	56.99	83.42	58.44	31.62	78.91	9.59	40.58
193	山南市	6.50	−28.34	29.30	18.16	28.43	78.89	10.25	90.53
194	济源市	6.00	79.10	35.57	22.00	19.83	78.46	5.66	40.42
195	临沧市	15.70	20.72	77.51	46.49	25.04	78.40	3.86	63.68
196	定西市	12.68	9.36	81.05	43.72	16.50	78.40	2.34	36.89
197	平凉市	17.90	40.30	101.14	54.27	21.40	78.30	53.78	39.75
198	河源市	6.35	−14.63	63.88	34.33	6.94	77.86	−3.40	6.92
199	西双版纳州	9.61	17.34	70.21	33.75	12.58	77.69	1.68	27.96
200	邯郸市	21.18	−21.78	192.10	126.43	8.09	77.40	−5.69	21.18
201	淮北市	14.92	63.96	137.53	81.01	5.48	77.16	4.00	35.43
202	六盘水市	7.92	−20.88	81.12	50.20	5.33	76.96	−6.90	30.77
203	辽源市	6.13	23.09	32.82	20.68	23.18	76.92	5.50	36.81
204	武威市	10.37	5.95	60.98	35.03	13.36	76.51	0.22	35.12
205	本溪市	11.21	5.56	80.72	50.35	13.84	76.45	4.33	49.61
206	固原市	6.26	4.39	44.25	22.51	16.21	76.31	5.25	37.36
207	驻马店市	19.09	66.87	105.57	63.16	16.98	76.27	−1.85	13.89
208	克拉玛依市	11.63	−26.62	137.84	67.71	1.45	75.93	−6.12	91.54
209	淮南市	21.47	2.73	214.26	109.18	5.91	75.90	3.56	27.34
210	襄阳市	18.18	5.51	142.69	99.92	8.76	75.88	−6.00	20.24
211	延边州	17.26	−12.99	125.64	73.52	12.37	75.23	2.30	30.37
212	临汾市	17.72	17.43	113.82	70.11	14.92	75.19	−4.84	32.60
213	临夏州	8.52	13.90	42.37	25.50	17.19	75.07	0.71	36.73
214	佳木斯市	10.95	−9.05	82.63	45.53	9.82	74.35	2.06	47.57
215	绵阳市	34.87	10.63	184.79	114.27	22.06	74.34	5.92	21.94
216	徐州市	46.13	0.77	503.49	249.15	3.45	73.96	−2.20	17.71
217	锦州市	15.95	15.75	110.59	66.63	15.79	73.88	6.13	32.87
218	惠州市	26.59	89.01	199.62	122.24	12.79	73.82	−0.45	4.40
219	珠海市	15.10	281.04	153.52	79.69	10.11	73.32	−0.12	4.53
220	白银市	10.58	−6.50	74.90	40.35	11.83	73.00	2.00	38.00
221	荆州市	17.58	−15.86	114.77	72.29	14.31	72.70	0.70	16.10
222	天门市	4.84	34.07	15.25	11.41	45.42	72.68	14.12	9.79

（续表）

序号	地方	当年发放贷款额（亿元）	同比增加（%）	累计发放贷款额（亿元）	贷款余额（亿元）	同比增长（%）	个贷率（%）	比上年增加百分点	个贷市场占有率（%）
223	博尔塔拉州	3.99	87.32	31.73	12.87	15.22	72.63	1.09	31.80
224	凉山州	33.45	37.75	148.39	94.26	35.19	72.09	13.07	51.39
225	黄冈市	23.48	-20.15	119.07	81.20	19.52	71.94	0.48	20.83
226	陇南市	11.66	29.98	63.24	39.05	9.96	71.45	1.99	46.00
227	信阳市	10.18	-13.66	86.87	61.87	7.59	71.43	-9.46	12.93
228	三门峡市	10.46	-5.94	59.45	45.60	17.01	71.31	-0.82	53.47
229	鄂州市	6.08	-10.24	51.25	22.92	8.06	71.06	-1.44	11.02
230	忻州市	11.69	23.31	60.26	32.04	26.84	70.51	-4.73	47.00
231	承德市	11.23	-35.69	119.20	72.13	4.93	70.27	-4.16	14.04
232	攀枝花市	11.30	-9.80	99.41	56.01	6.56	70.20	-2.56	59.33
233	沧州市	16.26	-16.35	219.21	133.71	0.76	70.20	-6.72	17.07
234	阿里地区	1.62	-56.45	12.54	8.64	6.54	69.89	-5.11	64.52
235	东营市	24.54	-13.26	188.99	102.36	10.47	69.76	12.22	16.72
236	安阳市	6.80	-32.70	103.72	51.50	-3.10	69.50	-15.80	11.00
237	鞍山市	19.19	-2.19	153.69	94.80	10.93	69.15	2.66	21.35
238	铜川市	4.16	71.19	25.27	14.27	20.52	69.14	5.94	41.84
239	平顶山市	27.73	25.90	154.58	107.12	19.84	68.96	6.12	31.06
240	渭南市	18.07	58.93	67.51	48.84	37.97	68.94	9.58	19.21
241	运城市	13.55	-2.88	106.57	52.67	8.94	68.65	-8.41	46.32
242	张家口市	13.94	-16.73	155.98	82.80	4.59	67.62	-8.78	13.39
243	广元市	15.04	34.39	72.53	50.37	21.87	67.10	4.10	32.32
244	孝感市	10.54	-19.00	89.21	59.37	8.00	67.00	-7.00	16.40
245	保定市	24.08	23.80	213.78	140.88	9.39	66.96	-5.52	10.37
246	商丘市	12.43	-29.61	90.41	66.41	10.28	66.77	-17.13	18.80
247	开封市	3.42	-33.90	57.62	38.53	-0.85	66.31	-15.64	7.39
248	乌兰察布市	10.66	5.44	83.08	36.83	11.30	66.00	0.90	42.15
249	塔城地区	6.85	41.82	49.65	22.70	13.27	65.86	0.20	34.87
250	酒泉市	10.82	1.11	60.49	31.26	17.83	65.67	5.55	34.05
251	吴忠市	7.20	11.63	58.37	22.81	10.84	65.12	0.20	24.93
252	廊坊市	7.42	56.54	132.59	83.28	0.12	64.95	-7.71	2.24
253	阿坝州	6.20	-37.89	45.25	31.97	8.51	64.43	-5.53	97.30
254	乌海市	3.35	64.22	38.28	18.31	-1.08	63.91	-6.18	35.48
255	朔州市	6.35	-14.44	49.11	27.49	12.43	63.86	-3.35	38.22
256	延安市	9.60	-42.17	92.76	48.90	2.00	61.99	-8.22	40.23
257	鄂尔多斯市	19.99	6.67	153.05	79.33	10.77	60.08	0.90	51.90
258	汕尾市	5.04	-5.65	17.36	15.53	35.26	59.46	7.08	7.09
259	东莞市	54.75	140.73	325.53	186.53	25.57	59.23	4.82	5.70

（续表）

序号	地方	当年发放贷款额（亿元）	同比增加（%）	累计发放贷款额（亿元）	贷款余额（亿元）	同比增长（%）	个贷率（%）	比上年增加百分点	个贷市场占有率（%）
260	咸宁市	11.62	14.15	67.26	36.99	13.26	58.85	-10.05	30.77
261	怒江州	4.07	59.88	36.19	10.58	-0.13	58.85	-9.39	46.29
262	商洛市	4.90	-13.73	50.52	23.19	5.06	58.27	-9.19	44.27
263	阿拉善盟	5.03	10.07	52.42	15.38	6.75	58.25	4.98	74.44
264	迪庆州	5.18	8.69	37.55	18.61	7.39	58.18	5.77	74.39
265	晋城市	11.99	1.70	75.08	47.20	14.81	57.63	-3.26	35.62
266	吐鲁番市	2.42	-6.56	30.36	12.67	0.32	56.84	-13.76	59.94
267	十堰市	23.49	10.59	111.66	75.88	26.05	54.93	8.39	24.20
268	南阳市	20.52	14.18	131.47	84.89	16.16	53.91	-3.29	20.71
269	石嘴山市	3.60	-26.38	36.48	14.54	12.19	53.83	1.62	40.34
270	海东市	7.46	58.39	55.22	16.86	23.88	53.69	7.14	51.63
271	黄南州	2.58	56.36	17.42	6.24	20.93	53.65	4.75	90.59
272	莱芜市	9.09	-2.05	51.45	25.09	30.13	53.25	4.22	19.25
273	巴音郭楞州	5.84	-11.92	76.96	38.43	0.16	52.84	-9.69	21.02
274	松原市	11.41	55.18	84.19	48.56	11.07	52.62	1.00	23.17
275	铁岭市	6.12	-25.64	72.76	40.04	3.36	51.99	-2.46	31.55
276	中山市	13.21	168.69	116.94	60.46	9.30	51.75	-4.88	3.55
277	绥化市	8.70	11.68	54.21	32.39	13.41	51.59	0.32	22.99
278	神农架林区	0.80	-16.67	4.10	2.44	5.17	51.36	-6.84	42.00
279	哈密市	8.50	26.11	54.32	30.00	20.63	50.56	4.82	51.67
280	阿克苏地区	7.70	26.23	68.45	31.65	8.39	50.16	-5.87	28.35
281	伊春市	2.69	-33.74	31.19	14.62	-3.82	49.11	-9.65	65.30
282	黑河市	7.47	17.27	67.59	27.94	7.41	48.85	-1.10	39.27
283	榆林市	13.83	47.28	100.05	53.27	7.10	48.81	-6.03	40.80
284	林芝市	3.05	36.16	15.69	8.18	26.82	48.17	2.97	72.60
285	仙桃市	2.95	34.09	11.56	7.09	38.48	45.33	8.81	—
286	海西州	4.81	18.77	35.37	15.02	15.90	45.30	3.06	72.14
287	阳泉市	4.96	-18.99	38.44	18.33	15.43	43.74	-4.48	26.23
288	嘉峪关市	5.92	104.84	23.26	12.29	62.35	43.57	15.82	27.30
289	那曲市	2.24	-48.39	23.76	12.63	-1.25	43.24	6.64	97.50
290	辽阳市	6.75	24.31	62.64	30.28	9.55	43.05	-2.30	27.78
291	昌都市	3.99	-12.50	21.35	12.61	19.53	42.69	-1.38	83.15
292	鸡西市	3.86	-27.74	49.32	20.12	-3.22	40.88	-5.95	37.00
293	吕梁市	4.67	-25.04	38.49	23.16	9.19	40.74	-8.16	24.29
294	果洛州	1.12	273.33	4.13	2.43	60.93	39.51	15.31	78.13
295	盘锦市	9.30	2.87	93.34	43.10	-4.75	38.27	-10.46	32.70
296	潜江市	2.48	10.71	25.44	14.93	1.49	37.48	-2.15	20.58

（续表）

序号	地方	当年发放贷款额（亿元）	同比增加（%）	累计发放贷款额（亿元）	贷款余额（亿元）	同比增长（%）	个贷率（%）	比上年增加百分点	个贷市场占有率（%）
297	喀什地区	7.64	-14.73	99.62	42.15	-2.39	35.45	-9.81	85.41
298	和田地区	3.72	27.40	45.55	17.39	-5.49	31.05	-9.72	82.00
299	克孜勒苏州	1.44	-33.33	34.27	8.97	-19.55	29.97	-14.92	76.90
300	金昌市	2.78	-8.85	24.38	10.96	8.51	26.75	-0.13	23.85
301	鹤岗市	1.00	-50.00	40.80	9.30	-18.92	24.49	-7.72	38.10
302	白山市	2.16	26.89	21.69	8.19	8.19	23.40	0.16	22.48
303	双鸭山市	1.69	-21.03	26.46	9.20	-2.44	18.29	-2.28	36.02
304	大兴安岭地区	0.60	—	6.14	3.11	0.32	14.94	-2.54	45.61
305	七台河市	1.03	-13.00	8.18	3.55	10.00	11.00	—	23.80

五、住房公积金管理效益指标比较

住房公积金管理效益指标分为5个二级指标：业务收入、业务支出、管理费用、增值收益、增值收益率。

业务收入包括存款利息收入、委托贷款利息收入、国债利息收入和其他收入。业务支出包括缴存职工账户余额计息支出、委托归集与贷款银行手续费支出、其他支出。管理费用是指各地住房公积金管理中心为保障住房公积金管理、运作，按规定列支的经费，包括人员经费、公用经费和专项经费。增值收益是当年业务收入减去当年业务支出的差额，增值收益主要用于政府建设廉租房补充资金、提取住房公积金贷款风险准备金和管理费用支出等。增值收益率是指当年增值收益额与当年住房公积金月均缴存余额的比率，它代表了单位资金的运营效率，也代表了管理机构综合理财能力的高低。列表以增值收益率排序。

（一）全国住房公积金管理效益指标

全国住房公积金管理效益指标见表3-5-1。

全年住房公积金业务收入1814.44亿元，比上年增长9.46%。其中，存款利息收入278.33亿元，委托贷款利息收入1527.68亿元，国债利息收入0.62亿元，其他收入7.82亿元。全年住房公积金业务支出960.19亿元，比上年增长7.35%。其中，支付缴存职工利息828.94亿元，支付受委托银行归集手续费25.67亿元、委托贷款手续费54.80亿元，公转商贴息、融资成本等其他支出50.79亿元。全年增值收益854.25亿元，比上年增长11.92%，增值收益率1.56%，较上年降低0.01个百分点。

全年提取住房公积金贷款风险准备金234.63亿元，提取管理费用116.62亿元，提取城市公共租赁住房（廉租住房）建设补充资金502.69亿元。2018年年末，累计提取住房公积金贷款风险准备金1950.40亿元，累计提取城市公共租赁住房（廉租住房）建设补充资金3365.48亿元。

全年管理费用实际支出109.97亿元，比上年增长5.12%。其中，人员经费52.14亿元，公用经费 11.71 亿元，专项经费 46.12 亿元，分别占 47.41%、10.65% 和 41.94%。

表 3-5-1　2018 年全国住房公积金管理效益情况表

指标	2017	2018	增长率（百分比）
业务收入（亿元）	1657.69	1814.44	9.46
业务支出（亿元）	894.47	960.19	7.35
管理费用（亿元）	104.61	109.97	5.12
增值收益（亿元）	763.22	854.25	11.93
增值收益率（%）	1.57	1.56	−0.63

（二）省、自治区和新疆生产建设兵团住房公积金管理效益比较

省、自治区和新疆生产建设兵团住房公积金管理效益情况见表 3-5-2。

从增值收益率看，增值收益率达到或高于全国平均水平的省、自治区有 13 个，占全部省区的 46.43%。山西省增值收益率连续三年位列各省之首，新疆生产建设兵团近两年增值收益率持续保持较高水平。

从增值收益额看，收益额在 50 亿元以上的有 3 个，分别为广东、江苏和山东；在 40 亿～ 50 亿元之间的有 2 个，分别为浙江、四川；在 30 亿～ 40 亿元之间的有 2 个，分别为辽宁、湖北；在 20 亿～ 30 亿元之间的有 6 个，分别为湖南、安徽、云南、河北、河南、福建；在 10 亿～ 20 亿元之间的有 10 个，分别为江西、山西、广西、吉林、内蒙古、陕西、黑龙江、新疆、甘肃、贵州；在 10 亿元以下的有 5 个，分别为新疆生产建设兵团、青海、海南、宁夏、西藏。

从业务收入看，除青海、甘肃两省外均实现正增长，其中增长 10% 以上的有 12 个，占比 42.86%，西藏增幅最大，达 30.92%。

从业务支出看，除湖北、安徽、青海为负增长外，其余均为正增长。其中增长两位数以上的有 13 个，占比 46.43%。

表 3-5-2　2018 年省、自治区和新疆生产建设兵团住房公积金管理效益比较表

序号	地区	业务收入（亿元）	增长率（%）	业务支出（亿元）	增长率（%）	管理费用（亿元）	增值收益（亿元）	增值收益率（%）
1	山西	35.33	15.27	16.15	7.75	3.31	19.19	1.91
2	新疆生产建设兵团	4.15	11.93	1.89	6.29	0.18	2.26	1.90
3	江西	38.99	6.49	20.08	0.13	2.60	18.90	1.70
4	四川	85.58	14.19	42.6	16.21	6.60	42.99	1.67
5	湖南	58.21	13.82	29.11	16.76	5.56	29.10	1.67
6	广西壮族自治区	33.85	11.68	16.65	12.54	2.89	17.20	1.63
7	湖北	71.54	6.59	36.63	−1.72	6.46	34.91	1.61
8	安徽	56.29	3.76	31.04	−0.09	4.52	25.25	1.61
9	吉林	34.20	9.20	17.17	10.97	2.77	17.03	1.59

（续表）

序号	地区	业务收入（亿元）	增长率（%）	业务支出（亿元）	增长率（%）	管理费用（亿元）	增值收益（亿元）	增值收益率（%）
10	内蒙古自治区	38.72	6.93	19.55	10.42	3.19	19.16	1.58
11	辽宁	75.90	7.90	39.11	4.07	4.57	36.78	1.57
12	山东	105.90	9.88	54.49	6.65	5.43	51.41	1.56
13	云南	43.45	9.71	22.22	12.33	3.53	21.23	1.56
14	青海	10.10	-7.86	5.55	-16.23	0.78	4.55	1.52
15	广东	163.84	9.92	88.62	12.84	6.84	75.22	1.51
16	河北	58.86	10.75	30.40	8.12	5.11	28.45	1.51
17	海南	11.83	14.35	6.29	20.74	0.56	5.54	1.51
18	浙江	105.15	8.30	61.19	8.30	5.44	43.96	1.50
19	陕西	38.67	15.09	20.14	15.64	3.89	18.52	1.50
20	黑龙江	40.79	11.36	21.25	10.77	2.51	19.55	1.47
21	新疆维吾尔自治区	30.81	7.98	15.7	7.61	2.30	15.11	1.46
22	宁夏回族自治区	8.73	5.70	4.75	9.00	0.56	3.97	1.44
23	江苏	137.15	9.41	78.72	1.75	5.78	58.72	1.43
24	甘肃	29.58	-1.68	16.52	0.13	2.70	13.06	1.42
25	河南	64.03	12.14	35.96	17.29	3.97	28.06	1.40
26	福建	49.48	7.00	29.14	6.69	1.97	20.34	1.39
27	贵州	29.53	15.49	17.31	17.61	2.20	12.22	1.30
28	西藏自治区	5.12	30.92	3.71	25.83	0.06	1.40	0.60

（三）直辖市住房公积金管理效益比较

直辖市住房公积金管理效益情况见表3-5-3。

在4个直辖市中，增值收益率上海名列第一，为1.84%，重庆位列末位，为1.29%，相差0.55个百分点。重庆、天津两个直辖市增值收益率略低于全国总平均值。从增值收益看，上海、北京两市直逼省区中的广东省，高于江苏省和山东省。

表3-5-3　2018年直辖市住房公积金管理效益比较表

序号	城市	业务收入（亿元）	增长率（%）	业务支出（亿元）	增长率（%）	管理费用（万元）	增值收益（亿元）	增值收益率（%）
1	上海	139.34	13.55	67.13	9.62	13200.00	72.21	1.84
2	北京	134.55	9.50	66.16	5.20	62659.28	68.39	1.70
3	天津	43.90	-4.50	26.10	-14.00	36125.00	17.80	1.40
4	重庆	30.86	11.32	18.83	14.18	24709.18	12.02	1.29

（四）副省级、省会城市住房公积金管理效益比较

副省级、省会城市住房公积金管理效益情况见表3-5-4。

从业务收入数量上看，在31个城市中，业务收入超过40亿元的城市有2个，分别为广州、深圳；在30亿～40亿元之间的城市有4个，分别为成都、武汉、南京、杭州；在20亿～30亿元之间的城市有4个，分别为沈阳、大连、济南、西安；在10亿～20亿元之间的城市有17个；在10亿元以下的城市有4个，分别为西宁、银川、贵阳、拉萨。

从增值收益上看，深圳、广州和成都继续领跑前三名。收益额在10亿元以上的有8个，占比25.81%；在5亿～10亿元之间的有17个，占比54.84%；在5亿元以下的有6个，占比19.35%。

增值收益率前三位城市为乌鲁木齐、西宁和深圳，后三位为贵阳、宁波和拉萨。增值收益率在全国平均数1.56%以上的城市有13个，占比41.94%，在全国平均数以下的城市有18个，占比58.06%。

表3-5-4　2018年副省级、省会城市住房公积金管理效益比较表

序号	城市	业务收入（万元）	增长率（%）	业务支出（万元）	增长率（%）	管理费用（万元）	增值收益（万元）	增值收益率（%）
1	乌鲁木齐	105417.76	-6.18	50139.70	2.78	3836.91	59995.38	2.17
2	西宁	68922.09	-11.91	35705.56	-29.16	3709.83	33216.54	1.83
3	深圳	515872.49	13.32	248507.69	21.37	9987.65	267364.80	1.80
4	南宁	108190.10	9.10	48099.59	8.03	7555.34	60090.52	1.73
5	呼和浩特	105128.85	7.60	52837.92	29.23	6761.09	52290.93	1.73
6	南昌	116999.74	1.75	59045.87	-7.46	4856.43	57953.87	1.70
7	大连	211975.13	6.72	107556.65	7.41	6995.06	104418.48	1.68
8	青岛	172268.43	9.21	82348.28	8.82	8416.28	89920.15	1.65
9	成都	354230.58	14.43	176477.30	13.87	18234.68	177753.28	1.61
10	沈阳	261463.58	8.70	134338.50	0.90	13511.85	127125.07	1.61
11	长春	174513.85	8.70	87633.21	10.82	12320.14	86880.64	1.59
12	郑州	193557.51	10.91	114176.99	14.66	7590.08	79380.52	1.59
13	太原	111971.12	14.12	56694.45	3.19	9726.18	55276.67	1.58
14	广州	505365.73	7.77	267867.93	10.28	20134.69	237497.80	1.53
15	南京	329647.25	11.10	177188.64	1.12	7629.38	152458.61	1.53
16	济南	203176.09	13.28	108571.41	8.27	2895.24	94604.68	1.51
17	长沙	188893.66	18.18	100092.02	18.00	11028.83	88801.64	1.50
18	昆明	138356.77	7.33	72387.72	6.55	7589.27	65969.05	1.50
19	银川	55035.20	6.20	30140.22	8.20	2845.58	24894.98	1.47
20	哈尔滨	158848.39	12.13	84694.68	10.53	9100.90	74153.71	1.42
21	合肥	128586.22	-0.58	71781.71	-14.44	4761.72	56804.51	1.42
22	杭州	313973.40	7.80	181051.20	5.00	10343.80	132922.20	1.40
23	厦门	106628.48	7.05	60531.03	8.92	2163.49	46097.45	1.40

（续表）

序号	城市	业务收入（万元）	增长率（%）	业务支出（万元）	增长率（%）	管理费用（万元）	增值收益（万元）	增值收益率（%）
24	福州	130326.17	10.16	73217.53	4.28	5291.22	57108.65	1.38
25	兰州	108213.05	-17.00	62388.97	-13.82	7159.76	45824.08	1.38
26	西安	211204.66	16.86	120147.33	21.55	20700.01	91057.33	1.35
27	石家庄	126295.81	7.35	68063.91	10.89	6926.02	58231.90	1.35
28	武汉	336307.26	10.49	196268.13	7.89	9098.82	140039.13	1.33
29	贵阳	86976.50	13.62	51931.47	7.98	5877.19	35045.03	1.29
30	宁波	162560.26	9.94	102341.44	11.24	8991.24	60218.82	1.25
31	拉萨	6721.64	17.40	4753.36	-6.98	73.05	1968.28	0.60

（五）地市州盟住房公积金管理效益比较

地市州盟住房公积金管理效益情况见表 3-5-5。

对未披露当年增值收益率或者个别数据明显失真的情况，我们进行了重新核定计算，按增值收益额与缴存余额的比率得出，可能与实际数据稍有误差。

从统计表中可以看出，在 305 个地市州盟中，增值收益率达到或高于全国平均数的城市有 146 个，占比 47.87%。增值收益率在 2% 及以上的有 26 个，占比 8.52%；增值收益率在 1% 及以下的有 26 个，占比 8.52%。增值收益率在 2% 及以上的 26 个城市中湖北省占 5 个，安徽省 4 个，山西省、甘肃省各 3 个，四川省、新疆维吾尔自治区各 2 个，陕西省、湖南省、云南省、黑龙江省、辽宁省、广东省、浙江省各 1 个。

表 3-5-5　2018 年地市州盟住房公积金管理效益比较表

序号	地方	业务收入（万元）	增长率（%）	业务支出（万元）	增长率（%）	管理费用（万元）	增值收益（万元）	增值收益率（%）
1	哈密市	29270.61	86.94	9381.25	13.24	2822.77	19889.36	3.50
2	渭南市	19244.17	15.70	1462.64	-76.36	1699.93	17781.53	2.68
3	忻州市	20089.02	-1.70	9891.02	-12.32	1167.40	10198.00	2.65
4	泸州市	32362.28	13.47	12230.43	21.67	12948.50	20131.85	2.59
5	滁州市	33801.06	18.89	17258.05	6.94	4458.57	16543.01	2.44
6	阿勒泰地区	11180.14	32.53	4078.23	36.45	1219.62	7101.91	2.43
7	鸡西市	21885.52	97.53	10566.45	67.70	1604.47	11319.07	2.42
8	平凉市	20958.70	17.60	15081.47	25.40	2003.29	5877.23	2.42
9	宿州市	28485.32	11.33	12952.65	-7.06	2482.53	15532.68	2.39
10	晋中市	22503.83	28.86	8917.17	12.90	2381.77	13586.66	2.37
11	本溪市	22455.61	22.14	5942.62	-33.97	1137.71	16513.00	2.36
12	鄂州市	12063.76	5.66	4678.72	-1.00	1525.48	7197.58	2.34
13	宜昌市	51123.71	-4.60	18226.19	-39.90	11054.93	32897.52	2.29

（续表）

序号	地方	业务收入（万元）	增长率（%）	业务支出（万元）	增长率（%）	管理费用（万元）	增值收益（万元）	增值收益率（%）
14	芜湖市	58502.23	6.16	32247.62	3.79	14627.59	26254.61	2.29
15	黄山市	13896.76	−10.83	5333.87	−33.94	2028.02	8562.89	2.28
16	汕头市	41421.77	−10.57	18012.92	−7.74	1244.36	23408.85	2.22
17	曲靖市	41965.99	4.80	14614.31	−21.51	2866.36	27351.68	2.21
18	黄冈市	36725.03	−9.31	13874.53	−32.41	4241.61	22850.49	2.19
19	咸宁市	22281.58	7.04	9793.61	2.29	2791.53	12487.97	2.13
20	黄石市	30611.09	−18.03	10409.40	−54.82	1961.04	20201.69	2.11
21	资阳市	15332.37	10.30	7426.82	12.50	672.70	7905.55	2.09
22	张掖市	14655.67	−16.42	6434.48	−11.86	1543.72	8221.19	2.07
23	凉山州	43502.28	3.01	18634.17	14.40	3298.05	24868.11	2.04
24	运城市	25252.94	12.73	11034.59	5.78	2505.09	14218.34	2.02
25	嘉峪关市	10020.85	12.77	4290.67	9.53	704.68	5730.17	2.02
26	岳阳市	43660.62	−1.89	18960.62	12.17	3518.09	24700.00	2.00
27	汉中市	22253.45	−4.33	10242.53	−2.20	2047.00	12010.92	1.97
28	上饶市	40486.79	15.64	18405.97	−2.78	3018.95	22080.82	1.93
29	怀化市	29304.76	14.16	13157.08	14.05	3228.15	16147.68	1.92
30	塔城地区	11107.05	34.10	4898.19	3.70	1319.86	6208.87	1.92
31	衡阳市	36419.49	8.38	16463.02	7.37	3313.74	19956.47	1.91
32	湘西州	20363.76	22.50	9343.62	32.45	4489.53	11020.14	1.91
33	荆门市	32320.37	14.84	16703.50	13.18	6468.71	15616.87	1.90
34	巴彦淖尔市	22825.55	28.60	10148.22	8.93	803.12	12677.32	1.90
35	阳泉市	12903.74	−0.39	5813.50	16.23	982.64	7090.23	1.90
36	大兴安岭地区	6238.95	20.39	2657.73	1.88	555.64	3581.22	1.90
37	六安市	28199.96	3.87	13361.23	0.94	1770.22	14838.73	1.89
38	辽源市	8283.48	41.73	3533.61	20.87	1103.60	4749.86	1.89
39	临沂市	65145.57	13.34	28580.53	−25.14	1866.56	36565.04	1.88
40	晋城市	25310.26	8.48	11490.24	11.70	4018.65	13820.02	1.88
41	商洛市	12039.66	14.84	5067.62	5.32	2254.14	6972.04	1.88
42	吉安市	35696.69	13.75	17151.31	−3.82	1914.31	18545.38	1.87
43	朔州市	13413.74	−0.57	6085.62	−0.14	846.17	7328.12	1.87
44	鹰潭市	11644.97	3.60	5750.82	−1.90	1321.58	5894.15	1.87
45	南充市	27882.43	19.05	12707.51	19.50	2972.55	15174.92	1.86
46	驻马店市	26076.63	20.41	12007.49	18.04	1464.50	14069.14	1.86
47	陇南市	18427.87	21.55	8152.84	10.94	2922.93	10275.03	1.86
48	东营市	53253.54	−10.11	24928.72	−11.28	4689.29	28324.82	1.85
49	潜江市	12975.04	15.54	5869.25	6.23	1230.34	7105.78	1.85
50	娄底市	23248.13	18.05	10562.41	−2.55	3014.32	12685.72	1.81
51	自贡市	21940.62	9.76	10777.83	16.24	1558.57	11162.79	1.81

（续表）

序号	地方	业务收入（万元）	增长率（%）	业务支出（万元）	增长率（%）	管理费用（万元）	增值收益（万元）	增值收益率（%）
52	北海市	12376.15	12.83	5872.62	5.99	1357.66	6503.53	1.81
53	贺州市	11094.41	9.12	5073.75	15.25	781.45	6020.66	1.81
54	仙桃市	5103.06	8.35	2269.33	6.46	694.15	2833.73	1.81
55	绵阳市	51926.34	30.12	26070.62	44.42	3247.65	25855.72	1.80
56	邵阳市	35836.49	15.00	16324.15	10.00	5672.52	19512.34	1.80
57	四平市	16627.33	13.01	7764.67	20.75	2281.11	8862.66	1.80
58	池州市	10777.22	13.92	5547.13	-10.13	652.25	5230.09	1.80
59	新余市	10879.81	-0.65	4887.58	15.28	882.09	5992.23	1.79
60	株洲市	42224.99	12.22	19888.82	11.43	3201.40	22336.18	1.78
61	钦州市	14653.45	13.43	7186.26	22.18	919.46	7467.19	1.78
62	丽水市	44893.00	5.10	27251.00	8.20	3051.00	17642.00	1.77
63	宜春市	27249.05	9.06	12459.45	14.66	2126.94	14789.60	1.77
64	攀枝花市	26250.23	0.53	12855.76	8.90	1266.08	13394.47	1.77
65	中卫市	6948.83	8.04	3303.28	10.96	592.49	3645.55	1.77
66	马鞍山市	29865.36	2.37	13747.97	15.49	2063.47	16117.39	1.76
67	临汾市	29089.34	17.87	13972.11	23.37	3596.22	15117.23	1.76
68	甘孜州	21637.68	14.02	10578.79	8.48	2628.84	11058.89	1.74
69	武威市	14498.00	24.21	7007.20	12.38	768.95	7490.80	1.74
70	潍坊市	60380.54	10.16	26870.83	-2.38	5137.32	33509.71	1.73
71	宜宾市	41256.13	13.43	20247.01	9.61	2662.11	21009.12	1.73
72	龙岩市	31204.47	1.78	17628.67	-0.71	4010.69	13575.80	1.73
73	聊城市	37112.26	10.51	17148.48	7.62	1591.35	19963.78	1.72
74	潮州市	9667.24	-7.37	4086.51	-43.76	817.38	5580.73	1.72
75	丽江市	9346.68	17.88	4374.33	32.57	1793.41	4972.35	1.72
76	泰州市	46189.77	1.41	25794.01	5.46	2777.08	20395.76	1.71
77	韶关市	28034.45	-2.63	13785.84	15.24	1720.98	14248.61	1.71
78	宝鸡市	26063.16	16.40	12464.56	12.46	2460.00	13598.60	1.71
79	来宾市	10009.64	17.74	4982.78	14.11	1037.79	5026.86	1.71
80	大庆市	85403.76	-2.00	41118.03	5.30	2776.31	44285.73	1.70
81	淮安市	38109.58	7.48	18745.87	22.08	2009.97	19363.71	1.70
82	亳州市	20756.34	-2.74	10222.89	11.74	611.48	10533.45	1.70
83	随州市	9186.67	-0.31	4286.45	-6.81	1085.79	4900.22	1.70
84	张家界市	8643.83	-2.00	3961.31	31.00	1303.00	4682.52	1.70
85	铜川市	6456.54	6.61	3061.71	1.98	446.70	3394.83	1.70
86	鄂尔多斯市	39612.67	27.37	18373.39	9.99	1959.14	21239.28	1.68
87	临沧市	19162.90	21.25	9060.99	24.46	1654.43	10101.91	1.68
88	唐山市	106491.92	8.52	52945.94	-2.27	4915.34	53545.98	1.67
89	金华市	74824.17	6.71	40878.92	8.09	3142.65	33945.25	1.67

（续表）

序号	地方	业务收入（万元）	增长率（%）	业务支出（万元）	增长率（%）	管理费用（万元）	增值收益（万元）	增值收益率（%）
90	柳州市	39792.29	8.99	19593.17	15.59	3227.94	20199.12	1.67
91	呼伦贝尔市	30350.20	11.14	14711.02	46.53	2271.55	15639.18	1.67
92	河池市	16648.37	21.32	7878.59	14.54	4353.21	8769.78	1.67
93	通化市	16686.72	9.84	8183.16	34.80	1227.92	8503.56	1.67
94	九江市	33665.28	10.20	17734.81	17.71	2338.45	15930.47	1.66
95	锡林郭勒盟	16777.02	12.89	8336.51	9.72	3031.52	8440.52	1.66
96	雅安市	13195.63	6.78	6628.28	12.83	926.94	6567.35	1.66
97	荆州市	30381.38	9.55	14974.18	6.60	3520.67	15407.21	1.65
98	台州市	75128.10	11.90	40764.29	10.33	4950.58	34363.81	1.64
99	鹤壁市	11441.32	16.44	6057.12	6.13	1218.19	5384.20	1.64
100	温州市	121734.51	6.99	64275.26	11.67	4973.73	57459.25	1.63
101	泰安市	33909.27	12.04	17035.73	14.52	2170.03	16873.54	1.63
102	承德市	32498.97	11.84	16513.59	18.66	2499.25	15985.37	1.63
103	宁德市	26633.57	9.59	13607.36	9.06	1214.49	13026.21	1.63
104	抚州市	24964.48	7.40	12023.07	17.44	2392.11	12941.42	1.63
105	南平市	26327.60	12.27	13474.36	11.39	997.97	12853.24	1.63
106	益阳市	26141.67	18.19	14015.89	21.62	4402.58	12125.78	1.63
107	佳木斯市	18828.32	7.52	9156.88	8.24	2006.00	9671.45	1.63
108	酒泉市	14307.36	13.95	6965.97	5.51	2941.72	7341.38	1.63
109	连云港市	46870.60	2.62	24638.35	-5.67	2806.46	22232.25	1.62
110	宿迁市	25578.65	14.29	13049.10	11.97	1663.14	12529.55	1.62
111	天门市	4825.27	24.68	2224.33	19.38	698.14	2600.94	1.62
112	吉林市	50528.89	8.74	26132.69	8.07	4883.12	24396.20	1.61
113	玉林市	24665.64	14.13	12582.34	13.93	1766.13	12083.30	1.61
114	辽阳市	20071.22	12.60	9502.35	5.40	1617.67	10568.87	1.61
115	南通市	100079.41	10.54	57283.32	11.73	3128.07	42796.09	1.60
116	洛阳市	63808.67	8.30	32302.99	5.90	2449.93	31505.68	1.60
117	邯郸市	50872.85	20.76	26262.23	10.97	4440.58	24610.62	1.60
118	常德市	40412.29	16.76	22299.84	19.61	3427.20	18112.46	1.60
119	中山市	36074.76	19.11	18849.62	17.37	2434.86	17225.14	1.60
120	茂名市	34440.90	3.40	17895.69	6.60	2424.20	16545.21	1.60
121	新乡市	27090.87	3.70	13706.50	13.40	1388.83	13606.85	1.60
122	濮阳市	27557.24	10.80	13977.96	8.40	1805.47	13579.28	1.60
123	安阳市	22667.98	16.70	11380.25	11.10	1102.30	11287.73	1.60
124	内江市	20438.99	17.24	10372.83	18.03	1394.48	10066.16	1.60
125	萍乡市	15428.36	15.58	7842.36	18.13	1512.63	7586.00	1.60
126	湖州市	53513.11	6.58	31176.21	6.62	5449.60	22336.90	1.59
127	张家口市	35552.45	20.21	17633.09	22.81	4595.99	17919.36	1.59

（续表）

序号	地方	业务收入（万元）	增长率（%）	业务支出（万元）	增长率（%）	管理费用（万元）	增值收益（万元）	增值收益率（%）
128	郴州市	32909.71	12.85	16470.18	22.72	3290.24	16439.53	1.59
129	白山市	10438.54	14.70	5123.17	4.87	1213.55	5315.37	1.59
130	嘉兴市	70327.58	0.30	36633.05	−11.89	3984.89	33694.53	1.58
131	沧州市	58223.37	4.90	29624.44	6.91	7484.43	28598.93	1.58
132	德阳市	34269.53	8.01	17486.41	11.72	2117.80	16783.12	1.58
133	邢台市	31734.54	13.70	16490.89	13.52	3122.87	15243.65	1.58
134	延边州	29977.02	4.28	15141.51	10.45	2535.32	14835.51	1.58
135	营口市	22680.86	11.23	11276.37	9.73	1678.62	11404.49	1.58
136	遂宁市	15320.42	13.75	8008.50	15.91	398.00	7311.92	1.57
137	甘南州	9402.97	13.41	4413.06	2.51	1778.73	4989.90	1.57
138	扬州市	68000.00	—	38000.00	—	4596.00	30000.00	1.56
139	菏泽市	31705.32	11.30	15247.74	19.66	3482.44	16457.58	1.56
140	永州市	29832.69	11.31	15172.58	14.58	3018.96	14660.11	1.56
141	乐山市	29513.64	14.59	15139.61	10.81	2985.94	14374.03	1.56
142	昌吉州	25089.43	11.97	12939.97	19.72	3237.19	12149.46	1.56
143	铁岭市	22883.75	19.85	11329.40	1.25	1002.04	11554.36	1.56
144	长治市	21801.26	15.76	11063.48	26.87	1330.46	10737.78	1.56
145	阳江市	14331.87	18.49	7597.88	6.18	890.79	6734.00	1.56
146	德宏州	11974.85	20.93	5691.97	12.20	1313.65	6282.88	1.56
147	昭通市	30791.41	4.65	15518.28	8.23	3464.10	15273.13	1.55
148	孝感市	25576.00	12.00	12958.00	9.00	2911.00	12618.00	1.55
149	玉溪市	24962.93	13.22	13621.36	17.90	1926.98	11341.57	1.55
150	巴中市	16775.56	22.09	8300.87	20.59	1082.02	8474.69	1.55
151	兴安盟	13775.58	10.35	6926.64	13.55	2472.89	6848.93	1.55
152	烟台市	86023.60	12.15	46379.00	11.00	3767.78	39644.60	1.54
153	襄阳市	38371.00	5.37	19690.00	4.10	9149.89	18681.00	1.54
154	齐齐哈尔市	32181.29	13.33	16199.85	12.85	1085.26	15981.44	1.54
155	德州市	29439.35	10.00	14975.44	17.84	1679.20	14463.92	1.54
156	满洲里市	4219.81	10.46	2142.47	7.31	598.88	2077.35	1.54
157	恩施州	22882.18	13.53	11403.21	12.32	4357.56	11478.97	1.53
158	普洱市	19670.48	17.85	10238.48	39.94	2101.21	9432.00	1.53
159	牡丹江市	18343.82	14.24	9290.03	0.99	2719.13	9053.79	1.53
160	眉山市	20585.89	17.48	12419.51	19.48	3565.69	8166.38	1.53
161	无锡市	167848.76	14.98	90084.80	11.19	5255.60	77763.96	1.52
162	济宁市	76072.58	10.18	41486.88	7.33	4974.74	34585.70	1.52
163	威海市	40648.34	13.59	21711.92	9.24	3145.74	18936.42	1.52
164	保定市	57035.48	17.98	28550.30	8.83	8306.99	28485.18	1.51
165	阜阳市	37631.14	7.58	22102.87	6.18	1385.62	15528.27	1.51

（续表）

序号	地方	业务收入（万元）	增长率（%）	业务支出（万元）	增长率（%）	管理费用（万元）	增值收益（万元）	增值收益率（%）
166	楚雄州	14369.39	6.20	7654.70	2.48	1488.79	6714.69	1.51
167	贵港市	13630.07	5.29	7213.86	−2.18	1247.88	6416.21	1.51
168	朝阳市	21767.48	5.60	11143.69	0.40	2840.87	10623.79	1.50
169	丹东市	18999.89	7.88	10460.42	16.43	2246.79	8539.47	1.49
170	崇左市	9629.15	35.03	5302.81	28.81	773.15	4326.34	1.49
171	防城港市	6020.57	13.35	3156.50	10.24	897.36	2864.07	1.49
172	红河州	36853.91	3.28	20041.96	10.82	2246.44	16811.95	1.48
173	抚顺市	27912.91	−8.78	14718.04	3.17	2322.56	13194.87	1.48
174	咸阳市	26106.93	11.15	14310.45	44.52	1648.18	11796.48	1.48
175	湘潭市	24244.85	14.66	14398.52	38.70	2707.27	9846.33	1.48
176	周口市	18489.88	26.26	9631.35	19.59	1551.44	8858.53	1.48
177	广安市	11581.15	36.32	6067.38	15.26	689.89	5513.77	1.48
178	赤峰市	43061.04	−18.69	22441.17	−24.10	6114.13	20619.87	1.47
179	滨州市	27593.10	17.50	15251.28	18.77	1924.08	12341.81	1.47
180	葫芦岛市	24239.14	11.13	12679.62	24.07	2119.11	11559.52	1.47
181	平顶山市	43941.45	17.33	22133.37	5.58	2903.50	21808.08	1.46
182	桂林市	38677.03	13.08	21161.60	16.65	1817.58	17515.43	1.46
183	毕节市	25771.82	16.51	13379.27	10.62	1332.69	12392.55	1.46
184	白城市	9014.51	−2.05	4770.60	13.06	1011.52	4243.91	1.46
185	包头市	50574.92	4.05	27171.80	11.24	2474.82	23403.12	1.45
186	秦皇岛市	34402.29	6.55	18256.15	6.47	1522.81	16146.14	1.45
187	克拉玛依市	26510.55	0.72	14251.07	6.44	1163.11	12259.48	1.44
188	保山市	22272.95	8.16	13496.58	42.48	1743.35	8776.37	1.44
189	天水市	17341.48	6.71	9448.15	18.89	1412.88	7893.33	1.44
190	铜陵市	16995.59	9.46	9467.13	3.29	984.85	7528.45	1.43
191	阿拉善盟	7666.51	16.37	4167.49	−1.81	661.51	3499.02	1.43
192	玉树州	4819.86	15.87	2638.39	4.87	734.24	2181.47	1.43
193	绍兴市	66151.81	9.00	38376.42	6.50	4660.91	27775.39	1.42
194	大同市	23124.60	16.70	12460.17	28.91	1989.32	10664.43	1.42
195	松原市	25965.16	10.92	13418.60	1.39	1148.67	12546.55	1.41
196	文山州	18724.70	21.91	9747.99	137.93	2611.86	8976.71	1.41
197	百色市	18963.58	8.94	10018.86	19.10	1233.01	8944.72	1.41
198	宣城市	18111.70	8.74	11469.86	24.48	990.89	6641.84	1.41
199	廊坊市	35975.24	7.73	19016.17	0.05	4400.27	16959.07	1.40
200	延安市	21278.93	21.11	10997.73	11.12	1895.91	10281.20	1.40
201	安顺市	15535.01	4.47	8778.54	−0.53	1610.15	6756.47	1.40
202	海北州	3145.74	−4.48	1845.32	−5.17	262.05	1300.42	1.40
203	阿坝州	15564.90	13.60	9152.32	15.37	547.49	6412.58	1.39

（续表）

序号	地方	业务收入（万元）	增长率（%）	业务支出（万元）	增长率（%）	管理费用（万元）	增值收益（万元）	增值收益率（%）
204	黔东南州	33851.04	22.24	19603.96	30.48	3833.64	14247.08	1.38
205	三明市	34234.72	-0.33	21105.65	-6.53	1152.23	13129.07	1.38
206	达州市	24919.26	19.57	14099.63	33.17	1523.36	10819.63	1.38
207	庆阳市	15281.52	15.84	8277.24	15.66	1628.67	7004.28	1.38
208	安康市	13324.46	10.53	7285.46	21.42	1564.81	6039.00	1.38
209	南阳市	40171.94	27.59	21238.52	8.14	2883.19	18933.42	1.36
210	江门市	35238.56	3.11	20407.66	4.10	1686.24	14830.90	1.36
211	安庆市	35257.12	7.20	21633.32	8.03	2120.28	13623.80	1.36
212	莆田市	24556.84	-4.92	14372.22	1.61	1039.31	10184.62	1.36
213	云浮市	13848.04	11.25	7813.24	3.73	1304.13	6034.80	1.36
214	淄博市	70635.72	7.36	40019.12	18.47	3751.28	30616.60	1.35
215	惠州市	48150.62	8.08	27065.53	4.17	2397.11	21085.09	1.35
216	梅州市	21710.03	10.21	11165.06	-17.71	1183.69	10544.97	1.35
217	衡水市	19501.91	11.70	10690.63	17.50	2928.42	8811.28	1.35
218	阜新市	11301.92	-8.22	6149.95	10.81	1138.53	5151.97	1.35
219	固原市	8471.95	14.74	4706.13	10.53	328.34	3765.82	1.35
220	通辽市	31643.72	9.45	16826.46	8.86	1838.06	14817.25	1.34
221	商丘市	27629.22	2.80	14042.44	28.60	1788.95	13586.78	1.34
222	定西市	15720.17	11.21	8640.35	13.36	1811.54	7079.82	1.34
223	林芝市	3954.58	23.00	1866.34	-30.52	21.00	2088.24	1.34
224	日照市	25676.72	1.75	15116.73	20.36	1236.36	10559.99	1.33
225	巴音郭楞州	19738.61	30.55	10788.33	40.21	1532.46	8950.28	1.33
226	揭阳市	17976.31	24.28	9418.94	30.08	1216.39	8557.37	1.33
227	湛江市	45980.58	9.19	26837.94	16.55	2559.98	19142.64	1.32
228	镇江市	48801.98	9.60	32231.67	18.11	3308.03	16570.31	1.32
229	锦州市	26773.00	11.06	15112.93	5.58	1435.15	11660.07	1.32
230	衢州市	41486.48	20.53	30077.85	41.20	2876.01	11408.63	1.32
231	石嘴山市	7667.42	7.53	4266.07	11.46	788.21	3401.35	1.32
232	焦作市	26433.06	0.99	15364.41	6.68	2493.73	11068.66	1.31
233	迪庆州	8814.76	15.85	4501.75	12.63	1209.92	4313.00	1.31
234	清远市	27799.72	11.91	17209.56	26.32	2276.92	10590.16	1.30
235	徐州市	94502.07	6.48	52393.98	14.63	4855.25	42108.09	1.29
236	遵义市	47101.34	18.42	28154.74	24.19	2653.75	18946.60	1.29
237	盐城市	51325.00	5.56	34071.00	-4.36	4734.00	17254.00	1.29
238	白银市	16338.85	-4.68	9469.18	-3.95	843.67	6869.67	1.29
239	乌兰察布市	14360.47	5.99	7651.85	15.82	2148.62	6708.61	1.29
240	海南州	4298.74	8.51	2514.60	10.80	1250.61	1784.14	1.29
241	淮南市	43055.09	-4.82	24880.38	-0.90	1699.93	18174.71	1.27

（续表）

序号	地方	业务收入（万元）	增长率（%）	业务支出（万元）	增长率（%）	管理费用（万元）	增值收益（万元）	增值收益率（%）
242	淮北市	30260.34	2.17	16916.42	13.53	2087.36	13343.92	1.27
243	大理州	21722.86	19.70	12475.86	12.39	2500.92	9247.00	1.27
244	西双版纳州	11841.71	11.65	6587.59	2.24	713.99	5254.12	1.27
245	苏州市	256379.49	8.84	156252.72	−13.89	11191.76	100126.77	1.26
246	鞍山市	38838.32	8.13	21976.69	0.94	4811.73	16861.63	1.26
247	黔西南州	19677.85	23.12	11256.69	17.44	1212.27	8421.16	1.26
248	泉州市	83073.21	11.03	57899.67	9.50	1795.61	25173.54	1.25
249	吕梁市	11080.12	−10.02	5157.19	−14.67	1724.48	5922.93	1.25
250	海西州	8486.50	−9.78	4486.50	−16.22	808.51	4000.00	1.25
251	铜仁市	21843.04	8.23	12410.00	29.54	2003.66	9433.05	1.24
252	绥化市	15571.87	7.57	8178.92	6.56	836.07	7392.95	1.24
253	乌海市	7172.66	11.79	3784.90	−8.36	776.82	3387.76	1.24
254	景德镇市	12375.25	5.10	6734.79	—	1548.53	5640.46	1.23
255	伊犁州	24828.81	4.43	14599.33	6.56	1702.91	10229.48	1.22
256	梧州市	14181.63	12.79	8424.84	12.47	1965.15	5756.79	1.22
257	吴忠市	9138.88	−6.52	5115.68	9.41	1037.30	4023.20	1.22
258	六盘水市	18732.91	11.63	11205.80	14.63	1276.34	7527.11	1.21
259	肇庆市	25420.47	19.96	17378.93	26.89	2054.54	8041.54	1.20
260	那曲市	6504.61	38.94	3232.26	−27.60	40.37	3272.36	1.20
261	博尔塔拉州	4506.16	14.04	2525.72	12.49	552.30	1980.44	1.19
262	三门峡市	20046.95	9.81	12209.66	10.00	1498.87	7837.29	1.18
263	漯河市	15210.16	14.40	9474.96	13.88	2655.85	5735.20	1.18
264	汕尾市	6104.94	24.55	3316.89	2.84	526.45	2788.06	1.18
265	十堰市	43122.47	12.87	21146.42	15.06	3642.30	21976.05	1.17
266	黔南州	24968.77	16.93	15871.34	47.46	1590.25	9097.43	1.17
267	河源市	12244.75	11.21	7333.98	21.39	1545.73	4910.77	1.17
268	伊春市	7202.32	22.78	3948.28	14.82	775.93	3254.04	1.17
269	吐鲁番市	5068.34	2.37	2756.70	50.30	913.94	2311.64	1.17
270	赣州市	60703.09	3.48	38814.43	−4.66	4137.89	21888.66	1.16
271	枣庄市	34954.33	9.22	22254.01	8.05	2205.60	12700.32	1.16
272	榆林市	26620.04	22.81	15492.55	16.92	3876.61	11127.49	1.15
273	舟山市	28897.00	19.04	21059.00	27.86	2022.00	7838.00	1.14
274	黑河市	14837.24	4.32	8397.59	10.79	957.42	6439.65	1.13
275	东莞市	86302.19	16.43	53688.56	9.31	3802.65	32613.63	1.11
276	漳州市	29343.67	2.13	18179.22	29.42	1793.60	11164.45	1.10
277	常州市	98122.47	13.94	67094.89	14.33	3868.74	31027.58	1.07
278	蚌埠市	28718.70	8.67	21446.30	20.22	2492.68	7272.40	1.03

（续表）

序号	地方	业务收入（万元）	增长率（%）	业务支出（万元）	增长率（%）	管理费用（万元）	增值收益（万元）	增值收益率（%）
279	金昌市	10048.89	7.06	6043.47	1.44	983.93	4005.42	1.01
280	广元市	17349.59	12.19	10304.97	18.19	1265.12	7044.62	1.00
281	海东市	7915.94	10.36	4914.95	7.20	747.38	3000.99	0.98
282	信阳市	21950.43	12.81	14349.44	56.50	2280.52	7600.99	0.96
283	莱芜市	11022.08	37.73	6955.90	44.48	1514.27	4066.18	0.93
284	许昌市	21987.34	3.60	16138.52	67.00	1742.14	5848.82	0.90
285	七台河市	7105.29	16.00	4354.28	9.00	710.76	2751.01	0.90
286	鹤岗市	9109.03	12.22	5824.97	10.82	848.26	3284.06	0.89
287	怒江州	3654.88	−2.88	2196.45	7.35	84.82	1458.43	0.89
288	阿克苏地区	13882.14	12.13	8806.81	13.17	1559.45	5075.34	0.88
289	济源市	8230.19	16.30	5968.53	78.54	642.38	2261.66	0.85
290	开封市	15959.94	20.64	11602.86	68.15	1568.94	4357.09	0.84
291	盘锦市	27623.75	8.95	18950.91	28.98	2831.19	8672.84	0.83
292	克孜勒苏州	5758.89	19.43	3789.72	19.10	422.91	1969.17	0.73
293	双鸭山市	10759.48	19.95	7336.85	11.43	807.08	3422.63	0.72
294	佛山市	80042.87	6.79	61529.93	22.60	3088.33	18512.94	0.71
295	昌都市	5849.24	49.28	3972.32	49.28	85.75	1876.91	0.71
296	黄南州	2522.04	−4.36	1786.77	−3.17	260.32	735.27	0.66
297	临夏州	10609.29	25.18	8607.07	36.03	960.06	2002.22	0.64
298	珠海市	32360.58	21.03	26409.15	1.17	2982.60	5951.43	0.58
299	和田地区	10426.00	32.12	8014.85	27.02	816.07	2411.15	0.50
300	阿里地区	2516.13	−6.53	1929.14	59.91	54.92	586.99	0.50
301	神农架林区	1402.72	56.12	1164.55	187.67	123.29	238.17	0.50
302	喀什地区	15296.47	−19.33	10008.42	−29.30	1871.03	5288.05	0.49
303	山南市	4549.88	33.94	3333.53	16.02	83.14	1216.35	0.26
304	日喀则市	8956.83	27.97	8297.92	27.80	51.35	658.91	0.13
305	果洛州	863.77	20.74	1591.77	1191.18	25.33	−728.00	−1.20

六、住房公积金综合管理指标比较

为综合评价我国城市和地区住房公积金管理水平，需要建立科学合理并切合实际的指标体系。通过选取各省（自治区和兵团）、城市（设区市、州、盟）住房公积金余额、提取使用率、个人住房贷款率、个贷市场占有率、增值收益率几项显性指标，来综合衡量其管理水平、对职工购房需要的支持度、综合收益水平和社会影响力，从而反映出住房公积金事业的发展水平，反映出在当地住房保障和支持房地产业发展中发挥的能动作用。综合比较中以提取使用率、个贷率、个贷市场占有率、增值收益率等四项指标为基本参照指标，我们把以上四项指标均在全国平均数以上的单位称为全优单位，公开披露数据不全的不能评为全优单位。

以下列表分别以各地资金存量规模（缴存余额）、综合发展指数高低排序。

（一）全国住房公积金综合管理指标

全国住房公积金缴存余额、提取使用率、个人住房贷款率、个贷市场占有率、增值收益率指标见表 3-6-1。

表 3-6-1　2018 年全国住房公积金综合管理指标表

缴存余额（亿元）	当年提取使用率（%）	个贷率（%）	个贷市场占有率（%）	增值收益率（%）
57934.88	70.01	86.04	16.19	1.56

（二）省、自治区和新疆生产建设兵团住房公积金综合管理指标比较

省、自治区和新疆生产建设兵团住房公积金综合管理指标见表 3-6-2。以缴存余额排序。

从增值收益率看，增值收益率高于全国平均水平的省、自治区有 13 个，占全部省区的 46.43%。提取率高于全国平均数的省、自治区有 14 个，占全部省区的 50%。个贷率高于全国平均数的省、自治区有 9 个，占全部省区的 32.14%。个贷市场占有率高于全国平均数的省、自治区有 16 个，占全部省区的 57.14%。

当年提取率、个贷率和增值收益率三项指标均高于全国平均数以上的有 3 个省区，分别为广西、安徽、辽宁。

表 3-6-2　2018 年省、自治区和新疆生产建设兵团住房公积金综合管理指标表

序号	地区	缴存余额（亿元）	当年提取使用率（%）	个贷率（%）	个贷市场占有率（%）	增值收益率（%）
1	广东	5271.39	73.58	72.57	9.12	1.51
2	江苏	4340.59	72.45	96.15	12.75	1.43
3	山东	3448.70	70.84	83.39	15.52	1.56
4	浙江	3176.00	77.70	98.40	13.50	1.50
5	四川	2754.70	66.37	83.20	17.82	1.67
6	辽宁	2414.72	78.80	86.50	24.10	1.57
7	湖北	2307.10	62.98	77.73	18.45	1.61
8	河南	2210.23	56.65	76.88	12.57	1.40
9	河北	1984.40	65.23	72.61	11.51	1.51
10	湖南	1862.63	60.04	89.81	13.94	1.67
11	安徽	1625.65	81.35	99.51	13.72	1.61
12	福建	1554.61	69.65	95.32	12.28	1.39
13	云南	1418.16	75.77	85.51	24.80	1.56
14	黑龙江	1379.18	75.84	72.01	26.40	1.47

（续表）

序号	地区	缴存余额（亿元）	当年提取使用率（%）	个贷率（%）	个贷市场占有率（%）	增值收益率（%）
15	陕西	1335.91	59.50	79.26	20.53	1.50
16	内蒙古自治区	1274.27	71.11	79.43	36.55	1.58
17	江西	1184.31	62.87	90.01	19.42	1.70
18	广西壮族自治区	1112.15	72.62	86.25	10.06	1.63
19	吉林	1111.25	71.01	85.40	25.00	1.59
20	新疆维吾尔自治区	1102.57	64.52	68.72	30.29	1.46
21	山西	1088.45	53.72	72.12	24.47	1.91
22	贵州	994.83	64.35	96.64	23.60	1.30
23	甘肃	958.86	71.33	77.99	32.22	1.42
24	海南	389.65	58.78	82.67	9.13	1.51
25	青海	310.61	79.48	69.30	42.78	1.52
26	宁夏回族自治区	292.71	71.00	83.80	28.60	1.44
27	西藏自治区	254.24	63.41	67.51	69.00	0.60
28	新疆生产建设兵团	125.40	66.49	37.85	—	1.90

（三）直辖市住房公积金综合管理指标比较

直辖市住房公积金综合管理指标见表 3-6-3。以缴存余额排序。

4 个直辖市在提取率、个贷率方面均取得不俗业绩。北京市连续三年蝉联全优单位。上海市当年提取率低于全国平均数 9.56 个百分点。天津市增值收益率低于全国平均数 0.16 个百分点。重庆市当年个贷市场占有率、增值收益率两项指标低于全国平均数。

表 3-6-3　2018 年直辖市住房公积金综合管理指标表

序号	城市	缴存余额（亿元）	当年提取使用率（%）	个贷率（%）	个贷市场占有率（%）	增值收益率（%）
1	北京	4244.08	73.50	95.10	28.90	1.70
2	上海	4094.62	60.45	95.78	23.08	1.84
3	天津	1337.80	78.10	99.50	18.90	1.40
4	重庆	975.10	78.42	99.13	12.20	1.29

（四）副省级、省会城市住房公积金综合管理指标比较

副省级、省会城市住房公积金综合管理指标见表 3-6-4。以缴存余额排序。

四项指标均在全国平均数以上的全优城市有 4 个，分别为长春、大连、沈阳、乌鲁木齐。大连市连续三年蝉联全优单位。

表 3-6-4　2018 年副省级、城市住房公积金综合管理指标表

序号	城市	缴存余额（亿元）	当年提使用取率（%）	个贷率（%）	个贷市场占有率（%）	增值收益率（%）
1	广州	1623.54	80.41	74.56	14.30	1.53
2	深圳	1598.66	63.60	59.82	7.38	1.80
3	成都	1179.69	66.21	79.02	13.46	1.61
4	武汉	1116.97	64.28	82.59	15.69	1.33
5	南京	1065.42	67.37	90.32	12.55	1.53
6	杭州	1015.50	79.70	94.70	13.90	1.40
7	沈阳	808.84	78.56	91.18	20.80	1.61
8	西安	724.17	59.01	86.40	14.11	1.35
9	郑州	676.59	65.40	75.46	14.71	1.59
10	济南	654.92	74.35	72.88	15.10	1.51
11	大连	630.86	92.81	103.71	16.21	1.68
12	长沙	630.64	58.61	87.96	13.94	1.50
13	青岛	567.84	78.25	77.35	10.30	1.65
14	长春	563.35	73.47	92.03	21.17	1.59
15	哈尔滨	539.61	81.66	82.01	18.49	1.42
16	宁波	508.87	78.21	94.07	11.27	1.25
17	石家庄	452.98	68.24	61.28	11.41	1.35
18	昆明	446.86	91.49	83.27	13.63	1.50
19	福州	442.72	66.97	89.15	11.26	1.38
20	合肥	423.36	74.07	100.46	10.08	1.42
21	太原	371.77	60.38	86.25	18.24	1.58
22	南宁	365.80	73.23	78.35	10.37	1.73
23	南昌	354.66	73.64	83.29	3.26	1.70
24	厦门	354.00	68.32	90.80	10.50	1.40
25	兰州	341.54	80.14	86.51	26.81	1.38
26	乌鲁木齐	339.20	76.40	88.51	20.78	2.17
27	呼和浩特	320.80	68.17	72.04	32.37	1.73
28	贵阳	290.16	67.56	96.93	16.15	1.29
29	西宁	188.55	79.66	73.83	34.96	1.83
30	银川	122.66	70.90	93.60	27.70	1.47
31	拉萨	34.50	75.35	85.97	—	0.60

（五）地市州盟住房公积金综合管理指标比较

地市州盟住房公积金综合管理指标见表 3-6-5。以缴存余额排序。

在全国 305 个地市州盟中，4 项指标均在全国平均数以上的共有 24 个，分别为温州市、南通市、大庆市、洛阳市、吉林市、湖州市、宜宾市、汕头市、茂名市、丽水市、黄石市、呼伦贝尔市、乐山市、马鞍山市、韶关市、南平市、龙岩市、河池市、萍乡市、钦州市、雅安市、贺州市、甘南州、来宾市，我们称之为全国地市州盟住房公积金综合管理指标全优单位。

表 3-6-5 2018 年地市州盟住房公积金综合管理指标表

序号	地方	缴存余额（亿元）	当年提取使用率（%）	个贷率（%）	个贷市场占有率（%）	增值收益率（%）
1	苏州市	853.19	71.95	92.97	9.19	1.26
2	无锡市	534.24	71.01	98.95	19.90	1.52
3	温州市	365.04	79.85	98.59	16.36	1.63
4	徐州市	336.85	80.04	73.96	17.71	1.29
5	唐山市	333.33	67.72	85.58	42.76	1.67
6	东莞市	314.95	66.90	59.23	5.70	1.11
7	常州市	308.62	71.93	104.40	20.56	1.07
8	南通市	281.35	77.97	114.48	17.21	1.60
9	佛山市	279.45	74.84	88.04	6.43	0.71
10	大庆市	263.66	88.25	91.48	57.92	1.70
11	烟台市	263.02	76.34	96.16	21.92	1.54
12	淄博市	236.36	68.63	89.47	25.50	1.35
13	济宁市	231.70	81.31	97.08	37.88	1.52
14	嘉兴市	225.79	76.79	85.80	10.45	1.58
15	台州市	222.18	70.53	101.93	15.38	1.64
16	临沂市	218.37	40.93	84.64	10.01	1.88
17	泉州市	214.66	70.53	116.07	14.81	1.25
18	金华市	214.66	73.63	99.25	14.48	1.67
19	绍兴市	208.78	74.10	96.10	13.34	1.42
20	潍坊市	205.98	66.24	90.77	12.89	1.73
21	洛阳市	203.57	72.00	87.20	20.50	1.60
22	保定市	201.39	63.19	66.96	10.37	1.51
23	扬州市	198.60	79.80	98.30	12.80	1.56
24	沧州市	190.46	70.04	70.20	17.07	1.58
25	赣州市	172.89	61.73	106.04	1.73	1.16
26	包头市	167.03	71.20	86.66	24.50	1.45
27	惠州市	165.58	72.90	73.82	4.40	1.35
28	邯郸市	163.35	49.45	77.40	21.18	1.60
29	遵义市	158.80	59.41	103.19	23.87	1.29
30	吉林市	156.99	84.94	98.80	32.70	1.61
31	平顶山市	155.35	64.03	68.96	31.06	1.46
32	湛江市	154.55	70.16	88.45	20.62	1.32
33	绵阳市	153.71	65.91	74.34	21.94	1.80
34	南阳市	152.87	38.87	53.91	20.71	1.36
35	宜昌市	151.19	71.85	84.26	19.66	2.29
36	湖州市	148.41	72.40	110.28	18.66	1.59
37	赤峰市	148.21	69.82	89.35	26.59	1.47
38	东营市	146.74	124.90	69.76	16.72	1.85

（续表）

序号	地方	缴存余额（亿元）	当年提取使用率（%）	个贷率（%）	个贷市场占有率（%）	增值收益率（%）
39	连云港市	144.51	73.54	94.37	5.94	1.62
40	淮南市	143.85	96.60	75.90	27.34	1.27
41	泰州市	143.34	72.39	99.92	10.94	1.71
42	盐城市	141.72	79.25	125.14	15.20	1.29
43	十堰市	138.13	57.87	54.93	24.20	1.17
44	鞍山市	137.10	76.55	69.15	21.35	1.26
45	株洲市	135.00	58.26	87.30	17.99	1.78
46	威海市	132.59	60.16	93.32	16.70	1.52
47	岳阳市	132.31	49.17	85.46	26.72	2.00
48	鄂尔多斯市	132.04	66.61	60.08	51.90	1.68
49	襄阳市	131.69	54.65	75.88	20.24	1.54
50	曲靖市	131.25	68.01	80.86	36.81	2.21
51	凉山州	130.76	65.97	72.09	51.39	2.04
52	镇江市	130.34	81.01	112.65	17.64	1.32
53	廊坊市	128.23	70.64	64.95	2.24	1.40
54	宜宾市	126.08	77.04	94.95	22.84	1.73
55	柳州市	125.26	77.67	86.74	12.09	1.67
56	桂林市	125.20	71.80	92.99	17.41	1.46
57	上饶市	123.26	44.06	85.64	16.43	1.93
58	张家口市	122.45	47.94	67.62	13.39	1.59
59	聊城市	122.21	59.58	80.91	24.00	1.72
60	芜湖市	121.22	75.35	108.54	14.42	2.29
61	淮安市	120.10	75.09	95.68	10.47	1.70
62	常德市	119.23	69.27	98.80	21.50	1.60
63	喀什地区	118.89	39.16	35.45	85.41	0.49
64	泰安市	117.86	53.17	81.70	13.30	1.63
65	红河州	117.04	75.89	86.16	40.67	1.48
66	中山市	116.82	62.28	51.75	3.55	1.60
67	菏泽市	115.47	42.76	91.88	16.62	1.56
68	秦皇岛市	114.97	76.95	85.80	14.37	1.45
69	邵阳市	114.66	55.00	86.00	38.20	1.80
70	通辽市	114.39	72.26	80.92	47.66	1.34
71	衡阳市	113.47	58.59	90.58	21.47	1.91
72	枣庄市	113.37	78.90	88.45	24.75	1.16
73	江门市	112.87	86.54	92.84	9.25	1.36
74	黄冈市	112.87	52.88	71.94	20.83	2.19
75	盘锦市	112.61	44.16	38.27	32.70	0.83
76	德阳市	111.31	73.27	83.51	27.27	1.58
77	汕头市	110.96	75.28	87.46	19.88	2.22

（续表）

序号	地方	缴存余额（亿元）	当年提取使用率（%）	个贷率（%）	个贷市场占有率（%）	增值收益率（%）
78	郴州市	110.29	62.98	80.07	27.20	1.59
79	黔东南州	109.23	60.33	96.91	56.70	1.38
80	榆林市	109.13	54.98	48.81	40.80	1.15
81	珠海市	108.68	86.59	73.32	4.53	0.58
82	漳州市	108.02	67.36	82.60	8.55	1.10
83	齐齐哈尔市	107.87	69.97	84.20	31.38	1.54
84	茂名市	107.71	78.16	96.21	18.01	1.60
85	阜阳市	106.58	73.84	123.91	15.07	1.51
86	淮北市	104.99	99.96	77.16	35.43	1.27
87	邢台市	104.37	66.60	79.73	12.47	1.58
88	丽水市	103.88	81.10	118.70	20.60	1.77
89	安庆市	103.87	81.54	94.73	20.61	1.36
90	承德市	102.86	67.57	70.27	14.04	1.63
91	九江市	102.32	64.56	85.68	9.27	1.66
92	永州市	100.95	57.50	91.10	28.54	1.56
93	德州市	100.87	59.81	87.14	12.83	1.54
94	昭通市	100.07	85.17	90.33	50.77	1.55
95	三明市	99.80	74.69	100.27	23.85	1.38
96	商丘市	99.46	31.84	66.77	18.80	1.34
97	荆州市	99.43	63.00	72.70	16.10	1.65
98	吉安市	99.11	54.31	105.25	7.34	1.87
99	黄石市	98.30	70.05	91.72	29.10	2.11
100	呼伦贝尔市	98.04	76.48	94.39	59.31	1.67
101	延边州	97.73	70.16	75.23	30.37	1.58
102	乐山市	97.04	72.50	90.19	22.58	1.56
103	马鞍山市	95.96	81.50	91.36	22.28	1.76
104	临汾市	93.24	44.86	75.19	32.60	1.76
105	松原市	92.29	68.44	52.62	23.17	1.41
106	濮阳市	91.85	66.40	90.20	28.60	1.60
107	抚顺市	91.30	85.39	82.76	49.00	1.48
108	新乡市	91.05	51.00	89.30	12.00	1.60
109	宜春市	90.86	59.56	90.06	12.08	1.77
110	衢州市	90.66	78.76	126.33	17.48	1.32
111	焦作市	90.66	48.34	95.89	29.98	1.31
112	怀化市	90.25	63.92	92.94	21.35	1.92
113	锦州市	90.17	75.13	73.88	32.87	1.32
114	克拉玛依市	89.17	77.72	75.93	91.54	1.44
115	滨州市	89.07	58.51	89.08	20.25	1.47
116	南充市	88.73	70.05	83.96	12.79	1.86
117	孝感市	88.32	52.00	67.00	16.40	1.55

（续表）

序号	地方	缴存余额（亿元）	当年提取使用率（%）	个贷率（%）	个贷市场占有率（%）	增值收益率（%）
118	宝鸡市	87.31	66.52	82.98	24.66	1.71
119	伊犁州	87.14	68.58	82.59	40.37	1.22
120	清远市	86.64	73.56	87.42	9.45	1.30
121	荆门市	86.63	63.97	82.12	30.05	1.90
122	信阳市	86.62	47.91	71.43	12.93	0.96
123	达州市	85.82	68.03	88.31	16.49	1.38
124	韶关市	85.41	81.87	94.91	18.44	1.71
125	咸阳市	85.27	61.39	84.33	15.85	1.48
126	日照市	85.23	62.86	91.79	15.75	1.33
127	毕节市	84.86	72.54	97.11	44.32	1.46
128	泸州市	84.24	68.85	107.83	17.21	2.59
129	黔南州	83.52	68.88	111.07	47.73	1.17
130	宁德市	83.36	76.55	98.79	14.81	1.63
131	南平市	82.99	74.59	97.06	17.67	1.63
132	驻马店市	82.81	49.96	76.27	13.89	1.86
133	宿迁市	82.29	63.19	99.63	6.14	1.62
134	葫芦岛市	82.24	62.14	86.57	32.60	1.47
135	大同市	82.13	59.79	82.20	35.72	1.42
136	晋城市	81.90	43.65	57.63	35.62	1.88
137	昌吉州	81.58	68.71	92.69	31.26	1.56
138	恩施州	81.25	63.33	85.54	25.82	1.53
139	莆田市	81.08	55.28	82.54	10.72	1.36
140	龙岩市	80.01	87.58	113.01	17.54	1.73
141	六安市	79.80	85.72	97.89	10.27	1.89
142	攀枝花市	79.79	67.44	70.20	59.33	1.77
143	玉林市	79.58	65.67	96.73	15.66	1.61
144	益阳市	79.28	68.18	108.33	34.82	1.63
145	铜仁市	79.28	72.78	85.89	37.00	1.24
146	延安市	78.89	64.83	61.99	40.23	1.40
147	抚州市	78.21	45.99	86.15	13.95	1.63
148	大理州	77.92	62.17	85.15	29.28	1.27
149	铁岭市	77.01	67.82	51.99	31.55	1.56
150	运城市	76.72	44.86	68.65	46.32	2.02
151	玉溪市	76.46	73.98	98.80	40.61	1.55
152	娄底市	75.90	53.54	83.52	29.79	1.81
153	梅州市	75.57	75.61	86.00	10.12	1.35
154	营口市	75.51	67.74	94.65	35.78	1.58
155	广元市	75.07	53.80	67.10	32.32	1.00
156	朝阳市	74.47	65.36	80.96	36.63	1.50
157	安阳市	74.07	55.00	69.50	11.00	1.60

（续表）

序号	地方	缴存余额（亿元）	当年提取使用率（%）	个贷率（%）	个贷市场占有率（%）	增值收益率（%）
158	长治市	74.06	60.00	78.91	40.58	1.56
159	蚌埠市	72.82	80.68	116.82	13.18	1.03
160	巴音郭楞州	72.72	53.97	52.84	21.02	1.33
161	舟山市	72.28	80.80	121.94	13.87	1.14
162	渭南市	70.84	57.97	68.94	19.21	2.68
163	滁州市	70.57	87.01	128.28	11.62	2.44
164	巴彦淖尔市	70.36	58.74	86.16	37.10	1.90
165	辽阳市	70.34	53.95	43.05	27.78	1.61
166	许昌市	70.29	63.20	97.40	15.20	0.90
167	衡水市	70.21	54.48	81.06	13.88	1.35
168	肇庆市	69.54	88.02	112.61	10.98	1.20
169	平凉市	69.33	64.98	78.30	39.75	2.42
170	湘潭市	69.31	81.17	113.38	23.72	1.48
171	周口市	68.15	31.72	87.32	41.33	1.48
172	宿州市	68.14	73.71	99.13	14.49	2.39
173	百色市	67.63	67.90	89.60	26.46	1.41
174	文山州	67.24	62.76	89.53	23.75	1.41
175	内江市	66.96	60.48	97.64	19.60	1.60
176	普洱市	66.87	52.57	90.53	66.13	1.53
177	甘孜州	66.73	61.07	93.98	95.74	1.74
178	黔西南州	66.60	51.25	99.50	32.13	1.26
179	汉中市	66.24	50.10	84.47	31.89	1.97
180	本溪市	65.86	74.92	76.45	49.61	2.36
181	自贡市	65.45	68.53	102.11	20.36	1.81
182	六盘水市	65.23	61.71	76.96	30.77	1.21
183	亳州市	64.44	77.11	91.06	12.60	1.70
184	保山市	64.26	63.32	104.02	38.78	1.44
185	三门峡市	63.95	47.79	71.31	53.47	1.18
186	揭阳市	63.93	61.08	83.52	28.20	1.33
187	晋中市	63.67	45.30	83.86	22.31	2.37
188	阿克苏地区	63.10	54.09	50.16	28.35	0.88
189	咸宁市	62.85	58.81	58.85	30.77	2.13
190	绥化市	62.78	53.66	51.59	22.99	1.24
191	牡丹江市	62.27	64.48	82.32	27.54	1.53
192	湘西州	62.05	57.14	83.05	35.23	1.91
193	佳木斯市	61.24	75.63	74.35	47.57	1.63
194	哈密市	59.33	71.50	50.56	51.67	3.50
195	临沧市	59.29	45.03	78.40	63.68	1.68
196	丹东市	58.64	84.21	102.10	25.52	1.49
197	巴中市	58.58	60.74	88.25	26.88	1.55

（续表）

序号	地方	缴存余额（亿元）	当年提取使用率（%）	个贷率（%）	个贷市场占有率（%）	增值收益率（%）
198	天水市	58.50	59.03	93.23	45.01	1.44
199	开封市	58.10	38.93	66.31	7.39	0.84
200	眉山市	57.55	66.53	109.38	17.82	1.53
201	黑河市	57.20	57.19	48.85	39.27	1.13
202	吕梁市	56.85	34.85	40.74	24.29	1.25
203	和田地区	56.00	45.89	31.05	82.00	0.50
204	乌兰察布市	55.80	65.42	66.00	42.15	1.29
205	定西市	55.77	57.51	78.40	36.89	1.34
206	通化市	55.44	50.14	93.25	55.89	1.67
207	白银市	55.22	67.00	73.00	38.00	1.29
208	河池市	55.00	70.84	89.97	30.75	1.67
209	陇南市	54.66	73.37	71.45	46.00	1.86
210	铜陵市	53.80	92.79	92.42	27.89	1.43
211	庆阳市	53.62	56.44	81.20	40.34	1.38
212	四平市	53.06	42.24	85.47	30.94	1.80
213	锡林郭勒盟	53.00	69.37	98.85	65.57	1.66
214	漯河市	52.70	48.66	87.34	18.41	1.18
215	安顺市	51.35	60.25	94.45	35.95	1.40
216	遂宁市	51.31	58.43	86.68	15.49	1.57
217	日喀则市	50.46	47.88	82.60	64.52	0.13
218	双鸭山市	50.03	60.13	18.29	36.02	0.72
219	梧州市	49.94	70.98	79.52	14.47	1.22
220	阿坝州	49.63	59.12	64.43	97.30	1.39
221	鸡西市	49.22	57.88	40.88	37.00	2.42
222	酒泉市	47.60	74.56	65.67	34.05	1.63
223	宣城市	47.57	97.12	119.84	11.53	1.41
224	萍乡市	47.44	70.45	90.61	37.64	1.60
225	莱芜市	47.12	52.20	53.25	19.25	0.93
226	楚雄州	46.69	75.67	92.83	3.37	1.51
227	安康市	46.46	66.44	81.49	29.23	1.38
228	云浮市	46.40	79.69	93.28	15.49	1.36
229	景德镇市	45.95	55.68	84.55	8.39	1.23
230	武威市	45.79	57.60	76.51	35.12	1.74
231	忻州市	45.44	38.02	70.51	47.00	2.65
232	兴安盟	45.41	91.35	98.32	49.27	1.55
233	阳江市	45.28	80.76	93.89	7.92	1.56
234	钦州市	44.22	70.37	97.87	17.12	1.78
235	贵港市	44.11	77.15	79.97	9.72	1.51
236	河源市	44.09	77.47	77.86	6.92	1.17
237	西双版纳州	43.44	65.72	77.69	27.96	1.27

（续表）

序号	地方	缴存余额（亿元）	当年提取使用率（%）	个贷率（%）	个贷市场占有率（%）	增值收益率（%）
238	朔州市	43.05	55.94	63.86	38.22	1.87
239	广安市	42.92	47.13	82.87	13.42	1.48
240	资阳市	42.38	59.59	97.57	23.13	2.09
241	阳泉市	41.91	39.39	43.74	26.23	1.90
242	张掖市	41.19	70.44	81.35	31.53	2.07
243	金昌市	40.97	62.33	26.75	23.85	1.01
244	雅安市	40.94	81.57	99.27	37.82	1.66
245	德宏州	40.27	51.52	84.75	41.05	1.56
246	潜江市	39.84	74.44	37.48	20.58	1.85
247	商洛市	39.80	48.81	58.27	44.27	1.88
248	阜新市	39.77	70.95	82.25	40.66	1.35
249	黄山市	38.37	90.80	98.57	15.93	2.28
250	鹤岗市	37.98	63.77	24.49	38.10	0.89
251	北海市	37.75	69.44	85.02	8.93	1.81
252	新余市	36.59	54.85	79.56	14.73	1.79
253	贺州市	35.10	70.20	92.22	32.87	1.81
254	吴忠市	35.03	68.22	65.12	24.93	1.22
255	白山市	35.01	75.20	23.40	22.48	1.59
256	鹤壁市	34.91	59.49	80.04	16.82	1.64
257	潮州市	34.64	68.78	93.60	24.98	1.72
258	塔城地区	34.47	64.67	65.86	34.87	1.92
259	临夏州	33.97	57.38	75.07	36.73	0.64
260	海西州	33.16	74.03	45.30	72.14	1.25
261	鹰潭市	33.02	68.97	89.76	23.90	1.87
262	甘南州	32.49	82.34	86.17	85.46	1.57
263	鄂州市	32.25	71.08	71.06	11.02	2.34
264	迪庆州	31.99	40.30	58.18	74.39	1.31
265	海东市	31.40	80.22	53.69	51.63	0.98
266	随州市	31.30	60.64	90.06	13.00	1.70
267	七台河市	31.16	51.00	11.00	23.80	0.90
268	来宾市	31.08	80.84	90.38	23.87	1.71
269	阿勒泰地区	31.02	64.67	81.91	34.61	2.43
270	崇左市	30.71	73.90	105.21	22.65	1.49
271	丽江市	30.56	66.56	87.96	31.47	1.72
272	白城市	30.50	67.42	90.22	35.21	1.46
273	池州市	30.31	82.89	92.18	13.32	1.80
274	克孜勒苏州	29.93	44.86	29.97	76.90	0.73
275	伊春市	29.77	53.79	49.11	65.30	1.17
276	昌都市	29.54	54.98	42.69	83.15	0.71
277	固原市	29.50	76.86	76.31	37.36	1.35

（续表）

序号	地方	缴存余额（亿元）	当年提取使用率（%）	个贷率（%）	个贷市场占有率（%）	增值收益率（%）
278	张家界市	29.28	55.00	82.45	20.39	1.70
279	那曲市	29.21	66.38	43.24	97.50	1.20
280	乌海市	28.65	70.52	63.91	35.48	1.24
281	嘉峪关市	28.21	89.46	43.57	27.30	2.02
282	济源市	28.04	54.86	78.46	40.42	0.85
283	石嘴山市	27.02	72.30	53.83	40.34	1.32
284	辽源市	26.88	54.41	76.92	36.81	1.89
285	阿拉善盟	26.40	108.48	58.25	74.44	1.43
286	汕尾市	26.12	66.09	59.46	7.09	1.18
287	山南市	23.02	67.73	78.89	90.53	0.26
288	吐鲁番市	22.29	49.60	56.84	59.94	1.17
289	中卫市	22.03	66.40	80.80	28.35	1.77
290	大兴安岭地区	20.82	48.25	14.94	45.61	1.90
291	防城港市	20.75	73.25	83.71	10.03	1.49
292	铜川市	20.64	80.29	69.14	41.84	1.70
293	怒江州	17.97	64.38	58.85	46.29	0.89
294	博尔塔拉州	17.72	67.74	72.63	31.80	1.19
295	林芝市	16.98	61.06	48.17	72.60	1.34
296	玉树州	16.00	74.74	85.69	100.00	1.43
297	天门市	15.70	56.38	72.68	9.79	1.62
298	仙桃市	15.64	70.06	45.33	—	1.81
299	满洲里市	14.13	75.99	79.87	48.70	1.54
300	海南州	14.07	86.76	85.64	85.78	1.29
301	阿里地区	12.36	65.44	69.89	64.52	0.50
302	黄南州	11.63	69.57	53.65	90.59	0.66
303	海北州	9.65	78.28	101.04	85.90	1.40
304	果洛州	6.15	103.19	39.51	78.13	-1.20
305	神农架林区	4.75	58.50	51.36	42.00	0.50

（六）地市州盟住房公积金综合发展指数

根据国家对住房公积金事业发展的总体要求和发展优先度，我们赋予了综合发展指标的权重，即个人住房贷款率为 0.35，增值收益率为 0.35，当年提取使用率为 0.20，个贷市场占有率为 0.10。其中个贷市场占有率指标与个贷率指标有一定关联和叠加性，属于奖励性指标。以上四项指标分别与权重相乘累加得出各地综合发展指数，并按指数高低进行排序。没有提供个贷市场占有率的地方以其他三项指标计算综合发展指数，具体评价结果见表 3-6-6。

表 3-6-6　2018 年地市州盟住房公积金综合发展指数表

序号	地方	缴存余额（亿元）	当年提取使用率（%）	个贷率（%）	个贷市场占有率（%）	增值收益率（%）	综合发展指数
1	滁州市	70.57	87.01	128.28	11.62	2.44	64.32
2	宣城市	47.57	97.12	119.84	11.53	1.41	63.01
3	衢州市	90.66	78.76	126.33	17.48	1.32	62.18
4	盐城市	141.72	79.25	125.14	15.20	1.29	61.62
5	舟山市	72.28	80.80	121.94	13.87	1.14	60.63
6	丽水市	103.88	81.10	118.70	20.60	1.77	60.44
7	阜阳市	106.58	73.84	123.91	15.07	1.51	60.17
8	海北州	9.65	78.28	101.04	85.90	1.40	60.10
9	龙岩市	80.01	87.58	113.01	17.54	1.73	59.43
10	湘潭市	69.31	81.17	113.38	23.72	1.48	58.81
11	蚌埠市	72.82	80.68	116.82	13.18	1.03	58.70
12	肇庆市	69.54	88.02	112.61	10.98	1.20	58.54
13	兴安盟	45.41	91.35	98.32	49.27	1.55	58.15
14	南通市	281.35	77.97	114.48	17.21	1.60	57.94
15	镇江市	130.34	81.01	112.65	17.64	1.32	57.86
16	黔南州	83.52	68.88	111.07	47.73	1.17	57.83
17	泉州市	214.66	70.53	116.07	14.81	1.25	56.65
18	海南州	14.07	86.76	85.64	85.78	1.29	56.36
19	大庆市	263.66	88.25	91.48	57.92	1.70	56.06
20	甘南州	32.49	82.34	86.17	85.46	1.57	55.72
21	丹东市	58.64	84.21	102.10	25.52	1.49	55.65
22	锡林郭勒盟	53.00	69.37	98.85	65.57	1.66	55.61
23	益阳市	79.28	68.18	108.33	34.82	1.63	55.60
24	湖州市	148.41	72.40	110.28	18.66	1.59	55.50
25	玉树州	16.00	74.74	85.69	100.00	1.43	55.44
26	雅安市	40.94	81.57	99.27	37.82	1.66	55.42
27	吉林市	156.99	84.94	98.80	32.70	1.61	55.40
28	芜湖市	121.22	75.35	108.54	14.42	2.29	55.30
29	甘孜州	66.73	61.07	93.98	95.74	1.74	55.29
30	黄山市	38.37	90.80	98.57	15.93	2.28	55.05
31	呼伦贝尔市	98.04	76.48	94.39	59.31	1.67	54.85
32	济宁市	231.70	81.31	97.08	37.88	1.52	54.56
33	崇左市	30.71	73.90	105.21	22.65	1.49	54.39
34	昭通市	100.07	85.17	90.33	50.77	1.55	54.27
35	铜陵市	53.80	92.79	92.42	27.89	1.43	54.19
36	泸州市	84.24	68.85	107.83	17.21	2.59	54.14
37	玉溪市	76.46	73.98	98.80	40.61	1.55	53.98
38	眉山市	57.55	66.53	109.38	17.82	1.53	53.91

（续表）

序号	地方	缴存余额（亿元）	当年提取使用率（%）	个贷率（%）	个贷市场占有率（%）	增值收益率（%）	综合发展指数
39	保山市	64.26	63.32	104.02	38.78	1.44	53.45
40	毕节市	84.86	72.54	97.11	44.32	1.46	53.44
41	常州市	308.62	71.93	104.40	20.56	1.07	53.36
42	六安市	79.80	85.72	97.89	10.27	1.89	53.09
43	三明市	99.80	74.69	100.27	23.85	1.38	52.90
44	温州市	365.04	79.85	98.59	16.36	1.63	52.68
45	扬州市	198.60	79.80	98.30	12.80	1.56	52.19
46	黔东南州	109.23	60.33	96.91	56.70	1.38	52.14
47	自贡市	65.45	68.53	102.11	20.36	1.81	52.11
48	韶关市	85.41	81.87	94.91	18.44	1.71	52.04
49	安庆市	103.87	81.54	94.73	20.61	1.36	52.00
50	宁德市	83.36	76.55	98.79	14.81	1.63	51.94
51	台州市	222.18	70.53	101.93	15.38	1.64	51.89
52	克拉玛依市	89.17	77.72	75.93	91.54	1.44	51.78
53	宿州市	68.14	73.71	99.13	14.49	2.39	51.72
54	东营市	146.74	124.90	69.76	16.72	1.85	51.72
55	茂名市	107.71	78.16	96.21	18.01	1.60	51.67
56	烟台市	263.02	76.34	96.16	21.92	1.54	51.66
57	宜宾市	126.08	77.04	94.95	22.84	1.73	51.53
58	金华市	214.66	73.63	99.25	14.48	1.67	51.50
59	抚顺市	91.30	85.39	82.76	49.00	1.48	51.46
60	无锡市	534.24	71.01	98.95	19.90	1.52	51.36
61	南平市	82.99	74.59	97.06	17.67	1.63	51.23
62	江门市	112.87	86.54	92.84	9.25	1.36	51.20
63	常德市	119.23	69.27	98.80	21.50	1.60	51.14
64	泰州市	143.34	72.39	99.92	10.94	1.71	51.14
65	马鞍山市	95.96	81.50	91.36	22.28	1.76	51.12
66	淮北市	104.99	99.96	77.16	35.43	1.27	50.99
67	遵义市	158.80	59.41	103.19	23.87	1.29	50.84
68	营口市	75.51	67.74	94.65	35.78	1.58	50.81
69	池州市	30.31	82.89	92.18	13.32	1.80	50.80
70	来宾市	31.08	80.84	90.38	23.87	1.71	50.79
71	钦州市	44.22	70.37	97.87	17.12	1.78	50.66
72	云浮市	46.40	79.69	93.28	15.49	1.36	50.61
73	阳江市	45.28	80.76	93.89	7.92	1.56	50.35
74	山南市	23.02	67.73	78.89	90.53	0.26	50.30
75	绍兴市	208.78	74.10	96.10	13.34	1.42	50.29
76	贺州市	35.10	70.20	92.22	32.87	1.81	50.24
77	淮安市	120.10	75.09	95.68	10.47	1.70	50.15

（续表）

序号	地方	缴存余额（亿元）	当年提取使用率（%）	个贷率（%）	个贷市场占有率（%）	增值收益率（%）	综合发展指数
78	萍乡市	47.44	70.45	90.61	37.64	1.60	50.13
79	赣州市	172.89	61.73	106.04	1.73	1.16	50.04
80	阿拉善盟	26.40	108.48	58.25	74.44	1.43	50.03
81	红河州	117.04	75.89	86.16	40.67	1.48	49.92
82	昌吉州	81.58	68.71	92.69	31.26	1.56	49.86
83	黄石市	98.30	70.05	91.72	29.10	2.11	49.76
84	枣庄市	113.37	78.90	88.45	24.75	1.16	49.62
85	潮州市	34.64	68.78	93.60	24.98	1.72	49.62
86	天水市	58.50	59.03	93.23	45.01	1.44	49.44
87	普洱市	66.87	52.57	90.53	66.13	1.53	49.35
88	河池市	55.00	70.84	89.97	30.75	1.67	49.32
89	安顺市	51.35	60.25	94.45	35.95	1.40	49.19
90	桂林市	125.20	71.80	92.99	17.41	1.46	49.16
91	亳州市	64.44	77.11	91.06	12.60	1.70	49.15
92	玉林市	79.58	65.67	96.73	15.66	1.61	49.12
93	资阳市	42.38	59.59	97.57	23.13	2.09	49.11
94	白城市	30.50	67.42	90.22	35.21	1.46	49.09
95	吉安市	99.11	54.31	105.25	7.34	1.87	49.09
96	淮南市	143.85	96.60	75.90	27.34	1.27	49.06
97	连云港市	144.51	73.54	94.37	5.94	1.62	48.90
98	乐山市	97.04	72.50	90.19	22.58	1.56	48.87
99	通化市	55.44	50.14	93.25	55.89	1.67	48.84
100	内江市	66.96	60.48	97.64	19.60	1.60	48.79
101	铜仁市	79.28	72.78	85.89	37.00	1.24	48.75
102	黔西南州	66.60	51.25	99.50	32.13	1.26	48.73
103	宿迁市	82.29	63.19	99.63	6.14	1.62	48.69
104	许昌市	70.29	63.20	97.40	15.20	0.90	48.57
105	满洲里市	14.13	75.99	79.87	48.70	1.54	48.56
106	楚雄州	46.69	75.67	92.83	3.37	1.51	48.49
107	汕头市	110.96	75.28	87.46	19.88	2.22	48.43
108	赤峰市	148.21	69.82	89.35	26.59	1.47	48.41
109	唐山市	333.33	67.72	85.58	42.76	1.67	48.36
110	苏州市	853.19	71.95	92.97	9.19	1.26	48.29
111	濮阳市	91.85	66.40	90.20	28.60	1.60	48.27
112	鹰潭市	33.02	68.97	89.76	23.90	1.87	48.25
113	怀化市	90.25	63.92	92.94	21.35	1.92	48.12
114	百色市	67.63	67.90	89.60	26.46	1.41	48.08
115	淄博市	236.36	68.63	89.47	25.50	1.35	48.06
116	通辽市	114.39	72.26	80.92	47.66	1.34	48.01

（续表）

序号	地方	缴存余额（亿元）	当年提取使用率（%）	个贷率（%）	个贷市场占有率（%）	增值收益率（%）	综合发展指数
117	丽江市	30.56	66.56	87.96	31.47	1.72	47.85
118	柳州市	125.26	77.67	86.74	12.09	1.67	47.69
119	洛阳市	203.57	72.00	87.20	20.50	1.60	47.53
120	本溪市	65.86	74.92	76.45	49.61	2.36	47.53
121	包头市	167.03	71.20	86.66	24.50	1.45	47.53
122	阜新市	39.77	70.95	82.25	40.66	1.35	47.52
123	湛江市	154.55	70.16	88.45	20.62	1.32	47.51
124	秦皇岛市	114.97	76.95	85.80	14.37	1.45	47.36
125	德阳市	111.31	73.27	83.51	27.27	1.58	47.16
126	齐齐哈尔市	107.87	69.97	84.20	31.38	1.54	47.14
127	伊犁州	87.14	68.58	82.59	40.37	1.22	47.09
128	嘉兴市	225.79	76.79	85.80	10.45	1.58	46.99
129	潍坊市	205.98	66.24	90.77	12.89	1.73	46.91
130	威海市	132.59	60.16	93.32	16.70	1.52	46.90
131	永州市	100.95	57.50	91.10	28.54	1.56	46.79
132	文山州	67.24	62.76	89.53	23.75	1.41	46.76
133	日照市	85.23	62.86	91.79	15.75	1.33	46.74
134	清远市	86.64	73.56	87.42	9.45	1.30	46.71
135	梅州市	75.57	75.61	86.00	10.12	1.35	46.71
136	焦作市	90.66	48.34	95.89	29.98	1.31	46.69
137	佛山市	279.45	74.84	88.04	6.43	0.71	46.67
138	达州市	85.82	68.03	88.31	16.49	1.38	46.65
139	宜昌市	151.19	71.85	84.26	19.66	2.29	46.63
140	葫芦岛市	82.24	62.14	86.57	32.60	1.47	46.50
141	佳木斯市	61.24	75.63	74.35	47.57	1.63	46.48
142	张掖市	41.19	70.44	81.35	31.53	2.07	46.44
143	曲靖市	131.25	68.01	80.86	36.81	2.21	46.36
144	固原市	29.50	76.86	76.31	37.36	1.35	46.29
145	巴彦淖尔市	70.36	58.74	86.16	37.10	1.90	46.28
146	巴中市	58.58	60.74	88.25	26.88	1.55	46.27
147	衡阳市	113.47	58.59	90.58	21.47	1.91	46.24
148	阿勒泰地区	31.02	64.67	81.91	34.61	2.43	45.91
149	恩施州	81.25	63.33	85.54	25.82	1.53	45.72
150	大理州	77.92	62.17	85.15	29.28	1.27	45.61
151	朝阳市	74.47	65.36	80.96	36.63	1.50	45.60
152	邵阳市	114.66	55.00	86.00	38.20	1.80	45.55
153	随州市	31.30	60.64	90.06	13.00	1.70	45.54
154	防城港市	20.75	73.25	83.71	10.03	1.49	45.47
155	滨州市	89.07	58.51	89.08	20.25	1.47	45.42

（续表）

序号	地方	缴存余额（亿元）	当年提取使用率（%）	个贷率（%）	个贷市场占有率（%）	增值收益率（%）	综合发展指数
156	宝鸡市	87.31	66.52	82.98	24.66	1.71	45.41
157	南充市	88.73	70.05	83.96	12.79	1.86	45.33
158	宜春市	90.86	59.56	90.06	12.08	1.77	45.26
159	平凉市	69.33	64.98	78.30	39.75	2.42	45.22
160	安康市	46.46	66.44	81.49	29.23	1.38	45.22
161	荆门市	86.63	63.97	82.12	30.05	1.90	45.21
162	北海市	37.75	69.44	85.02	8.93	1.81	45.17
163	铜川市	20.64	80.29	69.14	41.84	1.70	45.04
164	中卫市	22.03	66.40	80.80	28.35	1.77	45.01
165	牡丹江市	62.27	64.48	82.32	27.54	1.53	45.00
166	日喀则市	50.46	47.88	82.60	64.52	0.13	44.98
167	陇南市	54.66	73.37	71.45	46.00	1.86	44.93
168	贵港市	44.11	77.15	79.97	9.72	1.51	44.92
169	大同市	82.13	59.79	82.20	35.72	1.42	44.80
170	揭阳市	63.93	61.08	83.52	28.20	1.33	44.73
171	湘西州	62.05	57.14	83.05	35.23	1.91	44.69
172	锦州市	90.17	75.13	73.88	32.87	1.32	44.63
173	株洲市	135.00	58.26	87.30	17.99	1.78	44.63
174	德宏州	40.27	51.52	84.75	41.05	1.56	44.62
175	攀枝花市	79.79	67.44	70.20	59.33	1.77	44.61
176	阿坝州	49.63	59.12	64.43	97.30	1.39	44.59
177	九江市	102.32	64.56	85.68	9.27	1.66	44.41
178	德州市	100.87	59.81	87.14	12.83	1.54	44.28
179	凉山州	130.76	65.97	72.09	51.39	2.04	44.28
180	庆阳市	53.62	56.44	81.20	40.34	1.38	44.23
181	长治市	74.06	60.00	78.91	40.58	1.56	44.22
182	阿里地区	12.36	65.44	69.89	64.52	0.50	44.18
183	遂宁市	51.31	58.43	86.68	15.49	1.57	44.12
184	徐州市	336.85	80.04	73.96	17.71	1.29	44.12
185	延边州	97.73	70.16	75.23	30.37	1.58	43.95
186	梧州市	49.94	70.98	79.52	14.47	1.22	43.90
187	郴州市	110.29	62.98	80.07	27.20	1.59	43.90
188	咸阳市	85.27	61.39	84.33	15.85	1.48	43.90
189	河源市	44.09	77.47	77.86	6.92	1.17	43.85
190	珠海市	108.68	86.59	73.32	4.53	0.58	43.64
191	漳州市	108.02	67.36	82.60	8.55	1.10	43.62
192	西双版纳州	43.44	65.72	77.69	27.96	1.27	43.58
193	娄底市	75.90	53.54	83.52	29.79	1.81	43.55
194	汉中市	66.24	50.10	84.47	31.89	1.97	43.46

（续表）

序号	地方	缴存余额（亿元）	当年提取使用率（%）	个贷率（%）	个贷市场占有率（%）	增值收益率（%）	综合发展指数
195	临沧市	59.29	45.03	78.40	63.68	1.68	43.40
196	聊城市	122.21	59.58	80.91	24.00	1.72	43.24
197	新乡市	91.05	51.00	89.30	12.00	1.60	43.22
198	白银市	55.22	67.00	73.00	38.00	1.29	43.20
199	岳阳市	132.31	49.17	85.46	26.72	2.00	43.12
200	定西市	55.77	57.51	78.40	36.89	1.34	43.10
201	邢台市	104.37	66.60	79.73	12.47	1.58	43.03
202	菏泽市	115.47	42.76	91.88	16.62	1.56	42.92
203	六盘水市	65.23	61.71	76.96	30.77	1.21	42.78
204	济源市	28.04	54.86	78.46	40.42	0.85	42.77
205	博尔塔拉州	17.72	67.74	72.63	31.80	1.19	42.57
206	漯河市	52.70	48.66	87.34	18.41	1.18	42.56
207	张家界市	29.28	55.00	82.45	20.39	1.70	42.49
208	武威市	45.79	57.60	76.51	35.12	1.74	42.42
209	鹤壁市	34.91	59.49	80.04	16.82	1.64	42.17
210	辽源市	26.88	54.41	76.92	36.81	1.89	42.15
211	鞍山市	137.10	76.55	69.15	21.35	1.26	42.09
212	四平市	53.06	42.24	85.47	30.94	1.80	42.09
213	绵阳市	153.71	65.91	74.34	21.94	1.80	42.03
214	景德镇市	45.95	55.68	84.55	8.39	1.23	42.00
215	黄南州	11.63	69.57	53.65	90.59	0.66	41.98
216	酒泉市	47.60	74.56	65.67	34.05	1.63	41.87
217	果洛州	6.15	103.19	39.51	78.13	−1.20	41.86
218	临夏州	33.97	57.38	75.07	36.73	0.64	41.65
219	周口市	68.15	31.72	87.32	41.33	1.48	41.56
220	莆田市	81.08	55.28	82.54	10.72	1.36	41.49
221	晋中市	63.67	45.30	83.86	22.31	2.37	41.47
222	惠州市	165.58	72.90	73.82	4.40	1.35	41.33
223	抚州市	78.21	45.99	86.15	13.95	1.63	41.32
224	泰安市	117.86	53.17	81.70	13.30	1.63	41.13
225	衡水市	70.21	54.48	81.06	13.88	1.35	41.13
226	上饶市	123.26	44.06	85.64	16.43	1.93	41.10
227	鄂州市	32.25	71.08	71.06	11.02	2.34	41.01
228	新余市	36.59	54.85	79.56	14.73	1.79	40.92
229	乌兰察布市	55.80	65.42	66.00	42.15	1.29	40.85
230	沧州市	190.46	70.04	70.20	17.07	1.58	40.84
231	平顶山市	155.35	64.03	68.96	31.06	1.46	40.56
232	乌海市	28.65	70.52	63.91	35.48	1.24	40.45
233	海东市	31.40	80.22	53.69	51.63	0.98	40.34

（续表）

序号	地方	缴存余额（亿元）	当年提取使用率（%）	个贷率（%）	个贷市场占有率（%）	增值收益率（%）	综合发展指数
234	广安市	42.92	47.13	82.87	13.42	1.48	40.29
235	三门峡市	63.95	47.79	71.31	53.47	1.18	40.28
236	荆州市	99.43	63.00	72.70	16.10	1.65	40.23
237	塔城地区	34.47	64.67	65.86	34.87	1.92	40.14
238	鄂尔多斯市	132.04	66.61	60.08	51.90	1.68	40.13
239	承德市	102.86	67.57	70.27	14.04	1.63	40.08
240	襄阳市	131.69	54.65	75.88	20.24	1.54	40.05
241	邯郸市	163.35	49.45	77.40	21.18	1.60	39.66
242	临沂市	218.37	40.93	84.64	10.01	1.88	39.47
243	吴忠市	35.03	68.22	65.12	24.93	1.22	39.36
244	延安市	78.89	64.83	61.99	40.23	1.40	39.18
245	临汾市	93.24	44.86	75.19	32.60	1.76	39.16
246	驻马店市	82.81	49.96	76.27	13.89	1.86	38.73
247	黄冈市	112.87	52.88	71.94	20.83	2.19	38.60
248	渭南市	70.84	57.97	68.94	19.21	2.68	38.58
249	那曲市	29.21	66.38	43.24	97.50	1.20	38.58
250	怒江州	17.97	64.38	58.85	46.29	0.89	38.41
251	哈密市	59.33	71.50	50.56	51.67	3.50	38.39
252	运城市	76.72	44.86	68.65	46.32	2.02	38.34
253	海西州	33.16	74.03	45.30	72.14	1.25	38.31
254	天门市	15.70	56.38	72.68	9.79	1.62	38.26
255	朔州市	43.05	55.94	63.86	38.22	1.87	38.02
256	忻州市	45.44	38.02	70.51	47.00	2.65	37.91
257	广元市	75.07	53.80	67.10	32.32	1.00	37.83
258	石嘴山市	27.02	72.30	53.83	40.34	1.32	37.80
259	保定市	201.39	63.19	66.96	10.37	1.51	37.64
260	廊坊市	128.23	70.64	64.95	2.24	1.40	37.57
261	安阳市	74.07	55.00	69.50	11.00	1.60	36.99
262	林芝市	16.98	61.06	48.17	72.60	1.34	36.80
263	嘉峪关市	28.21	89.46	43.57	27.30	2.02	36.58
264	迪庆州	31.99	40.30	58.18	74.39	1.31	36.32
265	吐鲁番市	22.29	49.60	56.84	59.94	1.17	36.22
266	信阳市	86.62	47.91	71.43	12.93	0.96	36.21
267	咸宁市	62.85	58.81	58.85	30.77	2.13	36.18
268	孝感市	88.32	52.00	67.00	16.40	1.55	36.03
269	铁岭市	77.01	67.82	51.99	31.55	1.56	35.46
270	商洛市	39.80	48.81	58.27	44.27	1.88	35.24
271	汕尾市	26.12	66.09	59.46	7.09	1.18	35.15
272	张家口市	122.45	47.94	67.62	13.39	1.59	35.15

（续表）

序号	地方	缴存余额（亿元）	当年提取使用率（%）	个贷率（%）	个贷市场占有率（%）	增值收益率（%）	综合发展指数
273	东莞市	314.95	66.90	59.23	5.70	1.11	35.07
274	松原市	92.29	68.44	52.62	23.17	1.41	34.92
275	伊春市	29.77	53.79	49.11	65.30	1.17	34.89
276	神农架林区	4.75	58.50	51.36	42.00	0.50	34.82
277	昌都市	29.54	54.98	42.69	83.15	0.71	34.50
278	十堰市	138.13	57.87	54.93	24.20	1.17	33.63
279	晋城市	81.90	43.65	57.63	35.62	1.88	33.12
280	黑河市	57.20	57.19	48.85	39.27	1.13	32.86
281	榆林市	109.13	54.98	48.81	40.80	1.15	32.56
282	商丘市	99.46	31.84	66.77	18.80	1.34	32.09
283	开封市	58.10	38.93	66.31	7.39	0.84	32.03
284	巴音郭楞州	72.72	53.97	52.84	21.02	1.33	31.86
285	绥化市	62.78	53.66	51.59	22.99	1.24	31.52
286	阿克苏地区	63.10	54.09	50.16	28.35	0.88	31.52
287	中山市	116.82	62.28	51.75	3.55	1.60	31.48
288	莱芜市	47.12	52.20	53.25	19.25	0.93	31.33
289	潜江市	39.84	74.44	37.48	20.58	1.85	30.71
290	仙桃市	15.64	70.06	45.33	—	1.81	30.51
291	鸡西市	49.22	57.88	40.88	37.00	2.42	30.43
292	辽阳市	70.34	53.95	43.05	27.78	1.61	29.20
293	南阳市	152.87	38.87	53.91	20.71	1.36	29.19
294	喀什地区	118.89	39.16	35.45	85.41	0.49	28.95
295	和田地区	56.00	45.89	31.05	82.00	0.50	28.42
296	克孜勒苏州	29.93	44.86	29.97	76.90	0.73	27.41
297	阳泉市	41.91	39.39	43.74	26.23	1.90	26.48
298	白山市	35.01	75.20	23.40	22.48	1.59	26.03
299	盘锦市	112.61	44.16	38.27	32.70	0.83	25.79
300	鹤岗市	37.98	63.77	24.49	38.10	0.89	25.45
301	金昌市	40.97	62.33	26.75	23.85	1.01	24.57
302	吕梁市	56.85	34.85	40.74	24.29	1.25	24.10
303	双鸭山市	50.03	60.13	18.29	36.02	0.72	22.28
304	大兴安岭地区	20.82	48.25	14.94	45.61	1.90	20.11
305	七台河市	31.16	51.00	11.00	23.80	0.90	16.75